JN064519

司書になった本の虫

早坂信子

YUKENSHA

第一章　昔、図書館にあったもの

図書館界が大変革を遂げた時代に図書館に勤務し、コンピュータ化、デジタル化のほぼすべての改革担当者として図書館業務の変化を目の当たりにしてきた。なにもかも手作業で行ったことがある人も少なくなっている昨今、その歴史を記録する意味でも伝えるべきことがあるのではないか。

2

1

4

3

5

歴代の宮城県図書館

1 宮城師範学校の書庫と講堂内に開館した宮城書籍館（『ことばのうみ』NO.10 宮城県図書館より）
2 大正元年新築ドーム型図書館（『杜』3号宮城県図書館杜の会より）
3 昭和24年復興新築図書館（同上）
4 昭和43年榴ヶ岡移転新築図書館（『宮城県図書館施設・機能要覧』宮城県図書館より）
5 平成10年紫山移転新築現在の宮城県図書館（『ことばのうみ』創刊号　宮城県図書館より）

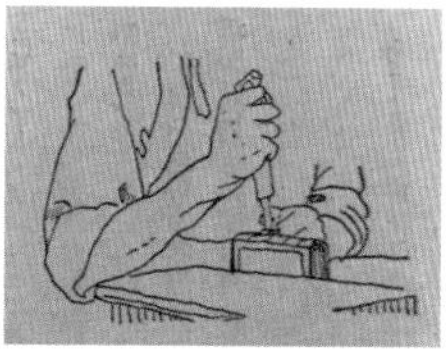

書背への箔押し
（『製本術入門』庄司浅水著
芸術科学社より）

製本室で使っていた
型押し器具

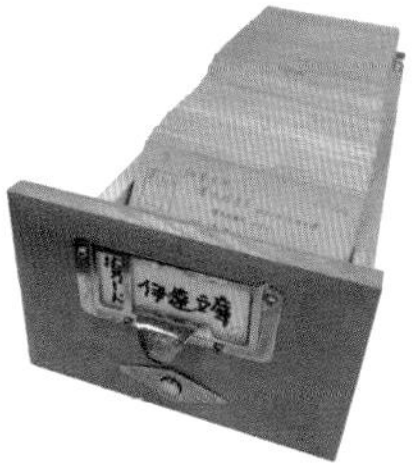

目録カードケース（宮城県図書館蔵）

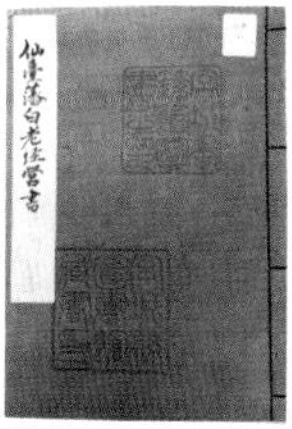

図書館製作写本（宮城県図書館蔵）

製本師や筆写生とともに
働いた図書館生活。
カード目録や冊子目録、
LPレコードやそれを使った
レコードコンサートに
囲まれていた日常があった。

格子の内側から見る閲覧手続風景
（宮城県図書館職員回覧雑誌『四つ葉』より）

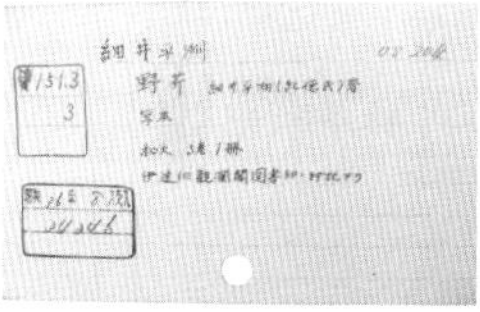

手書き目録カード
（宮城県図書館蔵）

3.5インチのフロッピーディスク
（著者蔵）

LPレコード（著者蔵）

新築後10年で撤去された
映像ブース
（『宮城県図書館施設・機能要覧』
宮城県図書館より）

第二章 江戸時代の図書館物語

図書館史研究に取り組む中で、江戸時代における知識欲、読書熱が江戸文化の成熟をもたらし、近代化への原動力にも結びついたとの思いがある。近世における公共図書館史を具体的に示してみたい。

青柳文蔵肖像画

青柳文庫蔵書印（雅印）

青柳文蔵個人文庫時代の蔵書印

青柳文庫蔵書印（正印）

（『創立百年記念青柳文庫誌』青葉倶楽部より）

伊達斉邦肖像画（仙台市博物館蔵）

堀田正敦肖像画

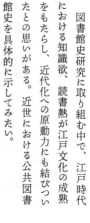

宮城県図書館書庫の中の青柳文庫
（『ことばのうみ』NO.23宮城県図書館より）

「士民青柳館蔵書借覧ノ図」
（三好清篤著『修身図鑑』下より）（斎藤報恩会旧蔵）

純粋に学問に触れたいと願う武士や医者、
豊かな町民や郷士《ごうし》達は、
書籍を「師」として知識を求め、
文庫という名の公開図書館の
熱心な利用者層を形成していく。

「養賢堂附医学館之図」青柳文庫の部分拡大
人々が書物を手にして文庫に向かう様子
（『仙台年中行事絵巻』複製版より）（宮城県図書館蔵）

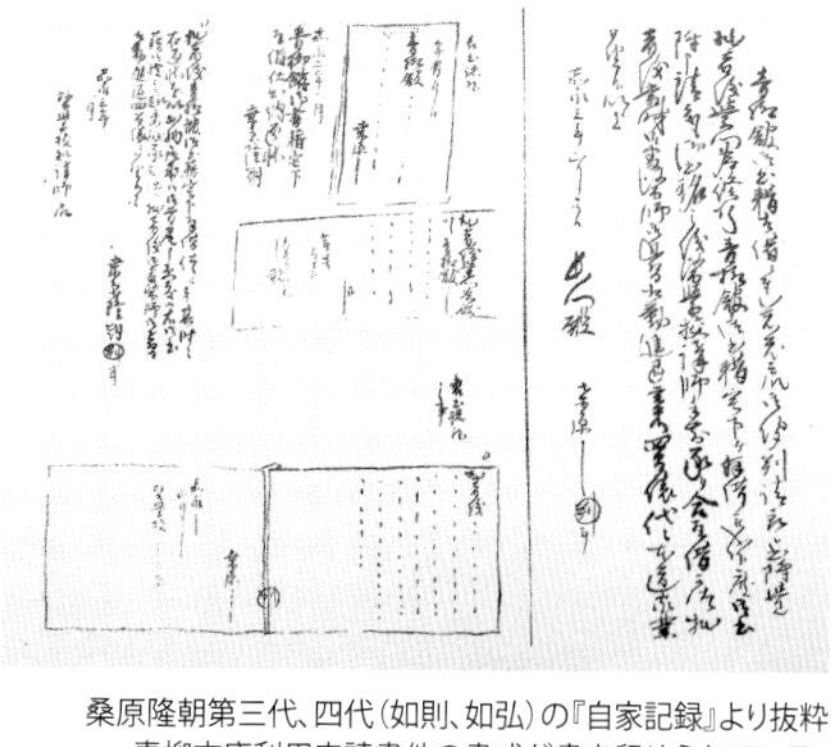

桑原隆朝第三代、四代（如則、如弘）の『自家記録』より抜粋
青柳文庫利用申請書他の書式が書き留められている。
（宮城県図書館蔵）

今で言うなら、公共図書館、
大学図書館、専門図書館と
呼び得るさまざまな文庫と
いう名の図書館が仙台領内
にあった。

養賢堂講堂
(『明治五年学制頒布五十年宮城県図書館創立四十年記念誌』宮城県図書館編刊より)

仙台府医学校蔵書印
「仙臺府醫學圖書信」

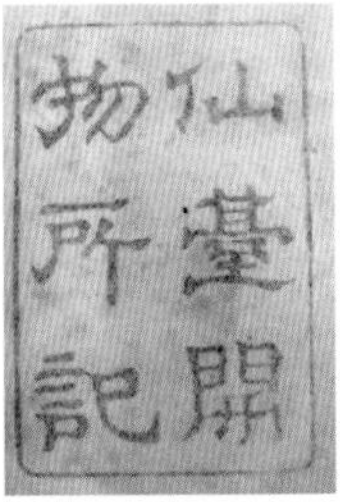

仙台開物所蔵書印
「仙臺開物所記」

養賢堂蔵書印
「仙臺府學圖書」

『観文禽譜』堀田正敦著(養賢堂文庫)
(『ことばのうみ』NO.22 宮城県図書館より)

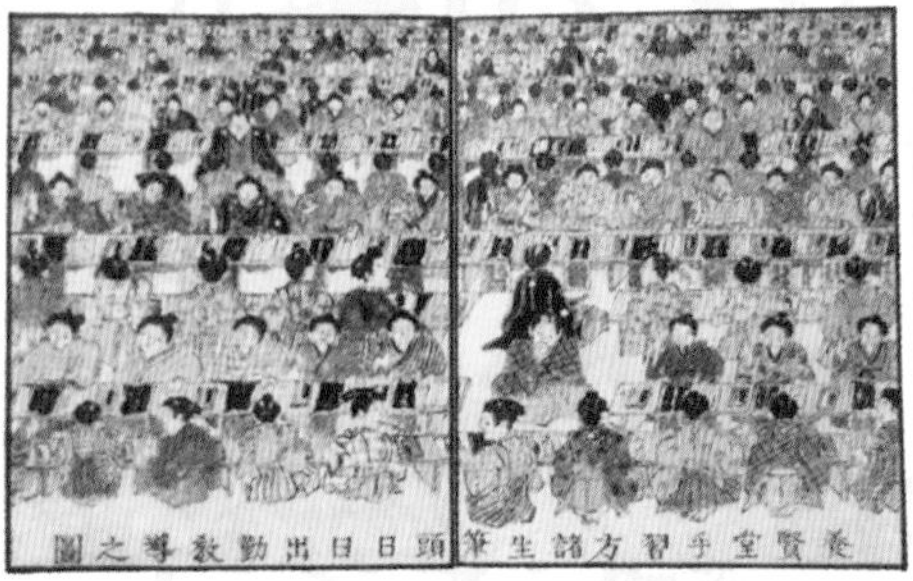

養賢堂手習方教導之図
(『養賢堂諸生鑑』小池裕斎著『ことばのうみ』NO.22 宮城県図書館より)

龍宝寺の法宝蔵文庫の八角形輪蔵
（『本食い蟲五拾年』常盤雄五郎著より）

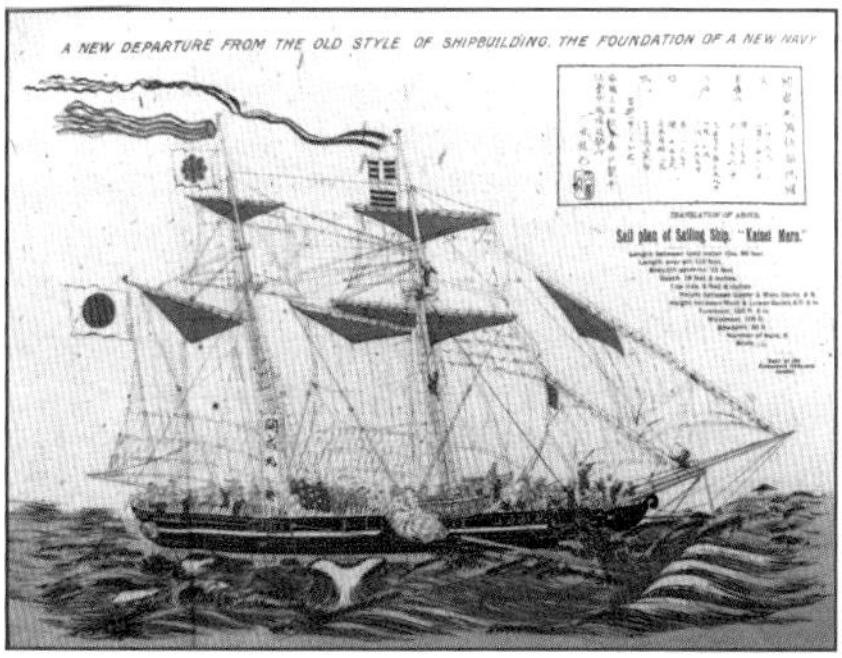

仙台造船所で造られた開成丸
英国のイラストレーターによる模写図
（『幕末の鬼才三浦乾也』益井邦夫著 里文出版より）

名山蔵蔵書印
「名山蔵蔵書印」

仙台造船所蔵書印
「仙臺造舶所記」

仙台講武場蔵書印
「仙臺講武場武庫記」

『禽譜』堀田正敦編（伊達文庫）
（『みやぎの叡智』宮城県図書館より）

宮城県図書館貴重書庫内の伊達文庫
（『みやぎの叡智』宮城県図書館より）

第三章

稿本という夢の形

江戸時代、識字率の高さから日本人は道中日記や随筆、小説、俳句、川柳、短歌、狂歌など、執筆人口が世界に類を見ないほど多かったといわれる。その中には出版を望みながらついに果たせなかったもの、近代にいたってようやく出版できたものなど名著の中にも少なくない。

仙台藩主一家を診る格の高い医師は「御番医師御近習《ごばんいしごきんしゅう》」と呼ばれた。そのうち、工藤平助《くどうへいすけ》、桑原養純《くわばらようじゅん》（二代隆朝《たかとも》）、大槻玄沢《おおつきげんたく》の三人の絆は特に強く、平助は養純の姉と結婚し、玄沢とは公式に親類の契りを結んだ。平助の長女・只野真葛《ただのまくず》の『独考』、養純の嫡男・桑原如則《くわばらゆきのり》の『賤《しず》のをだまき』、玄沢の孫・大槻文彦《おおつきふみひこ》の『北海道風土記』これら三人が遺した希有な三編の「稿本」にまつわる三つの物語を紹介したい。

「工藤真葛前妻ノ子ヲ教育スル図」（三好清篤著『修身図鑑』下より）（斎藤報恩会旧蔵）

時代に早すぎて、世の人と連なることが難しかった女性、只野真葛は何を想い何を書き遺したのか。今海外からも注目されているその理由とは。

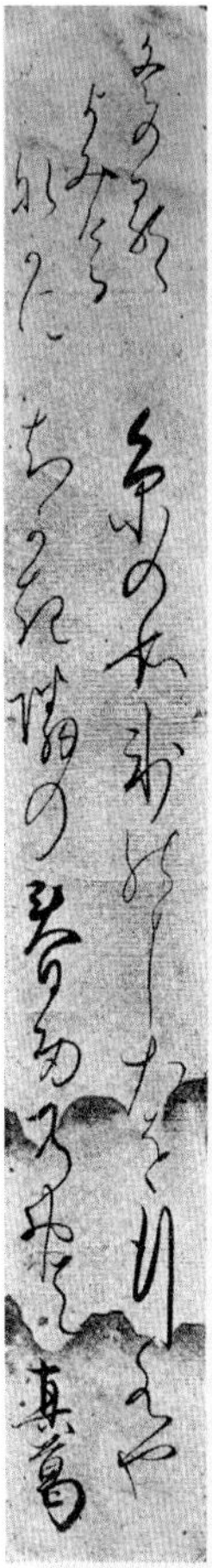

『冬の歌よみけるなかに』糸の如氷のしたを行水やちかき隣の春雨のおと　真葛

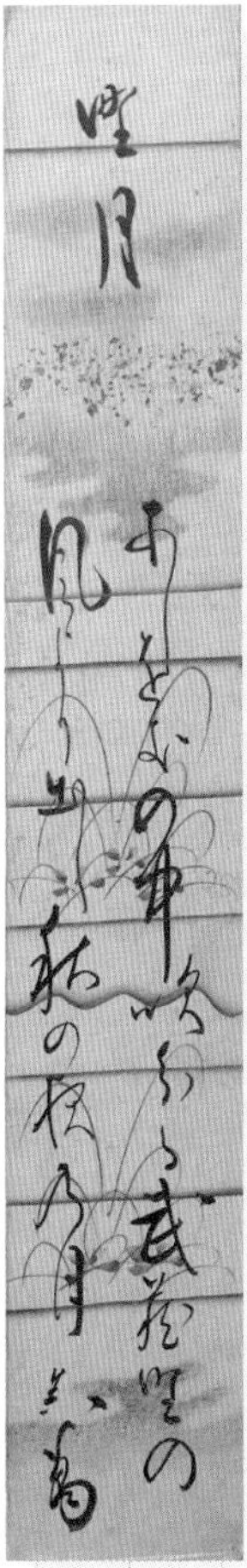

『野月』あしをぎの中吹分くる武蔵野の風より出し秋の夜の月　真葛

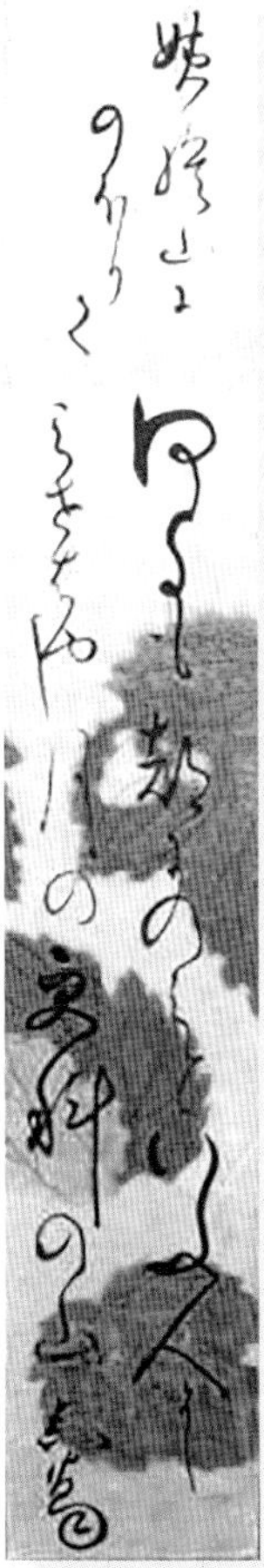

『姨捨山にのぼりて』何事も都にのみといふ人に見せばや月の更科の山　真葛

「文政八乙酉年　挑光院聯室發燈大姉
六月二十六日　工藤球卿女」
と刻まれた只野真葛墓石
（仙台市　松音寺）

源氏物語の俗語訳『賤のをだまき』自筆稿本

『賤のをだまき』第一巻 桑原如則（三代隆朝）自筆稿本
（外題：賤の苧環）内容は「桐壺」「箒木」「空蝉」（宮城県図書館蔵）

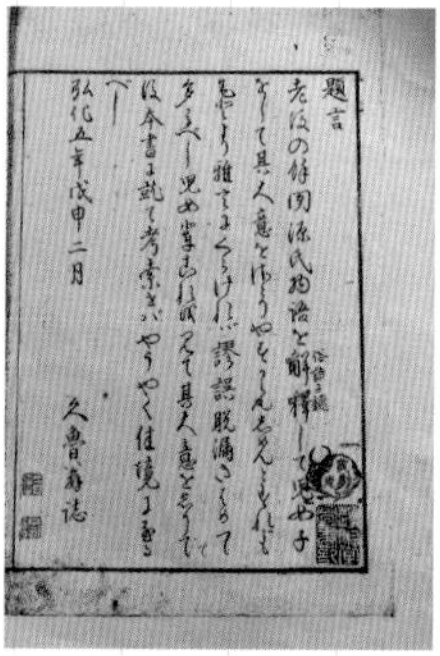

『賤のをだまき』第一巻 題言

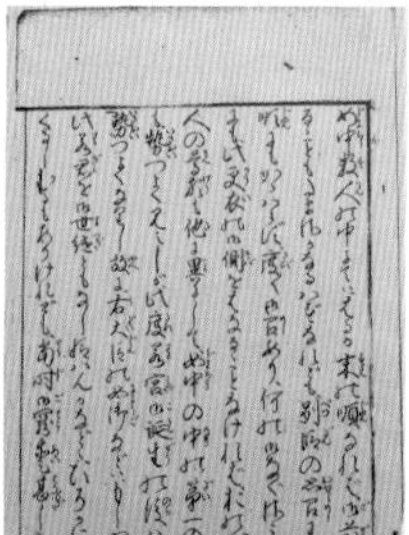

『賤のをだまき』第一巻「桐壺」から。
滝本流の美しい書体で書かれ漢字には読み仮名が付られている。

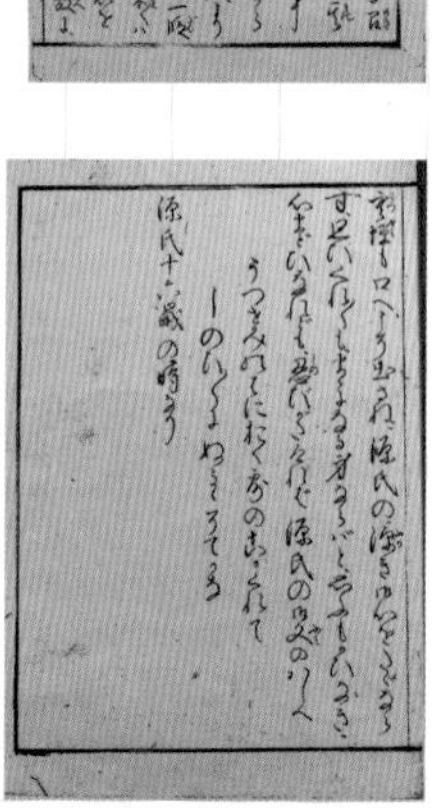

『賤のをだまき』第一巻「空蝉」末尾。
『伊勢集』の古歌を引いた「うつせみのはにおく露のこがくれてしのびしのびにぬるるそでかな」に続いて、「源氏十六歳の時なり」とある。

「紫式部」歌川国貞画（『修紫田舎源氏』初編上表紙 柳亭種彦作より）（著者蔵）

『北海道風土記』自筆稿本

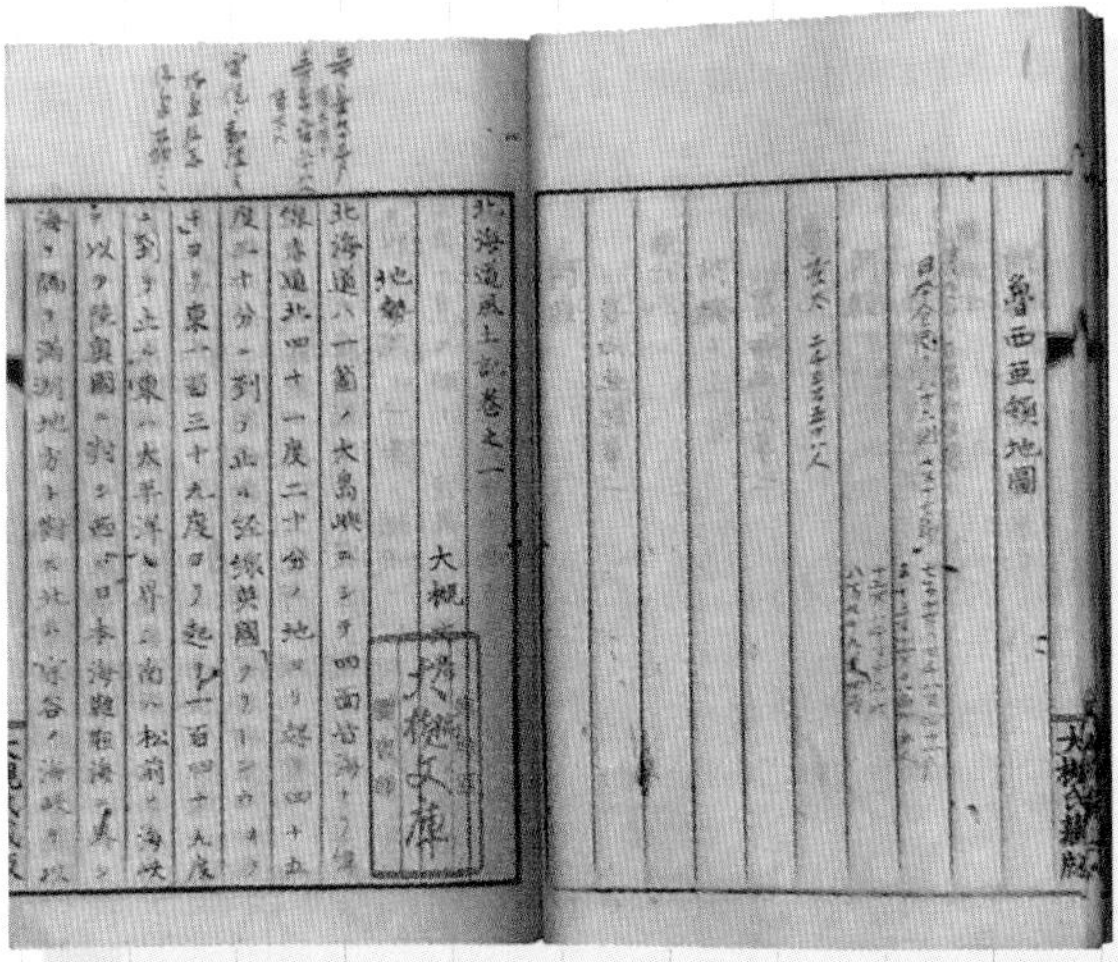

『北海道風土記』巻之一 大槻文彦自筆稿本
（『ことばのうみ』NO.14 宮城県図書館より）

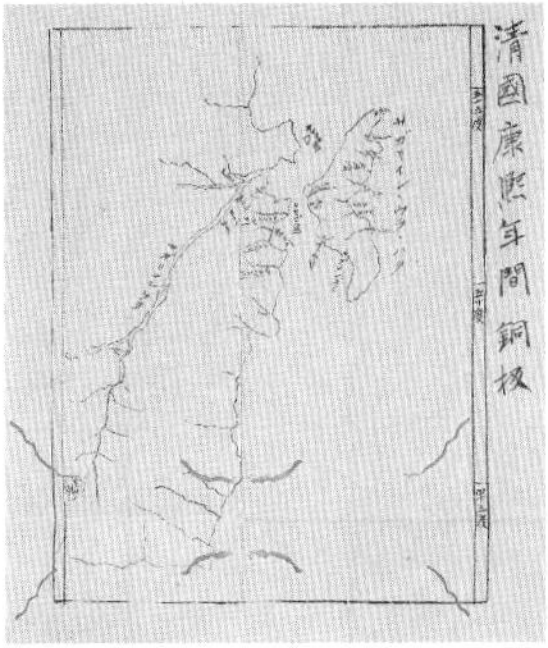

「清国康熙年間銅板」大槻文彦自筆稿本
（『北海道風土記』巻之二十六「北辺古図」より）（内閣文庫蔵）

宮城県図書館第八代館長 大槻文彦氏
（『ことばのうみ』創刊号 宮城県図書館より）

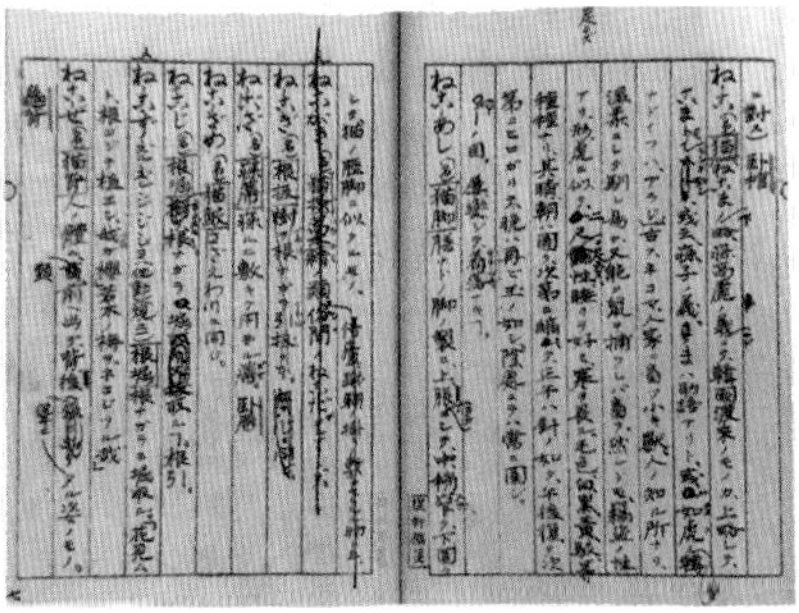

『言海』大槻文彦自筆稿本「ねこ」の項目部分
（『ことばのうみ』NO.14 宮城県図書館より）

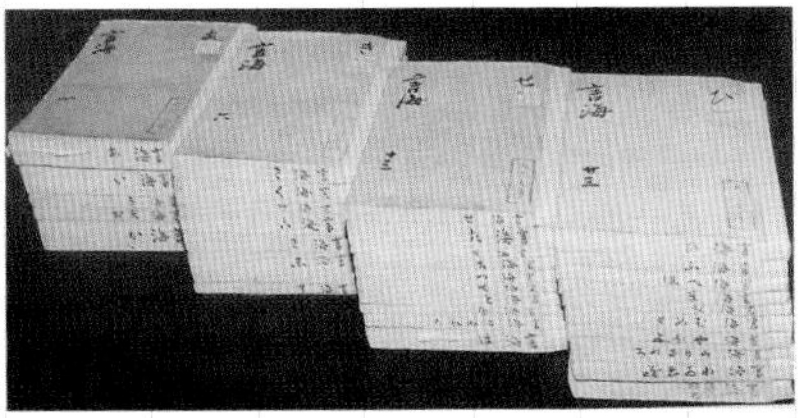

日本初の近代的国語辞書『言海』大槻文彦自筆稿本
（『ことばのうみ』創刊号 宮城県図書館より）

第四章

蔵書を守る人

個人の蔵書コレクションの行方に関心を抱いてきたので、守り抜くためにどれほどの多くの努力が積み重ねられたか、いくつかの例を書いてみたい。

モリソン（中央）と並ぶ石田幹之助（右）
（『石田幹之助著作集』4 六興出版より）

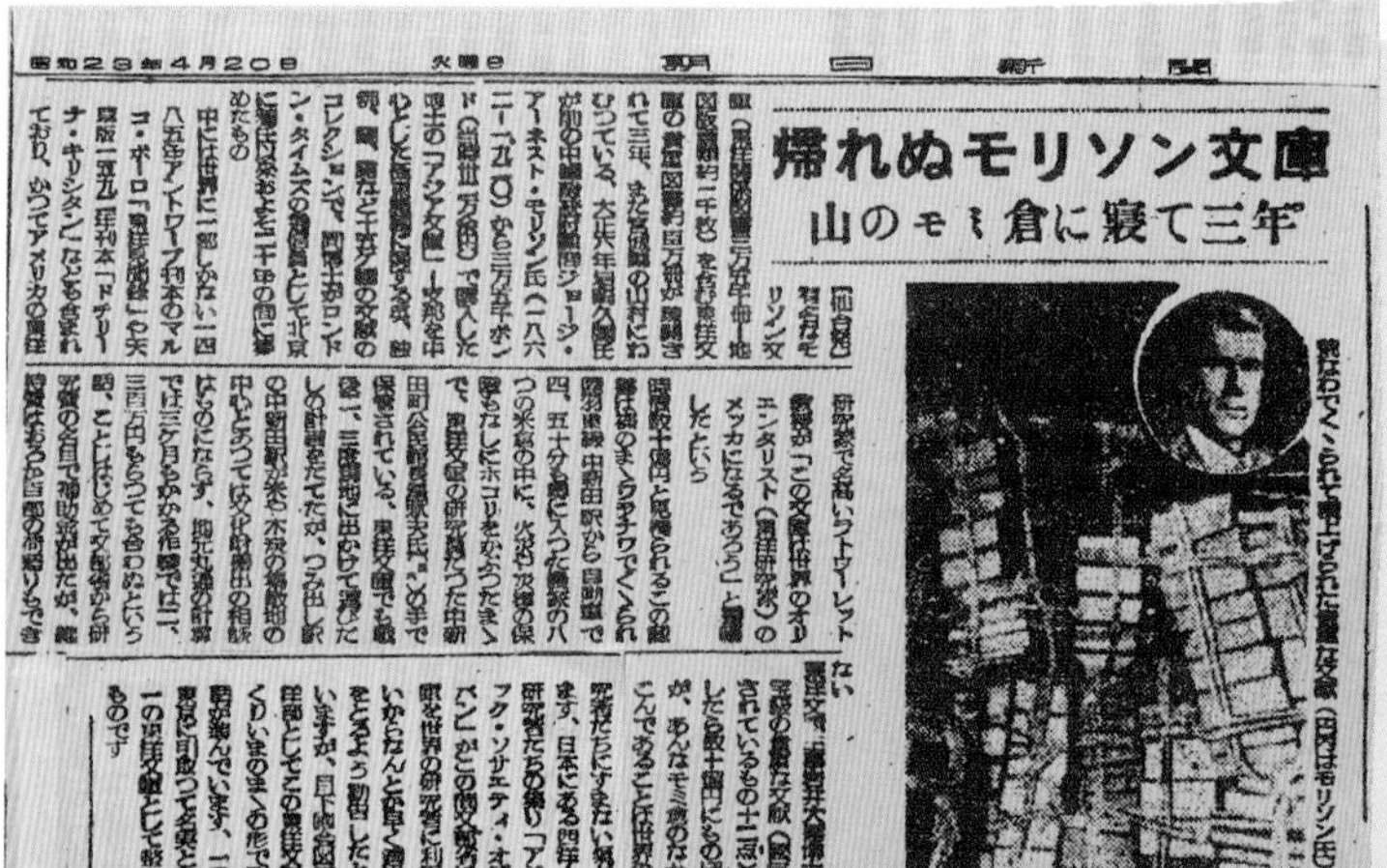

昭和23年4月20日 火曜日 朝日新聞
帰れぬモリソン文庫
年三て寝に倉ミモの山

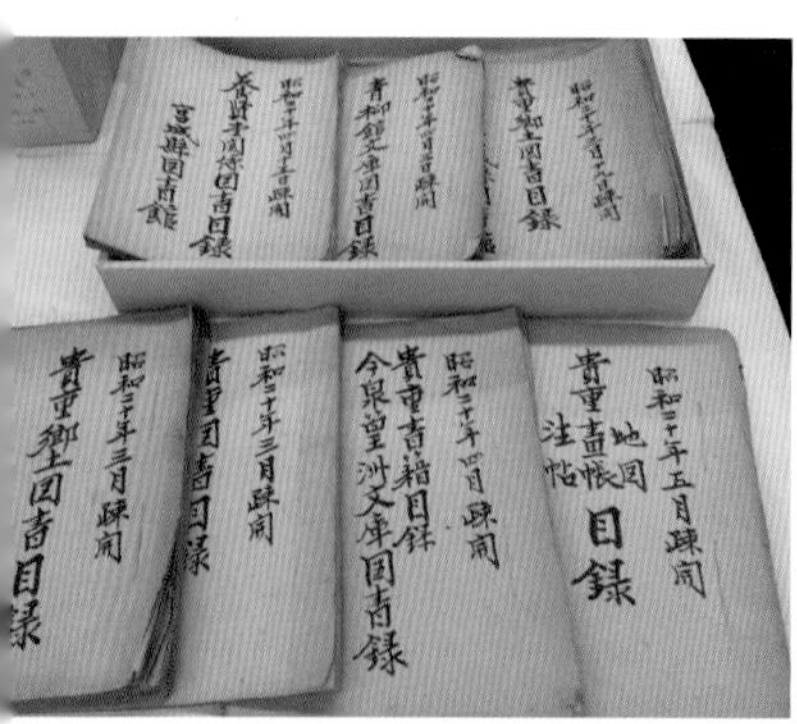

『本食い蟲五拾年』常盤雄五郎著 仙台昔話会 右
『昭和二十年疎開図書目録』（宮城県図書館蔵）左

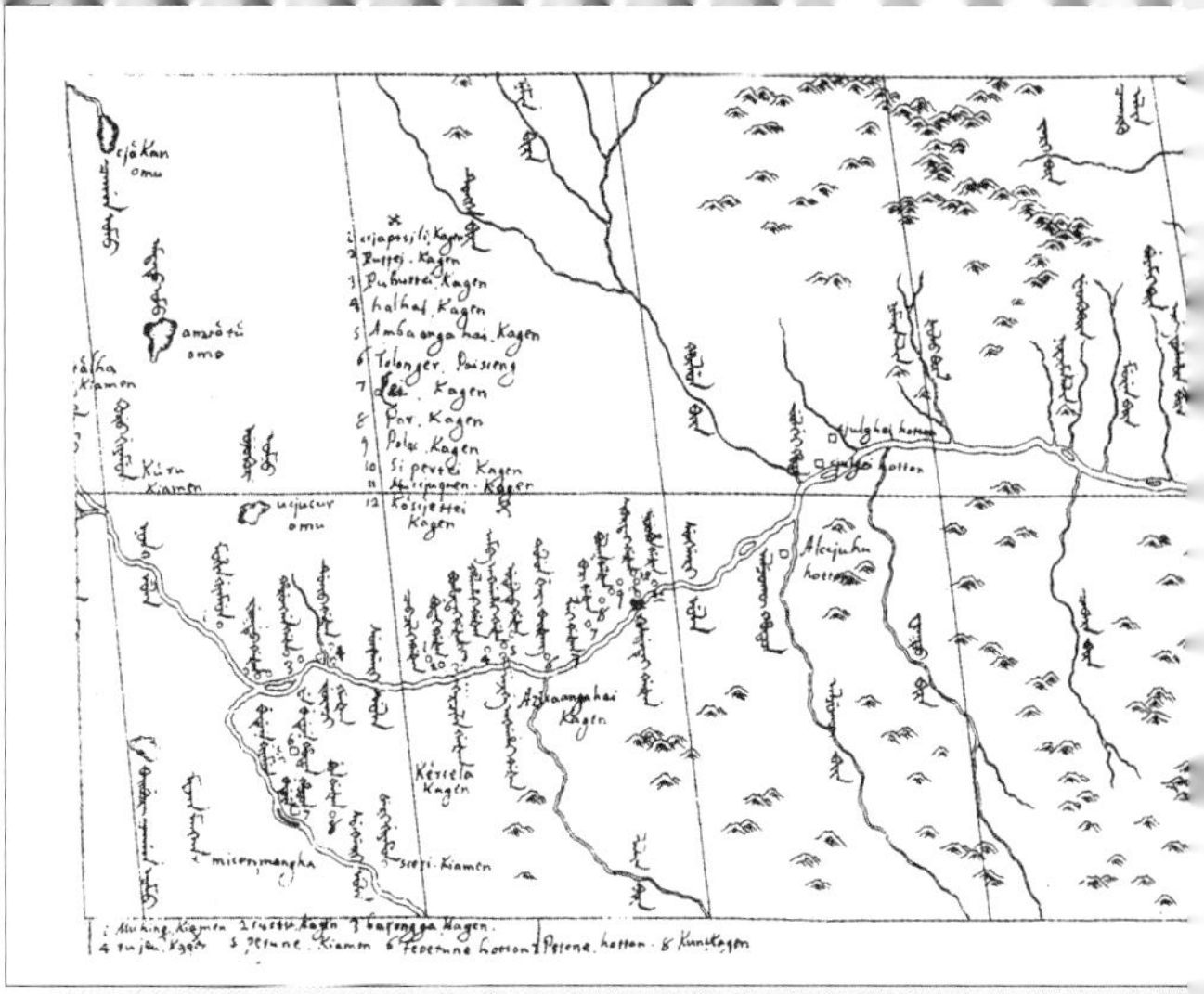

『康熙銅版皇輿全覧図稿本』第6図部分図 複製版（宮城県図書館蔵）

『清聖祖康熙皇帝朝服像』（北京故宮博物院蔵）

貴重な書籍の来歴を調べていくと必ず出会うのが、
それを守り抜いた過去のライブラリアンの姿だ。

2011年3月11日東日本大震災後の宮城県図書館の書架（『ことばのうみ』NO.37 宮城県図書館より）

「22世紀を牽引する叡智の杜づくりプロジェクト」の成果『みやぎの叡智』（宮城県図書館編・発行）右
一時移管対象となった貴重書庫内の古典籍の一部（『宮城県図書館施設・機能要覧』宮城県図書館より）左

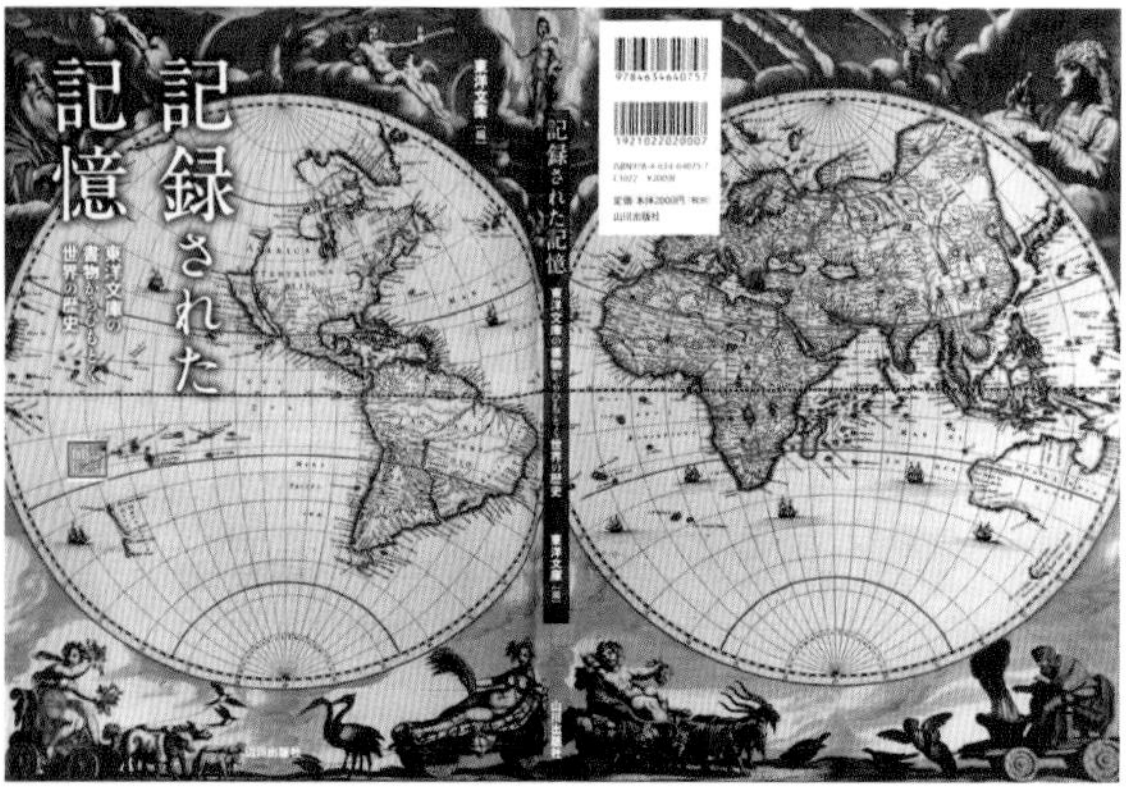

『記録された記憶
東洋文庫の書物からひもとく世界の歴史』
東洋文庫編 山川出版社

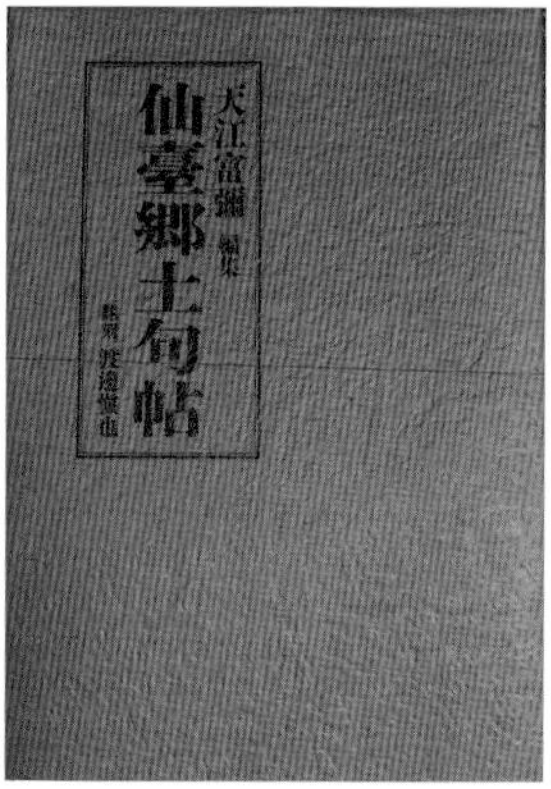

『仙臺郷土句帖』天江富彌編
渡邊愼也 翻刻 略解 仙台郷土句会

第五章
ブックレビュー「記憶と記録」

「記憶と記録」というキーワードから３冊を紹介する。

記憶を記録に留めて蓄積する社会的装置が図書館なら、個人の体験とその記憶は、まず脳外に一歩踏み出す必要がある。「あとは図書館にまかせる」と言ってもらえる装置であり続けられるのか図書館は。

天江富彌氏
（『仙臺文化』創刊号仙臺文化編集室より）

『3.11キヲクのキロク
市民が撮った 3.11大震災 記憶の記録』
NPO法人20世紀アーカイブ仙台
（画像提供/3.11オモイデアーカイブ）

『3・11キヲクのキロク、そしてイマ』（名取市／東部道路名取IC付近の定点写真絵はがき）
NPO法人20世紀アーカイブ仙台2014（画像提供／3・11オモイデアーカイブ）

宮城県図書館を彩る世界のアーティスト

フランス、ポルトガル、イスラエル、日本、アメリカの現代アーティストたちによる多彩なパブリックアートをご紹介する。

3

4

5

6

1

2

MIYAGI PREFECTURAL LIBRARY

1 ベルナール・ブネ／Bernar Venet（フランス）作『88.5° ARC（88.5度の弧）』
2 ジャン・フランソワ・ブラン／Jean Francois Brun（フランス）作『Les percees du jour（1日の始まり）』
3 ジョゼ・デ・ギマラエス／José de Guimarães（ポルトガル）作『案内板アート（サイン）』
4 メナシェ・カディシュマン／Menashe Kadishman（イスラエル）作『Kissing Birds（キッシング バード）』
5 川俣　正／Tadashi Kawamata（日本）作『書見の道』
6 ジョセフ・コスース／Joseph Kosuth（アメリカ）作『Twice Defined（二重の定義）』

『司書になった本の虫』

目次

第一章　昔、図書館にあったもの

第二章　江戸時代の図書館物語

第三章　稿本という夢の形

第四章　蔵書を守る人

はしがき

自分の家の本棚、親戚の家の本棚、本屋さん、古本屋さん、いつも、いつまでも本棚の側を離れたくなかった。育った家の壁面いっぱいの作り付け本棚には、世界文学全集や日本文学全集、児童文学全集も揃って並んでいたが、私が夢中になったのは早川ポケットミステリ、中でもE・S・ガードナーの『ペリイ・メイスン・シリーズ』である。父親が定期購読していた『エラリイ・クィーンズ・ミステリ・マガジン』『マンハント』なども、極度の乗り物酔い、人混み酔いのため、家族で出かける時には、いつも一人留守番をしては、読みふけったものである。親の説教のほとんどは無益だが、親の本棚に並ぶ書籍がその成長過程で子どもに染み入らせるものは、頭脳であれ、心であれ、随分後になってその影響に気づかされる。

仙台の街の目抜き通りには地元の老舗本屋さんがとても多かった。宝文堂、高山書店、金港堂など本店支店を含めそれぞれ数店舗ずつあり、少し歩けば本屋さんという具合だ。今では全国チェーンの大型書店が駅近くにある。

昭和四十四年四月、宮城県図書館に就職して初めて閉架書庫に足を踏み入れたときには、整列した本棚に並ぶ数十万冊の本の群れに圧倒された。「私はこう考える」、「真実はこれだ」、「私はこんな生き方しかできなかった」、一冊一冊の本が、いや著者一人一人の声が一気に押し寄せた気がした。

テレビも映画も一人個室でしかもスマートフォンで視聴できる時代である。電子書籍であれば本棚も不要なはず。しかし、図書館を職場とし、いつも図書館の徒歩圏内に居を定めてもなお、買うまいと思ってもつい、本を買ってしまう癖はなくならない。私の一生は私の本棚が語ってくれる。

早坂信子

第一章　昔、図書館にあったもの

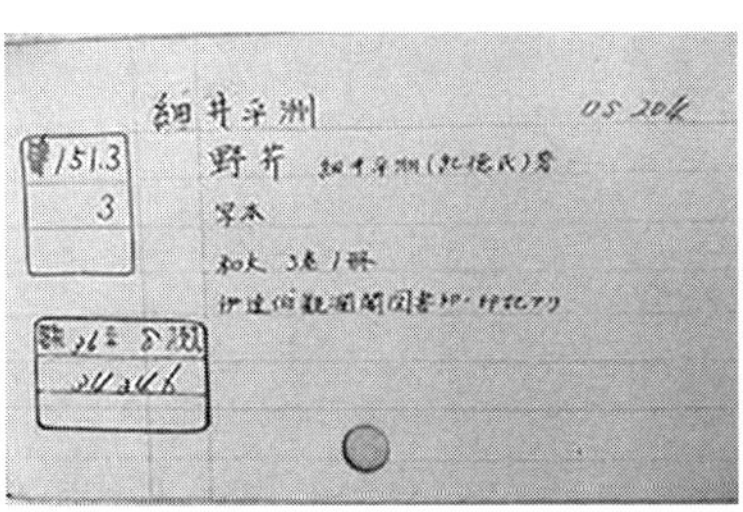

手書き目録カード（宮城県図書館蔵）

①　すべてが手作業だった

最近、若い人の投稿文などで、紙本とか紙書籍、紙コミ（ック）といった文字を目にすることがある。「久しぶりに紙本買ったあ〜」という具合に。そう、「鬼滅の刃」のおかげである。最終巻の初版発行部数が三九五万部であったと聞く。初版初刷だけではすまないだろう。若い母親が「電子ブックもあるよ、といっても、紙じゃなきゃイヤダと子どもが駄々をこねるので困る」と言うのを聞くと、嬉しくなる旧世代である。

私が宮城県図書館に在職したのは、昭和四十四年（一九六九）四月から平成十八年（二〇〇六）三月の三七年間である。そのうち半分くらいは図書館業務へのコンピュータシステム導入やデジタルアーカイブ構築に関わる仕事に明け暮れた。世の中も、図書館の仕事も、第三次産業革命ともいえるコンピュータ発明による大変革を遂げた時代に居合わせたのである。

私の図書館生活前半の、すべてが手作業だった時代のことを知る人も少なくなる今、自分の記憶に残ることだけでも記してみたい。

ローマの製本師（著者撮影）

ローマの製本工房の看板人形（著者撮影）

② 製本室と製本師

明治二十年以前の書物であるいわゆる古典籍を大量に所蔵する図書館には、製本室があり、製本師がいたものだ。壊れた本や、傷んだ本を見つけると、地下の製本室に持っていき、修繕を依頼するのが初任者の私の仕事のひとつであった。

製本室は珍しいもので満ちている。巨大な手回しハンドルのついた回転式の裁断機や、木と金属の積み重なった締め機（プレッシャー）、植字工が使うような沢山の活字と活字棚など、見慣れぬものについて質問攻めにするのが常で、そのたび、年配の製本師は口数少なく答えてくれた。中でも大切にしていたのは、糊を入れた一斗缶で、糊を生き物のように大切に世話をし、夏は腐り、冬は凍るのを怖れて、良好な状態に保つ難しさを口にした。もともとは近代製本術を徒弟制度で学んだそうで、書物研究家の庄司浅水《しょうじせんすい》氏*とは兄弟弟子だったと先輩から聞いたものの、本人の口から聞いたことはない。酔えば浪花節をうなり、戦後まもなく、図書館を式場にして結婚式を挙行した唯一の人物でもあるらしい。

和紙であれ洋紙であれ、まず紙は、裏と表、縦紙と横紙を間違えないことが

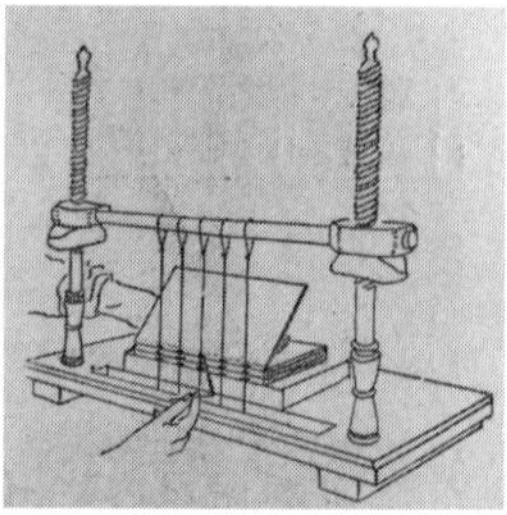
手かがり台

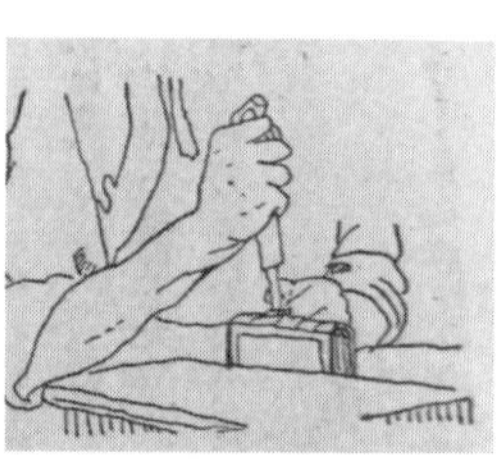
書背への箔押し

（2点とも『製本術入門』庄司浅水著　芸術科学社より）

*庄司浅水（1903-1991年）＝宮城県仙台市出身の書誌研究家でありノンフィクション作家。彼の収集による近代文学者の自筆草稿、書簡類の一部が宮城県図書館に所蔵されている。芥川龍之介の『鼠小僧治郎吉』、夏目漱石の葉書などを含む。著書に『製本術入門』（芸術科学社）1952。

大事。糊の状態と充分なプレスが仕上がりを決めると教わった。
古典籍の修繕は、虫食い本の裏打ちや、角布《かどぎれ》の付け替え、題簽《だいせん》の貼り直し、糸切れ本の糸綴じなどが中心で、糸は紙を守るために、太くなく強すぎず同色の絹糸が選ばれ、切れた糸も捨てずに和紙に挟んで本の中に差し込まれた。

分厚い参考書など壊れやすい洋装本の場合は、表紙や見返しをすっかりはぎ取って、丈夫な糸で綴じ直すところから始まった。保存用新聞を一ヶ月分ずつ表紙をつけて簡易製本したり、月刊誌の本製本なども行ったが、後には、新聞用紙箱とパンフレットボックス収納に取って代わられた。

定年を見据えて図書館上層部は後継者育成を要請したようだが、「中学校を卒業してすぐ見習いに入る人でなければ身につかない」として頑固に断ったと聞く。昭和五十七年（一九八二）六五歳で図書館を去ると製本師は不在となり、すべて製本や修繕は外注に切り替えられた。主のいない製本室には道具や機器、紙類がそのまま残されたが、平成七年（一九九五）製本室がコンピュータ室に改造さ

背の上下角を布で包む角布

貼り題簽

謡曲の収録内容を示す貼り題簽

製本室で使われた型押し器具

製本室で使われたプレス機の丸太の重し

れてすべて失われた。

　表紙や背の縁を飾るための金色のアラベスク模様。箔抜き用の金属器、たぶん特注品だと思うが、その多様な帯状装飾模様の美しさも忘れ難い。一冊一冊に似合うべく選ばれた表紙、標題字体、すっきりとした仕上がりとともにただ懐かしい。

③　筆写生

　図書館に勤め始めて三年間、事務分掌に「古書筆写」と書いてある大先輩がいらした。七〇歳はとうに過ぎていたと思われる男性で、一日中日当たりの良い窓際の席で、和紙の原稿用紙に墨筆やインク壺とつけペンで文字を書いておられた。自分だったら一時間ももたずに居眠りを始めるだろう。それが大学図書館など他の施設や個人から借りた貴重な古典籍や古文書を書き写し、写本を作っていたと私が知ったのは、昭和四十七年（一九七二）五月に急逝された後だった。

　宮城県図書館は、昭和二十年（一九四五）七月十日未明の仙台空襲で全焼した。一万冊足らずの疎開図書を除き、全資料を失った図書館は、昭和二十四年

インクとつけペン

（一九四九）二月に再建された図書館で活動を開始した。その後の一〇年間は、「館長自らがリュックを背負って図書の買い出しに上京したり、蔵書家を訪ねて譲りうけたり」と懸命な図書収集活動が行われたという。「伊達文庫」、「大槻文庫」、「小西文庫」、「半田文庫」、「菊田文庫」、「土井晩翠旧蔵書」と、現在所蔵する郷土ゆかりの「特別文庫」の多くが、この時期集中的に収集された。入手の難しい貴重古典籍については、所蔵者から借りて書写し、製本の後、図書館に納められた。この書写事業は学識経験豊かな三人によって二〇年ほど続けられ、その最後の一人が前記の職員だったのである。

今、蔵書目録を検索してみると、昭和四十六年（一九七一）に作成された『仙台藩白老経営書』（底本となったのは北海道庁蔵本）が最も新しく、おそらくこれが彼の絶筆となったのだろう。書庫の中の戸棚の中には、今でも和紙の原稿用紙が使用主を待って積み重なっているはずである。

当時、複写機はまだ湿式のジアゾ複写機*しか存在せず、見づらく退色も早くて、いわゆる青焼きと呼ばれた保存に耐えない複写物しか作れなかった。新聞のマイクロフィルム製作は実施していたものの、当時の技術上、これだって、薬品処理されているので、品質保存年限は不明で、擦過傷が年々増えると雨降り状態にな

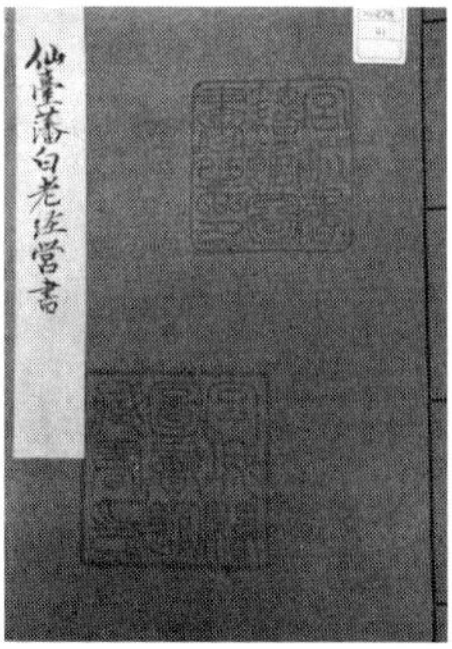
図書館製作写本
（宮城図書館蔵）

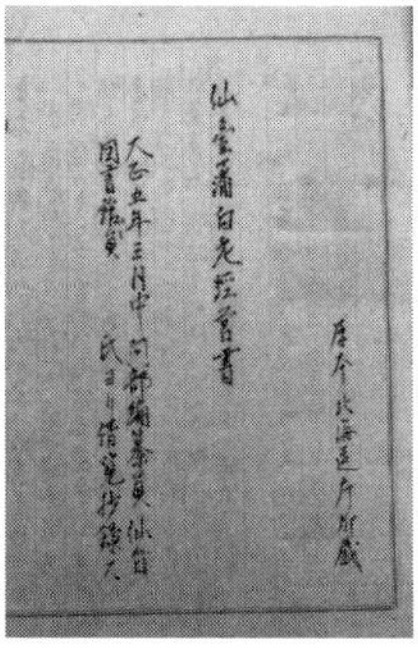
『仙台藩白老経営書』写本

＊ジアゾ複写機＝リコピーなどの名称で知られる、今は生産も消耗品提供も終了している。

る。この点、和紙に墨や顔料インクの組み合わせは最強だ。

宮城県図書館では、デジタルアーカイブ化された古典籍のうち、郷土資料の一万冊近くを和紙にプリントアウトして糸綴じ製本後利用に供している。原資料や、マイクロフィルムなど代替資料に比べても、閲覧も電子コピーも圧倒的に自由で快適だ。勿論紙質調査など原資料でなければ研究できない場合は対応してくれる。いくつかの大学図書館でも同様の保存と利用の対策を行っていると聞くが、公共図書館では聞いたことがない。遠方であればデジタルアーカイブ利用も便利に違いない。しかし手にとって、和紙に触れ、一折めくる感覚は独特のもので嬉しく感じる瞬間だ。

図書館には六五〇年以上も前の書籍や文書が、何の電子機器の助けもなく手にとって読める状態で保存されている。今、インターネット上で利用できるデジタルデータや、電子書籍のうち、六五〇年後にも読むことができるものの割合はどのくらいだろう。

和紙による印刷写本
(宮城県図書館蔵)

④ 目録カード

平成十五年（二〇〇三）五月十九日、この日まで五〇年間、蓄積、利用されてきた国立国会図書館の目録カード五二〇万枚が廃棄された。この記事＊を読んだ時脳内を駆け巡ったのは、映画『ゴーストバスターズ』のニューヨーク公共図書館冒頭シーンである。カードボックスから次々と高速で飛び出し、吹雪のように舞い上がり落下し続ける目録カードは、司書の悪夢そのものであった。映画は一九八四年に公開されたが、その二〇年後にはすでに、日本全国の大多数の大学と公共図書館から目録カードとカードボックスが失われていた。

国会図書館の和図書目録カードの編成作業は平成八年（一九九六）度には最終的に終了していたし、印刷カードの作成・頒布事業も平成十年（一九九八）三月をもって廃止されたので、この頃がオンライン閲覧システムへの切り替え完了時期だったといえよう。

宮城県図書館の場合も、目録カードおよそ一〇〇万枚が廃棄されたのは、平成八年（一九九六）九月であった。翌十月一日、目録カードのあったスペースには一〇台の利用者検索用パソコンと電子書籍利用端末二台が置かれた。当時見学した他の公共図書館では、タッチパネル端末が一階に一台、二階に一台といった具合で、利用者が行列する風景を度々目にしてきたので思い切って増やしたので

＊出典＝「カード目録の撤去と新しい目録ホール」岡村光章著（『国立国会図書館月報』）no.509、2003

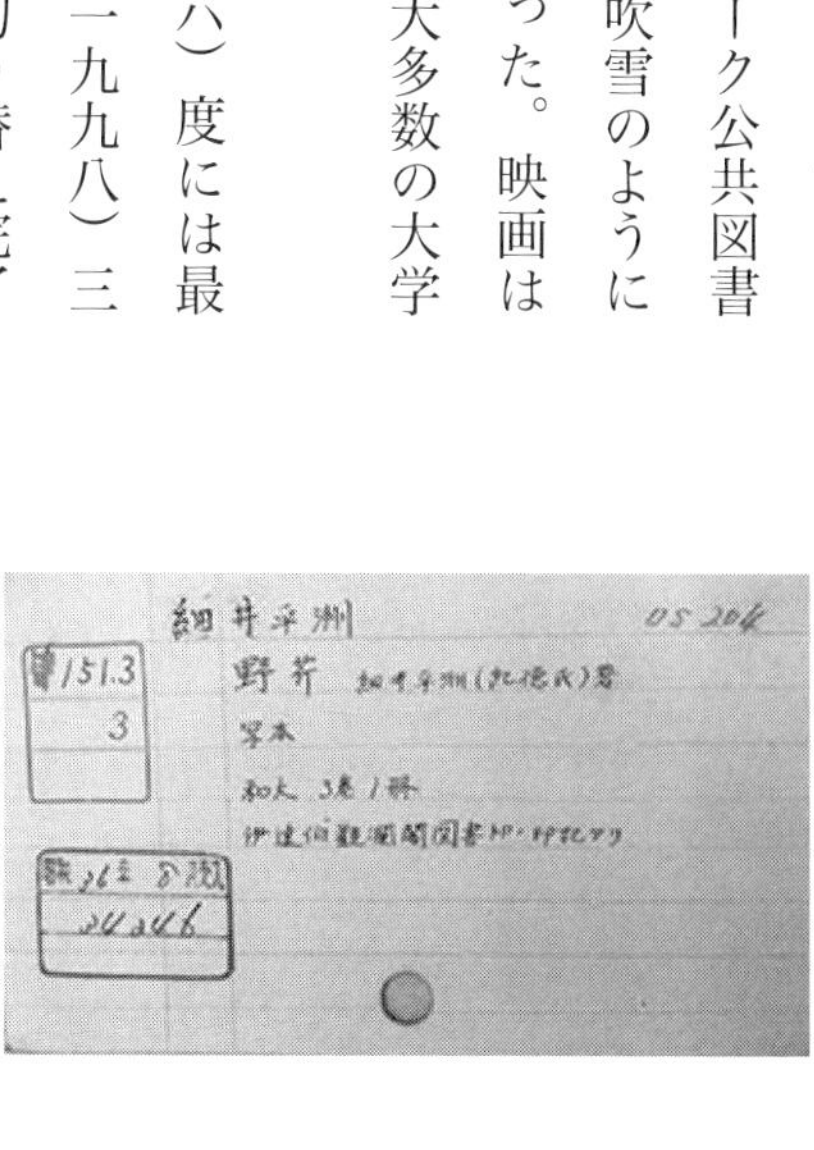

伊達文庫の手書き目録カード

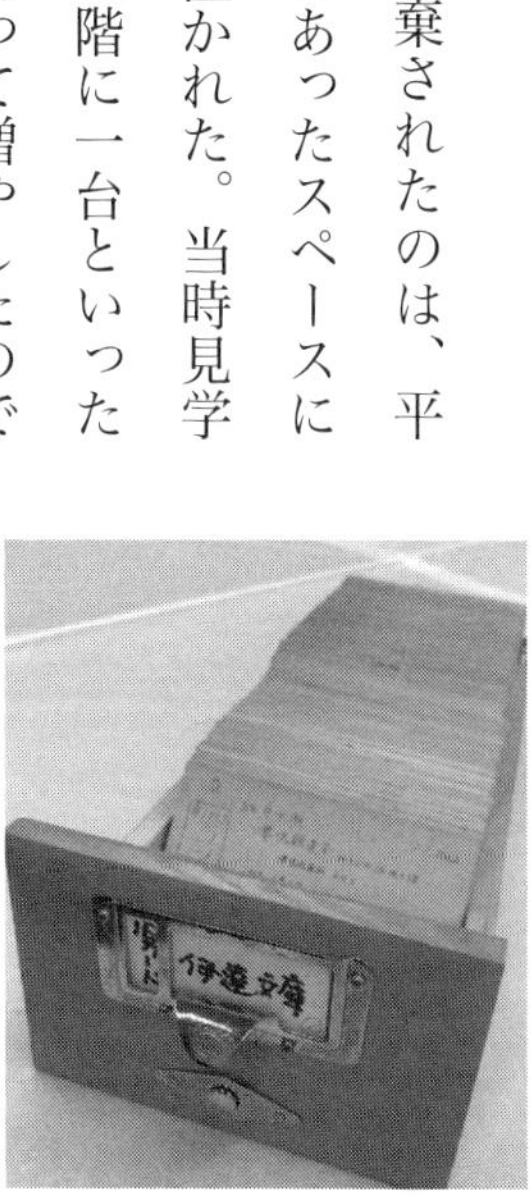

目録カードケース（宮城県図書館蔵）

ある。キーボード端末を三台用意したのも正解だった気がする。日本国内のパソコン出荷台数が急増した時期でもあり、家庭での普及も着実に進んでいた。

国立国会図書館の空っぽになった大量のカードボックスは、解体され廃棄処分されたが、宮城県の場合は県内の県立学校図書館が引き受け手となってそれ以降も使われた。

さて、その捨てられた目録カードの話である。コンピュータ導入前の図書館を想像してほしい。目録担当の職員は、一冊ずつ本の内容を確認して『日本十進分類法』の適切な分類にあてはめながら請求記号を決定し、図書を探す手がかりとして必要充分な情報を目録カードに記入する。しかもカード複写機がない時代とあって、目録記述は書名目録、著者名目録、分類目録、件名目録（人名件名のみ）、事務用目録の四～五枚分、四～五回繰り返すのである。全集など内容を豊富に含むものは、たった一冊分のカードが数枚にわたって続き糸で繋がれた。なおかつ、個々の書名からも探せるように、内容それぞれの書名カードも沢山作成することになる。なんと非効率だったことか。

分類表はびっしりと書き込みされてヨレヨレになり、目録規則は何度も使ううち、しっかり頭に染み込むまでになる。もちろん自分が整理した本の特徴や内

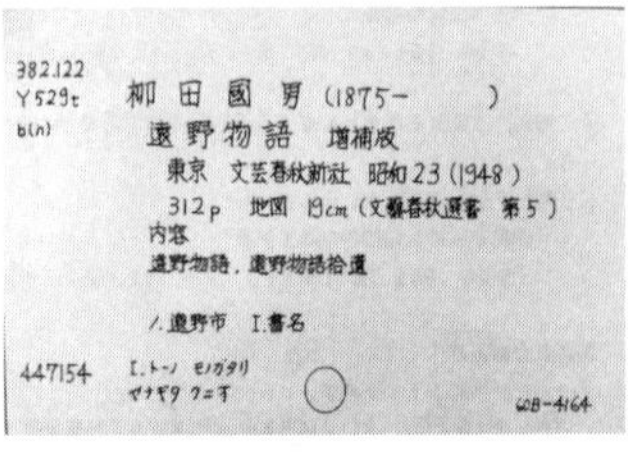
382.122
Y529t
b(n)
柳田國男（1875-　　）
遠野物語　増補版
東京　文芸春秋新社　昭和23（1948）
312p　地図　19cm（文藝春秋選書　第5）
内容
遠野物語，遠野物語拾遺
/.遠野市　I.書名
447154　I.トーノ　モノガタリ
ヤナギタ　クニオ
60B-4164

国会図書館の手書き目録カード

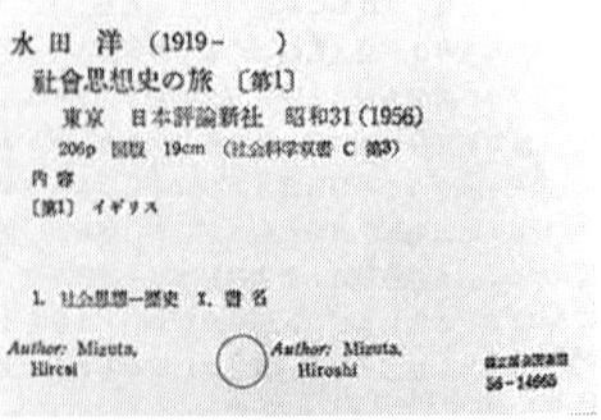
水田　洋（1919-　　）
社會思想史の旅〔第1〕
東京　日本評論新社　昭和31（1956）
206p　図版　19cm（社会科学叢書 C 第3）
内容
〔第1〕イギリス
1. 社会思想―歴史　I. 書名
Author: Mizuta, Hirosi
Author: Mizuta, Hiroshi
国立国会図書館
56-14665

国会図書館の印刷カード

容は、図版・索引の有無さえ覚えたりもする。当時、全国整理部門研修会などに参加すれば、目録記述の方法や、新しい主題に対応する分類法の改訂をめぐって、先輩司書達が激しく論戦していたものである。それを聞いているだけの新米であっても内容はよく理解できたし、帰って、自分の職場ですぐ実践することも可能だった。

手書きカードそれぞれは、誰が書いた目録なのか一目瞭然、歴代の目録係の手跡が明瞭に残る。カードを一見すれば、先輩たちの名前がスラスラ出てきて誰も書き手を間違わない。これが頭痛の種だった。

宮城県図書館のカード目録作成は、明治四十年（一九〇七）二月事務用として始まった。閲覧者用は冊子体の印刷目録だったと思われる。この年、日本図書館協会員伊東平蔵（東京外国語学校教授）を顧問に委嘱して、図書館新築計画を含めた図書館運営改善策について調査を依頼した。その中に「カード式目録」の整備と「図書に関する特別の知識・技能を持つ司書の選任」を急務としてあげていることが注目される。大正元年（一九一二）十一月落成した新築図書館は翌十二月から閲覧を開始、その頃から本格的にカード目録を作成し始めたようだが、主流は冊子目録で、大正二年度の「宮城県立図書館和漢書目録」を皮切りに毎年増

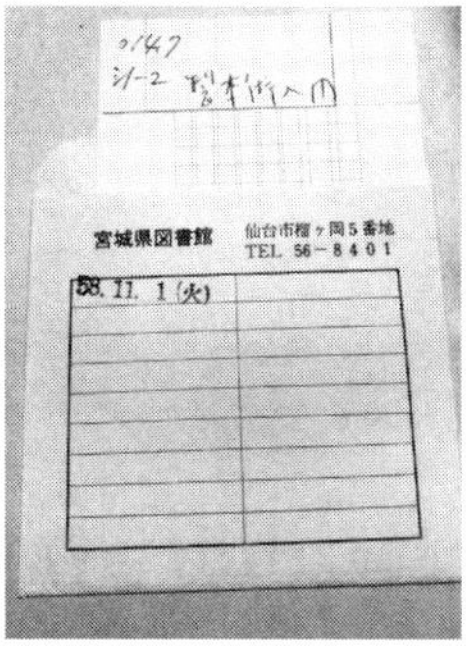

ブラウン式貸出に使われたブックポケットとカード

加目録が印刷刊行されている。仙台空襲で全焼した図書館は建物とともに、蔵書もカード目録も焼失した。しかし多数部作成する印刷目録は、必ずどこかに残っているもので、再収集した冊子目録から戦前の蔵書内容を知ることができる。

手書きカード時代であっても、一部謄写版*印刷は活用していた。俗称ガリ版*といって、ヤスリ盤の上に透明なロウ原紙を載せて鉄筆を使ってガリガリとロウを削り取り版下を作る印刷法である。同僚にはこのガリ版きりの名人もいた。主に全集や叢書などの目録作成に使い、書名や著者、出版者など共通する事項だけを埋めた目録カードを、全巻数分の四倍の枚数だけあらかじめ印刷しておき、一巻刊行されるたびに、手書きで巻次や出版年、ページ数、内容、ローカル事項などを書き加えて完成させるのである。はがきサイズの謄写版印刷機で一枚ずつ手刷りした。こうして、できる限りの省力化を図ったのだが、当然このやりかたのほうが楽なので、多段階の書誌階層を持つものは、どうしても全集名や叢書名を本タイトルとするのが癖となったのも否めない。今ではこんな考え方は邪道だと分かる。

昭和五十四年（一九七九）四月、東販印刷カードの一括頒布をいち早く導入したのも、平成三年（一九九一）目録作成に使うため国立国会図書館の蔵書目録

＊謄写版＝ハガキサイズの謄写版印刷機

＊ガリ版＝ヤスリ板とロウ紙と鉄筆

CD-ROM「J-BISC」使用に踏み切ったのも、動機のひとつは、難なく美しい文字を書く人へのコンプレックスであったと思う。

カード目録の作成よりも厳しかったのは、編成業務である。月二回、三人の職員総出で、カードボックスに新着図書のカードを目録編成規則どおりに繰り込むのである。平均すれば一人八〇〇枚ほどのカードを、目と神経を集中させて、配列を間違えないよう、また目録記述や分類記号のミスを点検しながら立ちっぱなしで行う作業である。どんなに完璧なカードでも配列を間違えれば、利用者の目には届かない。学生時代に、目録は「利用者へのラブレターだ」と教えてくれたのは、洋書目録担当の木寺清一《きてらせいいち》教授だが、宛先を間違えたラブレターは用をなさない。

コンピュータ検索がいち早く普及したアメリカの図書館には、不要になった恨みのこもる「カード目録の束にピストルを撃ち込んだとか、キャンプファイヤーで燃やしてしまった」というエピソードすら残っている。

一方、オーストリア国立図書館のインターネット検索は当時、古典籍の目録カードを著者のアルファベット順に並べて写真撮影し、その画像を延々とスクロールする方法が採られていた。アナログな方法ではあるが、私はこのカード画像から、とんでもないレファレンスの回答情報に行き着いた経験がある。引用文

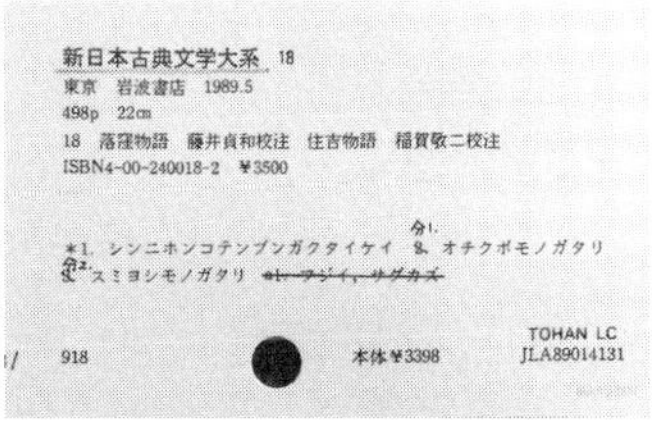
新日本古典文学大系　18
東京　岩波書店　1989.5
498p　22cm
18　落窪物語　藤井貞和校注　住吉物語　稲賀敬二校注
ISBN4-00-240018-2　¥3500

＊1. シンニホンコテンブンガクタイケイ　分1. S. オチクボモノガタリ
分2. S. スミヨシモノガタリ　~~＊1. フジイ, サダカズ~~

918　本体¥3398　TOHAN LC JLA89014131

＊トーハン印刷カード目録

献中に出てきた一六二一年刊行図書の書誌情報に関する質問である。分かっているのはタイトルと出版年、それとオーストリア出身でどこかの修道院長を勤めた著者の姓のみ。あらゆる外国人名辞書を調べても不毛だった。それが、オーストリア国立図書館の参照カード*画像からペンネームが分かり、生年とバルセロナのモンセラート修道院で出版された著作であることが判明した。この出版者名を聞いた質問者はことのほか喜び、私もかつて存在したであろう、一人のカタロガーの職業的誠実さに心から感謝したのはいうまでもない。通常のデジタル化作業では見落とされがちな情報であった。

⑤ 図書台帳

豪華本や趣味的特製本を除き、製本の種類の中、常に手作業で吟味して作られるのは、意外なようだが帳簿類だと聞いたことがある。確かに図書館の図書受け入れ台帳も、最上質の紙が使われ、黒い革表紙で天・地を含めた小口全体がマーブル染めで仕立てられていた。台帳に記入できるのは限られた人で、当然館内随一の名筆家であった。当時、記入ミスは絶対に許されない、修正も認められ

*参照カード＝人名、団体名、書名、件名などの正しい標目（見出し語）へ誘導するために作るカード

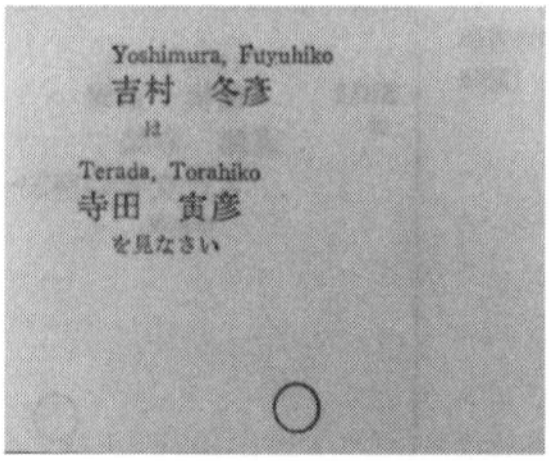

ないと教えられゾッとした覚えがある。当然私が書き込む機会はなかったが、つい、「万一間違えた場合はどうするのか」と聞いてみたところ、「まず、間違えないが、そういう場合はページ丸ごと切り取って改めて切り取った全ページ分書き直す」とのこと。帳簿にはページ数も打ってあり、小口のマーブル染めは切り取りの痕跡を残すためのものなので、「何枚切り取ったかも記録する」らしい。私が台帳に触れるのは、図書の除籍処理時だけだったが、それでも緊張したものだった。

そもそも県立図書館の蔵書はすべて県有財産として県の出納局管理課の下で管理されるべき物品である。しかし、県の物品管理システムと図書館ネットワークシステムの開発時期がほぼ同じだったため、稼働の前年度中に図書館資料の特殊性を説明する会議が設けられた。机や椅子、ロッカーなどのような少品種大量購入品と違い、殆ど一点ずつの大量品種（当時で五〇万種類）を所蔵する図書館の資料は、データベース資源の有効活用の観点から、県システムの管理対象とはしないことが確認された。独自に図書館システムの中で管理するのである。国会図書館や東京都立図書館でも早くから、デジタルデータのまま、図書館システム内で管理されていたはずで、立派な図書台帳の厳粛さも、今は知る人もいないだ

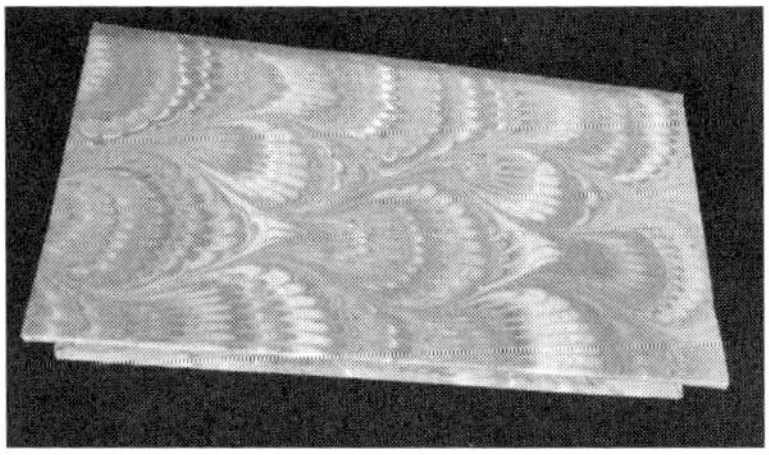
フィレンツェで造られたマーブル染めのメモ帳

小口のマーブル染め

ろう。

⑥　押印背ラベル

図書館で勤め始めた頃、本の背に貼って請求記号を示す背ラベルの数字押印の仕事をした。黄楊《つげ》製の極細の数字やカタカナの木印を、一字ずつ本の厚みに合わせて間隔を調節しながら、背幅に収まるように押印する作業である。当時、手書きでラベルの数字書きをした図書館も多かった中で、薄い本の場合でも背幅に合わせまっすぐきれいに押印されたラベルは、手間はかかったが、統一感があり見やすかったような気がする、今ではＭＡＲＣ*と呼ばれる電子的な書誌情報を元に作られる請求記号を、ラベルにプリントアウトするだけである。なんと効率的なことか。

⑦　請求記号の改革

図書館の図書には背表紙の下部にラベルが貼ってあり、これを背ラベルとい

＊ＭＡＲＣ=MAchine Readable Cataloging のこと。普通は、国立国会図書館の発行する全国書誌であるJAPAN MARCや、大手書店・出版取次などが発行する大規模な書籍目録データ（数百万冊の書誌データ・TRC MARCが代表的）のことを指す。

う。三段ラベルだと上から一段目には「分類番号」が、二段目には「図書記号」（同一分類中の配架順番を決める記号）が三段目には「巻次など」が書かれる。このラベル二段目の「図書記号」は図書館の規模によりさまざま工夫されてきた。比較的に多くの図書館では、図書記号を著者名の姓と名から一文字ずつ抽出して、例えば夏《ナ》目漱《ソ》石の『三《サ》四郎』なら「ナソ」と付けたり、姓と書名から一文字ずつ抽出して「ナサ」と付ける例が多かった。分類が同じならその中では、同じ著者の図書をできるだけ近くに置こうとするのが目的だ。しかしシンプルな付け方ほど、全く同一の請求記号を持つものは多くなり、時には書架に数百冊の同一記号の図書が延々と並ぶこともある。実際にそういった書架を眼前にした時は驚いた。探すのに時間がかかりそうだと、心から心配したものだ。請求記号は図書の住居表示のようなものだ。もし同じ住所が五〇軒続いたら、郵便配達員は必死になって表札を読まずにはいられない。

　かつて宮城県図書館の請求記号は、完全個別化を原則としていた。何十万の図書があろうと、複本があろうと、同じ記号を持つ図書が全く存在しないよう図られていたのである。同一分類番号中の同一著者に、著者姓の一文字と受け入れ順を組み合わせた記号を与え、さらに同一著者の別の図書がくればハイフンを付け

青柳文庫の歴代古ラベル

青柳文庫の歴代古ラベル

青柳文庫の歴代古ラベル

て番号管理をした。複本がくれば、複本記号を変えながら一冊ずつ区別した。これが可能だったのは、担当者が、必ずこれまでの過去の分類付与状況を、事務用カタログでチェックするという面倒な作業を惜しまなかったせいである。

手元の図書だけで請求記号付与を完結させたいというのが、長年の願いであった。できればＭＡＲＣと呼ばれる電子的な書誌情報の中に含まれる、分類記号その他の情報をもとにシステム内で自動的に生成される請求記号にしたいと思っていた。まず著者名や人名件名からのアクセスが優先されるべき分野を、個人全集、哲学・思想、個人伝記、芸術、文学、と限定した。しかもその上で、完全に同一請求記号をもつ図書は、どの分野であろうと多くとも一〇冊以内に留めようと考えた。年間受け入れ冊数を二万冊と仮定し、新着図書をサンプルにして実験を繰り返した。その結果、個人全集、哲学・思想、個人伝記、芸術、文学の分野で、人名件名を与えたものは、件名の姓と名から一字ずつ、与えないものは著者名の姓と名から一字ずつ採り、続けて出版年月記号を付加して図書記号とした。それ以外の全分野では出版年月記号だけと決めたのである。分類番号の桁数が五桁ないし六桁と細かかったので、これでなんとか同一請求記号の冊数条件をクリアできることが分かった。

なおデータベース内の図書記号はフルデータだが、ラベルに打ち出す際には西暦年の頭の二つの数字を削り、10、11、12の月次数字は「X」「Y」「Z」と変換させて印刷文字の桁数を減らし見やすくしてある。ラベルに出版年月が書かれているのはなかなか便利だという気がする。内容の鮮度が見える化してある感じで、利用者の方々にもっと気づいてほしいと密かに願っている。

図書館の蔵書は宿命的に増加する一方だ。分類順配列の場合は、それぞれの請求記号の間に挟み込まなければならない図書が次々と追加されるということだ。将来は、受け入れ順配列や、無作為配列がとって変わるかもしれない。書架や収納ボックスにセンサーが仕掛けてあれば、どこに並ぼうが手元に呼び寄せることができるだろう。その時には、配架《はいか》*作業もなくなるので、背ラベルも不要になり、ＩＣチップで事足りる。

オープン書架のない、自動倉庫だけの、検索でしか資料にアクセスできない未来の図書館を想像してみる。しかし、そんな図書館は、各地域に存在する意味があるのだろうか。そもそも本の形である必要もないはずで、大量のデータの断片が記憶装置に無秩序に詰め込まれて、正しく検索できる人の要求にだけ正確に応える巨大電子図書館が一館あればそれですむ。これってまさに今のインターネッ

＊配架＝背ラベルの請求記号順に図書を書架に並べること。

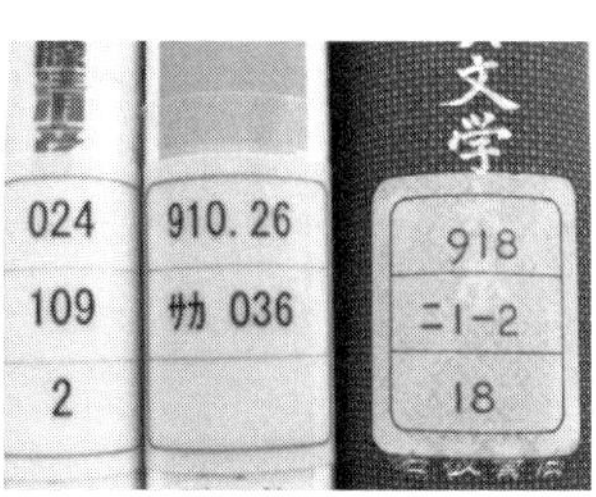

請求記号の改革

トの相似形そのもののような気がしてならない。私達の身近にある、おなじみの背ラベル順に図書が並んでいて、熱意のある図書館司書が働いている図書館は過去の遺物となってしまうのか。そんな世界には住みたくない。やっぱり背ラベルが存在する世の中であってほしい。

⑧ マイクロフィルム撮影室と撮影技師

当初、マイクロフィルム撮影は、地元新聞と全国紙の県内版紙面だけだった。マイクロ写真士の資格を持つ撮影技師は『河北新報』一ヶ月分を35㎜ロール・フィルム一本で撮影した。撮影にあたっては、「始」という文字から始まる、規格に準拠したターゲットの一連の画面が本文の前と後に配列される。できあがって整理係に渡されると、ターゲット画面を見ながら目録カードを書き、フィルムを締める帯や収納ボックスに手書きで内容情報を書き込んで配架した。マイクロフィルムによる複写サービスの開始は昭和四十五年（一九七〇）である。新聞撮影の際、最後の余ったフィルムを利用して、古典籍を撮影する仕事が少しずつ始められた。そのショート・ロール・フィルムが蓄積されて、今も古典籍の代替資料と

宮城県図書館で作成した古典籍のマイクロフィルム

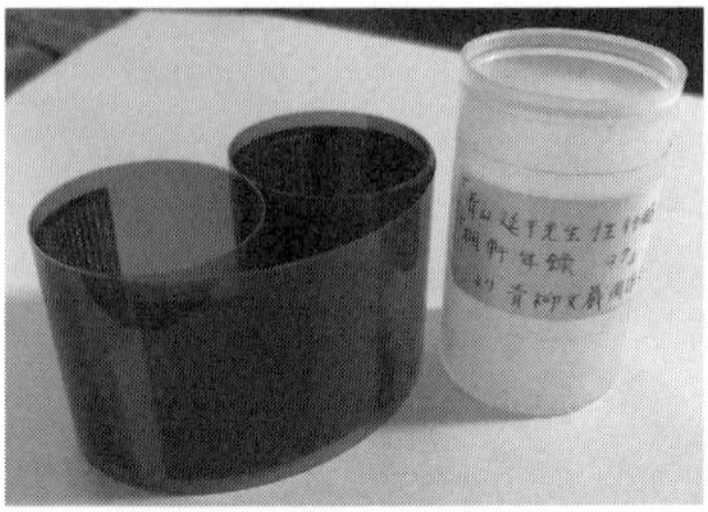

国立国会図書館によるマイクロフィルムによる複写サービス

して使われている。

当然現像室も図書館内にあって、モノクロではあったが展示会で使う大きな写真資料もすべて自館で作成した。新聞マイクロフィルムは非常によく使われたので、物理的損傷もあったし、まれには撮影ミスが見つかることもある。そうしたフィルムの修復接合作業にも一定のルールがあり、繊細で慎重な手順は、たぶん映画フィルムと共通だったと思う。現在はすべて外注、または購入や寄贈受入に変わった。

撮影技師は視聴覚係長として視聴覚ライブラリーの仕事もしていて、団体貸出用の映写機の操作技術指導や、年一回の県下機材の総点検などにも関わっていた。第二次世界大戦後から二〇年間ほど、16㎜映画フィルムは、視聴覚教育の花形として県内各地の学校や公民会を駆け巡っていた印象がある。図書館はその映画フィルムの保存機関として、視聴覚教材目録を編集するなど、県の社会教育課とともに中心的な活動を担った。宮城県図書館にフィルムライブラリーが設置されたのは、昭和二十三年五月一日で、同年十月二十六日の、文部省通牒《つうちょう》＊による視聴覚ライブラリーの設置指示より早かった、

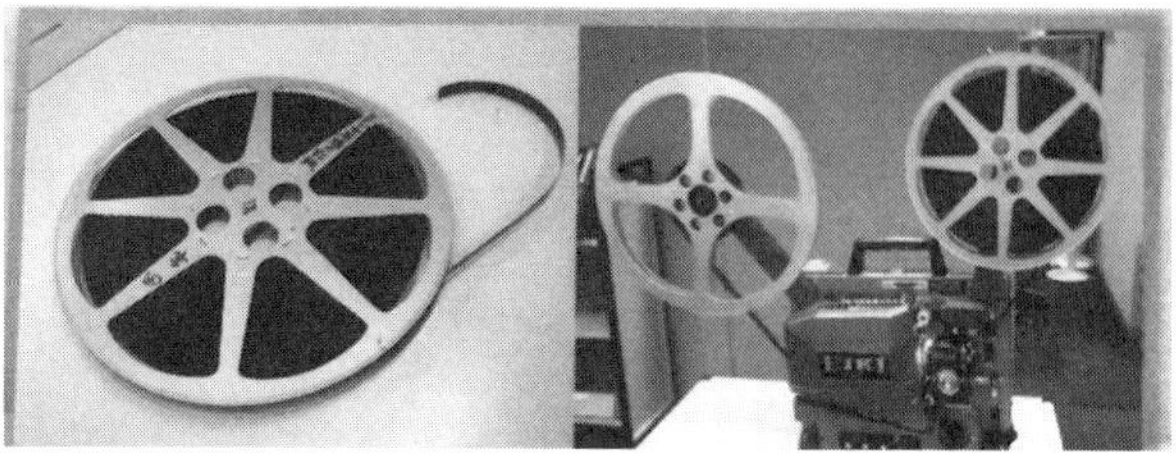

16ミリフィルムと映写機

（『ことばのうみ』No.51　宮城県図書館より）

＊通牒＝通達の旧称。行政官庁がその所掌事務について所管の機関や職員に通知すること。

⑨ 完全閉架書庫図書館から『格子なき図書館』へ

日本図書館協会＊は平成二十六年（二〇一四）、第一〇〇回全国図書館大会を機に『映像で見る戦後日本図書館のあゆみ』というタイトルでＤＶＤを製作・頒布した。中身は東京国立近代美術館フィルムライブラリーに残る映画を元にした『格子なき図書館』と、日野市立図書館を扱った『図書館とこどもたち』を合わせたものである。『格子なき図書館』という16㎜フィルム映画が、日本映画社によって製作されたのは、昭和二十五年（一九五〇）なので、六四年ぶりということになる。主な舞台は新潟県立図書館と宮城県図書館である。この宮城県図書館が主なロケ現場になっていることは意外に知られていない。まず冒頭に新潟県立図書館の看板を見せるだけで、フィルムを巧妙につなぎ合わせ一つの館と見間違うようにできているのである。私は一度だけ古い図書館を見たことがあり、見分けることができたが、なぜこんな作りになっているのか。「宮城県図書館杜の会」の会員が毎月会費を積み立てて発刊した『杜』第3号では、この映画ロケの舞台裏が当時の職員によって語られている。

＊日本図書館協会＝明治二十五年（１８９２）設立した日本文庫協会を前身とする。全国の図書館員、図書館を支える人々と図書館施設あわせて七千人の会員を擁する全国組織。

職員が自費を積み立て発刊した『杜』第3号　宮城県図書館 杜の会 1988

敗戦後、連合国軍最高司令官GHQ／SCAP（General Headquarters、the Supreme Commander for the Allied Powers）の占領政策の一環として、GHQの一部局である民間情報教育局、通称CIE（Civil Information and Education Section）によって教育映画が盛んに上映された。『格子なき図書館』もその一つで、製作スタッフこそ日本人だが、内容の企画制作はCIE。当日は、ジープ数台を連ねてやってきたという。

その頃の図書館は、請求された図書を閉架書庫から出納員が探し出して、格子付きの小さな窓から利用者に手渡すのが普通である。オープンスペースに並んだ図書を利用者が直接手にとって選ぶことのできる公開図書館は、宮城県内ではCIE図書館だけだった。全図書館員は、撮影前日まで、連日ほぼ徹夜でオープン書架を急ごしらえして本を並べ、「暗く古く単に書物倉庫に過ぎなかった日本の図書館も書棚の自由に開放された明るい図書館へと徐々にとはいえ、着実に変わりつつあります」とナレーターが語る光景を、台本通り、現出させたわけである。約束した撮影日に間に合わせなければ「館長クビですから」と旧職員が、ハラハラドキドキしたその裏事情を証言している。

さて肝心の格子なき図書館の本格的な実現は大分後の話である。まず参考図

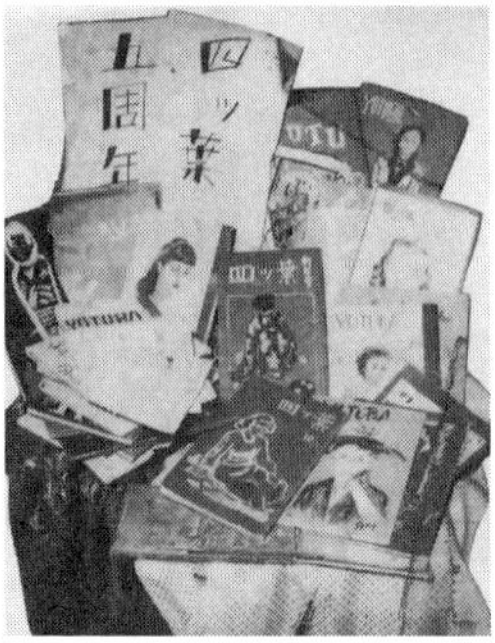
昭和22年3月誕生した　手書きの宮城県図書館職員回覧雑誌『四つ葉』50号を重ねた。

職員が漫画に描いた格子の内側から見る図書の閲覧手続き風景（『四つ葉』より）

書を閉架から開架スペースに移したのは昭和四十七年（一九七二）、郷土資料や雑誌のバックナンバーを専門室を設けて開架したのは、昭和五十八年（一九八三）になってからである。かつては、特別に選んだ貸出専門の軽読書用図書*のみを開架して貸出していたが、殆どの一般図書は閉架書庫に入れ、閲覧や複写しか許可しなかった。これを貸出できるようにしたのも昭和五十八年からだったのである。三〇万冊を超える大開架室が用意されたのは、さらに遅れて、仙台市北端の地に新築移転した平成十年（一九九八）三月を待たなければならなかった。

*軽読書用図書＝児童、青少年、成人に対し実用書や軽い読み物、人気のある小説やノンフィクションを揃えて貸出に供した。

⑩ アメリカ文化センターとUSIS映画

仙台にCIE*の設立した図書館が開館したのは、昭和二十三年五月二十八日である。仙台CIE図書館（GHQ/SCAP*/CIE Information Center Sendai Unit）の初代館長は、M・A・ローデルという女性で、日本人は宮城県社会教育事務嘱託職員として男子二名、女子三名、用務員男女各一名が採用された。二年後の昭和二十五年（一九五〇）映画部が開設されると、アメリカ大使館から送られる、ベルハウェル映写機と映画フィルムを使った上映活動が展開された。一方、都道

* CIE ＝ Civil Information and Educational Section ＝ 民間情報教育局
* GHQ/SCAP ＝ General Headquarters,the Supreme Commander for the Allied Powers ＝連合国（軍）最高司令官

府県の視聴覚ライブラリーには、アメリカ製の大量の映画＊と映写機がＣＩＥ〜文部省の経由で送られる。映画は、映写機の製造会社ナショナル・カンパニー社の略字から「ナトコ映画」、あるいは「ＣＩＥ映画」と呼ばれた。当時このＣＩＥ映画の全国の観覧者数は、＊年間四億七万二〇〇〇人を数え、国民一人あたりの視聴回数は五・五回を超えていたとも伝えられる。軍国主義から民主主義へ、日本人全体の意識改革と再教育を最優先の目的として、あらゆる機会を捉えて映画が使われたのだ。

　昭和二十六年（一九五一）の日米講和条約の調印以後、ＣＩＥ図書館は米国広報庁（ＵＳＩＡ）＊に引き継がれ、その海外機関である在日アメリカ大使館広報文化局（ＵＳＩＳ）＊を本部としてこれまで以上に文化広報に力を入れていく。昭和二十七年（一九五二）仙台アメリカ文化センター（仙台ＡＣＣ）が、仙台ＣＩＥ図書館の後継機関として誕生した。

　昭和四十年（一九六五）ベトナム戦争が拡大するにつれ、米国広報庁の予算縮小に伴ってＡＣＣ機構の簡素化が始まった。仙台ＡＣＣも別のビルへ移転縮小され、その時に洋書一万二、〇〇〇冊が東北大学へ、和書二、〇〇〇冊が仙台市民図書館に寄贈された。当時映写機二五台、フィルム二、五〇〇本、ＬＰレコー

＊出典＝「占領期図書館統制の研究-映画篇-」小黒浩司著『図書館文化史研究』№38、27-66pによれば約１３００台のナトコ映像機と４００本のCIE映画が提供されたという。

＊出典＝「CIE映画「格子なき図書館」の成立に関する考察」三浦太郎著、『明治大学図書館情報学研究会紀要　6巻、11-18p(Mar-2015)

＊USIA＝United States Information Agency 米国海外情報局

＊USIS＝United States Information Service 米国広報文化局

ド五、〇〇〇枚、スライド一、〇〇〇種所蔵していたという。同年、宮城県視聴覚ライブラリーの保有していた数は、アメリカ大使館貸与のＵＳＩＳ映画四七六本、教材映画三五八本、録音教材七九一本、ＬＰレコード一、二一二枚、スライド一、八三六種というから、その規模からしても仙台ＡＣＣの存在の大きさが想像できる。

国産教育映画を中心とした活動に方向転換を図った宮城県は、昭和四十三年（一九六八）宮城県図書館へ貸与されていたＵＳＩＳ映画四七六本を全て、アメリカ大使館に返却した。その三年後の昭和四十六年（一九七一）六月三十日仙台ＡＣＣは閉館された。その時点で貸与中の資料はそのまま永久貸与、洋書一、〇〇〇冊は宮城県図書館、和書八〇〇冊は仙台市民図書館に、その他視聴覚資料は市内の私立大学等、複数の施設に寄贈されて任務を終了した。宮城県図書館に寄贈された図書は、目録カードとカードボックス付きの整理済み洋書で、そのますぐ貸出資料として使うことができた。ごく一般的な公共図書館向け現代小説も多く、英語図書不足を補って、仙台に住む外国人や学生達に利用された。

六〜七歳の私は、父に連れられて開館間もない仙台ＡＣＣを訪れたことがある。生まれて初めて図書館に足を踏み入れ、女性司書の働く姿を見た。おそらく私が夢のスタートラインに立った瞬間だったに違いない。絵本や児童書の子供用

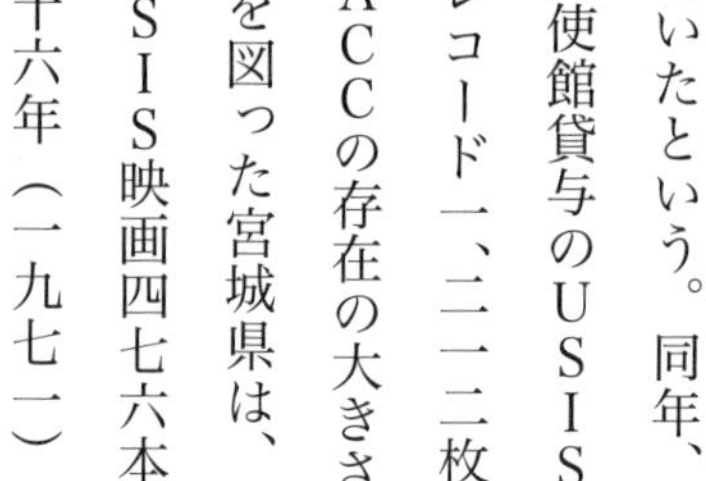

仙台アメリカ文化センターの置かれた斎藤報恩館

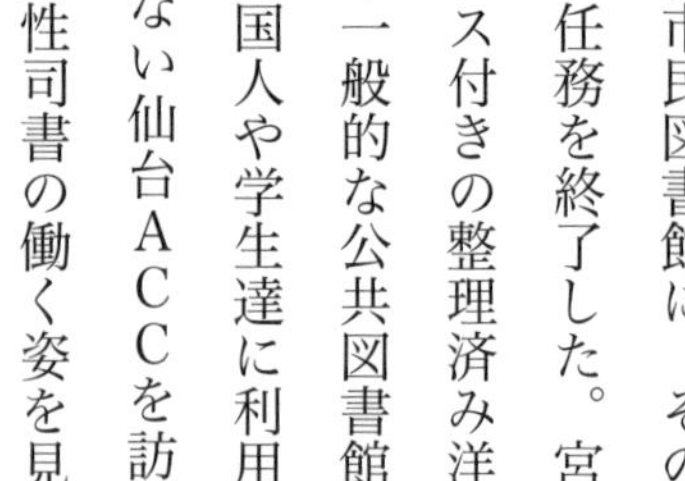

仙台ＣＩＥ図書館開館当時（１９４８-１９５１）の配置図

「仙台 CIE 図書館と仙台アメリカ文化センター」中山正人著（『市史せんだい』vol. 13 2003）より

コーナーには目もくれず、『ヴォーグ』などの、新しく鮮やかな色彩に溢れた婦人雑誌やインテリア雑誌の側から、片時も離れなかった記憶が鮮明に残っている。

　思い返せば小学校時代沢山のアメリカ映画を見せられたものである。町内会や子ども会では屋外にスクリーンを張った野外映画会が度々開かれ、学校の講堂でもよく映画を見せられた。先頃テレビでアメリカの占領政策の歴史を扱った番組で、ある映画が紹介された。デジャブ（既視感）のようにその映画の次の場面を完璧に予測できて驚いた。ガラス壁の向こうに見える放射性物質をマジックハンドで操作する場面で記憶のスイッチが入ったらしい。日本の未来のエネルギー源としての原子力の可能性を、少女の案内で紹介する映画だと気付いた。私はこの映画を繰り返し見せられた。その当時、「また、同じ映画だ」とあきれたことさえ覚えている。広島、長崎の原爆投下による日本人の核アレルギーを解消すべく、まず子ども達に、原子力の安全性を徹底して教えるためのＣＩＥ映画だったのだ。

　その時の子ども達が成人した年である昭和四十一年（一九六六）七月二十五日、日本で最初の商用原子炉による発電が、日本原子力発電株式会社東海発電所によって開始された。この頃は、原子力が人類の幸福を約束する新たなエネルギー源として大きな期待を集めていたのである。

この年の一月、早稲田大学は、学費値上と、第二学生会館運営をめぐって、無期限ストライキに突入した。私のいた第一文学部も、バリケードや立て看板で囲まれ、授業も期末試験も行われず、完全に機能を停止してしまった。周辺の多くの若者達も大学の運営体制やベトナム戦争を攻撃目標とし、次々と学生運動に参加する激しい「政治の時代」であったが、反原発運動は全く起きていない。

それから四五年後の平成二十三年（二〇一一）三月十一日に、東日本大震災の津波は、福島第一原子力発電所の全電源を喪失させ、冷却不能となった炉心が溶融した結果、日本史上最悪の放射能汚染を引き起こした。

終戦直後に生まれた私達の世代は、占領政策の影響下で、民主主義教化のための温室で純粋培養されたようなものだ。温室内にいる間は全くそのことに気付かないまま成長する。すべての世代はその時代の子であることを免れない。

⑪ 情報の容れ物、メディアの変遷

音や映像を載せるメディア（容れ物）は、音質や画質が良くても、必ず勝て

映像ブース

（『宮城県図書館施設・機能要覧』宮城県図書館より）

るとは限らないという不条理を、視聴覚ライブラリーの歴史を見ていて感じる。平成十年（一九九八）三月に宮城県図書館が新築移転した時、一階の音と映像のフロアには、二五台の映像ブースと、そこへ映像を送り出す三、〇〇〇本のVHSビデオチェンジャーが導入された。その四年後に、これらは撤去され、三、二二五枚のDVDを収納するDVDカートに置き換えられた。しかしこれも平成二十年（二〇〇八）一月、映像ブースごとすべて撤去され、館内視聴システムは全面廃止となったのである。ちなみにこの視聴ブースのデザインは車両デザインで有名な水戸岡鋭治《みとおかえいじ》である。

十年足らずで早くも撤退したこのサービスの利用者はこの間、四五万六、六三六人という。DVDは個人貸出サービスに切り替えられた。「絵の出るレコード」として発売されたレーザーディスクは、平成四年（一九九二）に寄贈された一枚をきっかけに、一四年間で、二、三四二枚まで増やしたが、その後は購入を中止し、今は九五〇枚を残すだけである。美しい映像と音楽でオペラ愛好者には喜ばれたものだ。VHSビデオも同じく平成十八年（二〇〇六）の一万四、三〇五点を最大量として、現在は一万八九九点と、かつての七五%に減った。

レコードの購入は昭和六十二年（一九八七）が最後で、翌年からコンパクト

レーザーディスク

LP レコード

3225 枚収納の DVD カート
（『ことばのうみ』No. 51
宮城県図書館より）

ディスク（CD）の購入に舵を切った。レコードの所有数が最大だったのは、平成八年（一九九六）で、SPが一、一九二枚、LPが四、三九八枚、EPが七五〇枚、合計六、三四〇枚であったが、現在は一、一〇三枚にまで減ってしまっている。それらはいったいどこにいったのか。

こうしたことの背景には、音や映像を利用する方法や素材が急速に変化したという事情があるのだろう。図書館はこれまで、一般家庭に再生機が普及する度合いを見計らいながら、視聴覚資料を収集し提供してきた。現在、音楽でも映像でも生産者や中間配信事業者が、直接利用者に、それも手元のスマートフォンに届けるのが可能になった。図書館の役割はもはや、過去の音や映像の記録をしっかり次世代へ手渡すことしかないのではないだろうか。それができないのなら、いっそ視聴覚サービスから全面撤退してみてはいかがか、と思ってしまう。

コンピュータがらみのデータ保存媒体も保存方法も、変化し多様化していることだろう。宮城県図書館在職時代第一次稼働の平成八年（一九九六）時は、NECの図書館システムと日本総研の図書館情報ネットワークシステムの二つのシステムを同時に立ち上げたので、使う媒体も多様だった。コンピュータ室で使う直径41㎝の大きなオープンリール磁気テープ（MT）の掛け替え作業なども職員

光ディスク

3.5インチのフロッピーディスク

交代で行ったものだ。この他、カートリッジ磁気テープ（CGMT）も2分の1インチと8㎜幅の二種、デジタルオーディオテープ（DAT）も使用した。今でも図書館で使われているのだろうか。

個人で使うものも、5インチフロッピーディスク（FD）から始まって、3・5インチへ、光磁気ディスク（MO）、コンパクトディスク（CD）など、次々と登場し、一方、パソコンからはまずフロッピーディスクドライブ（FDD）がなくなって、CD-ROMドライブも標準装備からはずされ、やむなくメディア変換を迫られた。SDメモリーカード、USBメモリは今も現役であるが、これも寿命が五年という噂もあって恐怖でしかない。中付けだろうと外付けだろうとハードディスクだって突然壊れない保証はなく、「儚きもの、汝の名は電子機器と記憶媒体」と叫びたくなる。

⑫ 電子書籍の未来

日本で電子書籍元年といえば、電子書籍リーダーや電子書籍ストアが次々と整い始めた平成二十二年（二〇一〇）のことである。図書館界では、それより以

電子読書器

電子辞書

前の一九九〇年代に、すでにオンラインジャーナルへの切り替えや、パッケージ型電子書籍導入が始まっている。宮城県図書館で、国立国会図書館の目録情報である『J-BISC』や全国大学図書館の『学術雑誌総合目録』以外にも、『朝日新聞CD-HIASK』や、判例情報CD-ROM『リーガルベース』など、データベースとしての電子書籍の利用が始まったのは、平成四年（一九九二）である。だからといって、紙の日刊紙や新聞縮刷版、加除式『判例体系』の購入をやめたわけではない。あくまでも紙の代替物としてではなく、検索の利便性を追加するためのものと考えていた。

　このころ最初のデジタル・ショックに見舞われた。『朝日新聞』のCD-ROMは、当時割安感のあったDOS／VパソコンFMVに六連装のCD-ROMチェンジャーを付けて稼働していたが、突然ある時から基本ソフトがWINDOWSのみに切り替わったのだ。過去に購入したものをすべてWINDOWS版に交換することもできたが、一枚四万円ほどかかるとのこと。中身は同じ朝日新聞記事のデータベースだ。購入したのは情報利用の権利であって容器ではない、といくら訴えても無駄だった。DOS／Vパソコンごと永久保存して利用し続けられるわけもない。泣く泣く代金を支払って購入し直したのである。なんという不

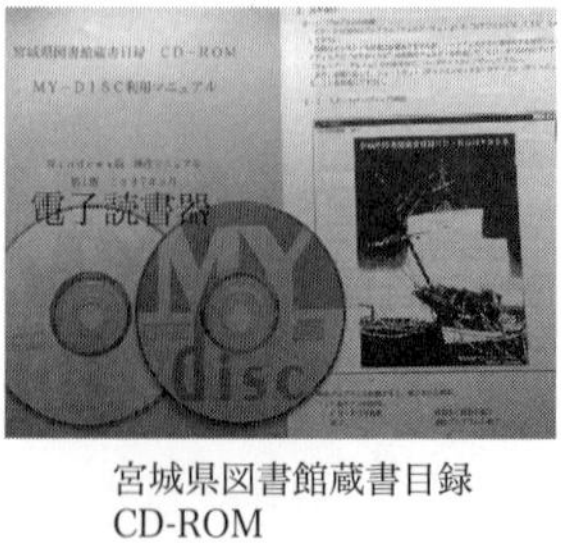

宮城県図書館蔵書目録
CD-ROM

書誌情報 CD-ROM
「J-BISC」

朝日新聞 CD-ROM
「CD-HIASK」

条理だ。

第二のデジタル・ショックはヤマダ電機の電子書籍サービスの終了のニュースを聞いたとき。家電量販店もオンライン電子書籍ストアに参入し、宣伝合戦が目につくようになったばかりの平成二十六年（二〇一四）、突然「ヤマダイーブック」が閉鎖し、購入した書籍が閲覧できなくなったのである。このときの説明では、電子書籍の購入は「買い取る」ものではなく、一定期間「閲覧できる」だけというものだった。電子書籍は、「販売ストア」、「通信環境」、「閲覧する端末」、「コンテンツ・フォーマット」、「再生アプリケーション・ソフト」のうち、どれか一つでも「サービス終了」や「サポート停止」、「販売中止」となれば、その時点で、永久的な利用は保証されなくなる、という厳しい現実に直面した。紙の書籍は、本屋さんが倒産しても自分の所有物だ。読むことは勿論、他人に売ることも貸すこともできるのに。

図書館の場合は、契約期間にアクセス可能であった電子ジャーナルを、契約が切れた後も、永続的にもアクセス可能とする条件を盛り込んだ契約「パーペチュアルアクセス〝Perpetual Access〟を個々の出版社と交わすこともできる。*しかしこの場合であっても、その出版社が倒産すれば役に立たないだろう。ちなみ

＊ちなみに「追加型」電子書籍（CD-ROM）は当然ながら、「更新型」電子書籍であっても前号を返却せず、全て蓄積保存する契約を取り交わしていた。

に二七年前、宮城県図書館は、市販の書誌情報（ＭＡＲＣ）の入力委託契約の際、たとえその会社との取引が終了した場合でも、永続的に使用することができる特別条項を付加している。なぜなら当時書誌情報も、所有を前提とする購入ではなく、賃借による利用を原則としていて、もし利用中止を求められても法律上対抗できない可能性があったためである。こんな厳しい契約書は前例がないと、当時ＭＡＲＣ会社から驚かれた覚えがある。

和紙の寿命は千年とも言われる。また実際に六五〇年前の南北朝時代の書籍を手に取ってみると、それも納得できる。国立国会図書館が目指す「恒久保存メディア」の実用化に向けた研究の目標が、和紙に匹敵する程度の寿命「千年保存」と聞いたときが、第三のデジタル・ショックである。和紙の寿命が目標って何なの？　思わず屋久島縄文杉の、あの堂々とした風格ある姿を思い浮かべてしまった。「密閉型マスクＲＯＭ」（記録されている内容を書き換えることができない不揮発性メモリ）だの、「マイグレーション」（プログラムやデータ、ＯＳなどの環境やプラットフォームを移行、変換すること）だの、技術の進化は止まることがない。しかし、現在のインターネット上にある情報や、電子書籍が本当に「千年保存」が可能なのかは、誰も分からない。

電子情報導入に関しては、次のことを徹底的に思い知らされた。

・自己完結性がない
　情報の内容を必要に応じて肉眼で見読可能な状態にする、または書面に表示するために依存しなければならない環境が変化しすぎる。

・保存性が不確定
　媒体の物としての耐久性と再生に必要な技術の継続性が保証されない。

・内容が不安定
　情報の改ざんや消滅、複製が簡単なために、情報の同一性が保証されにくい。

・自由性がない
　貸出、プリントアウト、同時アクセスなど制作者や販売者と協議する必要のある場合が多い。

⑬　重い情報、軽い情報

哲学者である黒崎政男《くろさきまさお》氏＊の「重い情報は歴史をくぐり抜けて生き延びる、軽い情報ははるか遠くまで到達する」という趣旨の文章を読んだことがある。重い情報の例として、とっさに、中国に残る石碑の群れ「碑林」を思い浮かべた。紙の書籍も当然、重い情報だ、自分ではどこにも飛び立つことができない。軽い情報の代表格はインターネット情報だろう。保存の保証はないが、世界中どこへでも一瞬で行き着く。保存と流通、あるいは、ストックとフローと言い換えることもできる。これを切り離して、それぞれ社会的責任を分かち合うことはできないだろうか。無限に続くフロー情報環境のマイグレーションを考えると気が遠くなる。図書館の存在価値をどこかに見つけたい。

コンピュータ導入がもたらす、新しい図書館サービスを目指して夢中で駆け抜けた二〇年。その間、多くのものを獲得したかもしれないが、それ以上に、貴重なものを破壊し、失ったのではないかという疑念に駆られる。

今世紀、私達が獲得した情報環境は、大学や研究者が提供する学術情報、商業ベースで提供されるオンラインジャーナルやファクト情報、図書館が公開するデジタルアーカイブ情報やＷｅｂ ＯＰＡＣ（オンライン蔵書目録）、すべてコンピュータによって作られ、インターネット上に展開されている。

中でも、個人で独自に学ぼうとする人にとって、国立情報学研究所のCiNii＊、

＊黒崎政男＝（１９５４-）は、仙台市出身の哲学者、東京女子大学教授。カント哲学研究を専門としながら、現代の先端的諸問題を哲学的に考察している。人工知能問題、デジタルメディア問題、カオス問題、テクノロジー問題などが中心である。

＊CiNii＝国立情報学研究所 の学術情報ナビゲータ「CiNii＝サイニィ」は、論文、図書・雑誌や博士論文などの学術情報を検索できるデータベース・サービス。NII＝National Institute of Informatics。「CiNii Articles - 日本の論文をさがす」では、学協会刊行物・大学研究紀要・国立国会図書館の雑誌記事索引データベースなどの学術論文情報を検索できる。「CiNii Books - 大学図書館の本をさがす」では、全国の大学図書館等が所蔵する本（図書・雑誌）の情報を検索できる。

国立国会図書館のサーチ*、一般的な検索エンジン、そのどれからでもアクセスフリーな「機関リポジトリ」*の恩恵ははかりしれない。いまや多くの論文や文献リストが容易に手に入る時代になった。これが次の新たな研究をどれだけ促し、効率化し、向上させていることか。その原点には、二人の人間による一冊の本の貸し借りがあるのではないだろうか。書籍を独占しない、知識を共有したい、共有させたいという心の働きは、親、子、孫へと時間を超えて伝わる縦の継承、友人、知人、見知らぬ人へと空間を超えて伝わる横の継承を支えてきた。

図書館の根本的な存在理由は今も失われていないはずだ。

＊国立国会図書館サーチ＝国立国会図書館をはじめ、全国の公共・大学・専門図書館や学術研究機関等が提供する資料、デジタルコンテンツを統合的に検索できる『知』のアクセスポイント。

＊機関リポジトリ＝大学や研究機関で生産された論文などの資料をデジタルデータの形で収集・保管して、さらに公開・発信するためのインターネット上の学術情報資源管理システム。科学、技術、医学系分野の学術逐次刊行物（雑誌、年鑑など）の価格が大幅に上昇したこと、および大学等の研究機関で生産される多様な学術情報の発信強化が社会的要求となったことを背景に誕生した。

コラム　レファレンスは毎日が謎解き〈一〉

〈レファレンスは面白い〉

宮城県図書館の司書として職を得て、その殆どを裏方の業務に携わり、目録の作成や総合目録*の編集、システム開発に関わる仕事をしてきた。一九九八年三月二十一日に仙台市の北端に新館がオープンし、最初の仕事がレファレンスマニュアル作りであった。レファレンス業務はおろかカウンターサービスにつくのも二八年ぶり。とりあえず利用規程なるものを用意し、おそるおそるカウンターに立ったものの、あまりのお客様の多さ、七夕祭りの一番町のような人の波に無我夢中で過ごす毎日であった。ところでその利用規程に、次のような一項目がある。

第三十七条　前条の規程にかかわらず、次の各号に該当する事項については、レファレンスサービスを行わないものとする。（中略）

＊総合目録＝複数の資料所蔵機関の蔵書を一覧できるようにした目録

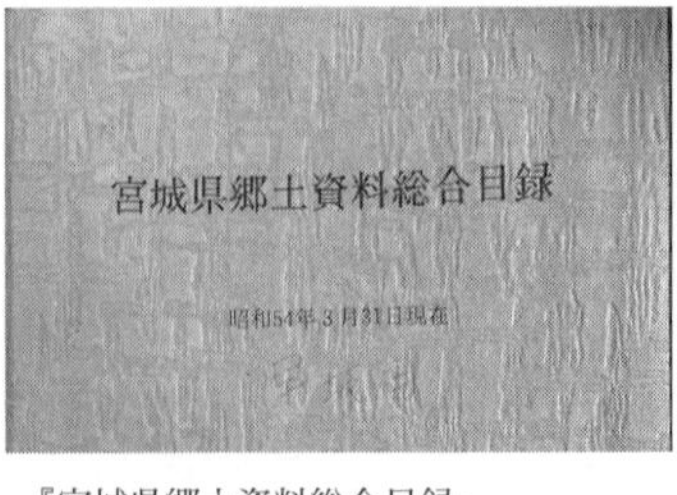

『宮城県郷土資料総合目録』
正編、県人著作・行政資料編　宮城県図書館 1980-1981

・法律相談、税務相談、特許相談、医療相談、身上相談等専門的資格を有する者が回答すべきもの

　全国どこの図書館にも似たような「利用規程」はあるはずだ。現に国立国会図書館ホームページにも次のような文面がある。

なお、以下の事項についてのお問い合わせには応じていません。(中略)

・人生案内、身上相談又は医療相談若しくは法律相談　(以下省略)

https://www.ndl.go.jp/jp/use/reference/index.html　(2020/11/9 accsessed)

　驚いたことに、現実にはこれらの周辺に位置する質問がやけに多いのである。弁護士、税理士、弁理士、医者、カウンセラーなど、あるいは法律事務所、税務署、特許情報センター、工業技術センター、医院、教育相談所、警察など専門家や専門施設に相談するほうがふさわしいと思われるものである。

　分野ごとに一例を挙げれば、弁護士に頼らない本人訴訟の進め方、イン

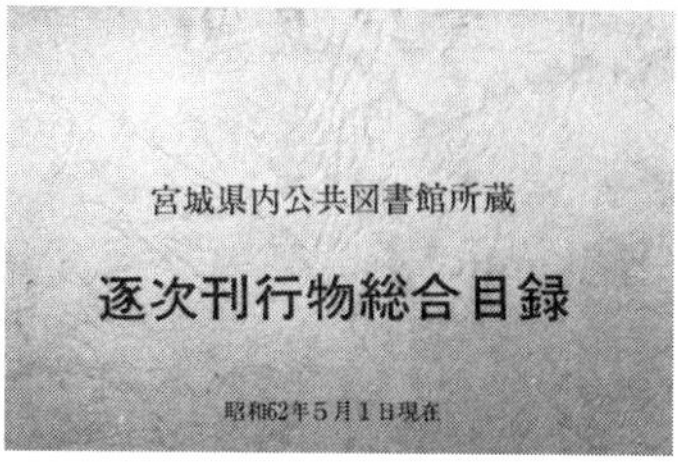

『宮城県内公共図書館所蔵
逐次刊行物総合目録』
宮城県図書館 1988

フォームド・コンセント（治療法説明）で使われた難解な医学用語の意味、外国特許やISOなど未翻訳分野の海外規格資料、不登校や学習障害、緘黙《かんもく》児などの教育相談、DVや老人虐待の救援に関する相談等々、けっこう問われたものだ。「レファレンスサービスを行わないものとする」とあるので基本的参考資料以外はあまり充実していず、大抵苦労しながら回答する。

おそらく専門家を訪れる前の第一段階として図書館を思いつき、訪ねて下さるのだろう。図書館は、いわば専門施設へのエントランスホールの役割もあるのではないかと思う。その場では、より適切な専門施設への案内も含め、関連資料の紹介に努めて、あとで適切で分かりやすい資料を必死に探して補充し、次こそは、と準備したものである。このことは、ありきたりの利用規程に疑問を抱くきっかけにもなった。

思いがけないことといえば、行動を予測できないお客様に出会うことも稀にある。度々電話してきては「この電話は盗聴されている」と叫びだしたり、「公安に追いかけられている」と館内中走りまわったり、「周囲の利用者が皆自分を監視している」と利用者を大声で威嚇したりといったケースである。また毎日来館しては、一巡しながら黙々と手あたり次第ひたすらページをめくって立ち去る人もいる。

　緊急時に警備員を呼び職員三人で対応する体制にはなっていたものの最初は対処法が分からず戸惑った。すぐに精神診療科の専門医を招いて接遇の研修会を開いた。精神障がいの一般的な知識とその方々に対する応接について指導を受けたのである。講師のお話によれば入院と完全な治癒の間の最も大事な時期に受け入れ可能な社会的施設は少なく、中でも図書館はとても大切な施設であるという。社会生活の第一歩として無料で誰でも利用できる図書館を選ぶ患者さんは多く、そこから徐々に行動範囲を広げていくことができるというのだ。

　予測不可能な行動で混乱をきたした場面で使うと良い言葉を教えて貰った。看護師さんたちもよく使う「そうかもしれませんね」というフレーズである。振り返ってみれば、私は「盗聴はされてません」「誰も監視してません」「公安ではありません」とばかり、言っていたような気がする。たぶん全国どこの図書館でも同じ体験をしている人はいるはず。公共図書館には、悩みを抱えた人、心に障がいを持つに至った人が必ず訪れる。公共図書館、ひょっとすると学校図書館も、社会的装置としてある種緩衝地帯となりうるのではないかと思う。それには、図書館司書も、ただ異常行動者として警戒、排除するだけでなく学ぶことが必要なはずだ。

自分が抱えている問題を解決したいと、一歩足を踏み出す時に、解決へと続くエントランスホールや緩衝地帯の入り口が常に開いていることほど心強いものはない。図書館は、そんな時に真っ先に思いつく場所であってほしい。本当にレファレンスサービスは驚きに満ちてる。人間の好奇心の果てしなさ、面白さに毎日出会い、毎日一緒に謎解きをするのだ。その一端を各章末にご紹介する。

第二章　江戸時代の図書館物語

『養賢堂附医学館之図』「青柳文庫」に向かう人々の部分拡大。
（『仙台年中行事絵巻』嘉永2年刊 複製版より）（宮城県図書館蔵）

第一節　書物の生産と大蔵書家の出現

江戸文化の豊饒は、武士階級のたっぷりとした余暇時間のたまものだ。下級武士の日記を読むと、職務は半日ほど週三日も勤めれば、あとは友人たちとの交流や多様な稽古事、読書や手習い、写本作り、読書会など、現在のサラリーマンなら羨むほど、理想のワークライフバランスぶりである。世襲制度や俸給の少なさという難点はあるものの、パックス・ロマーナならぬ「パックス・トクガワーナ」(徳川の平和)の二六五年間は、この武士階級の余裕ある生活のおかげで大量の書籍文化を残してくれた。武士の子弟には藩校、それ以外には都市、農村を問わず塾や寺子屋が普及していたせいで、日本の識字率は世界でもまれに見るほど社会の各層に行きわたり高かったと言われる。住み込みで働く商家の丁稚といえども、手代、番頭と昇進するなかで、読み書きそろばんを仕込まれ、商いに必要な売掛帖、簿記、契約書などの知識を身につけたうえ、首尾良くいけば、暖簾分けに至る。現代の言葉で言えば、社内教育を前提とした社内昇進制度である。

下級武士で養うべき家族が多ければ、内職に精を出す暮らしだろう。そうで

＊仙台藩学「養賢堂講堂」＝仙台藩学問所、授業は通常午前十時より午後二時まで行われ、漢学の素読は午前七時より十時まで行われた。(『明治五年学制頒布五十年宮城県図書館創立四十年記念誌』宮城県図書館より)

なければ、終身雇用のうえ、子弟の教育環境も整っていて、将来の就職も保証されている、とあれば、学芸や趣味の世界に打ち込み、成果を残す者も多く出てくる。想像してほしい。もし今一部上場企業の社員全員が、給与は半減するものの、仕事量も半減、自由時間が三倍増したとしたらどうなるか。海外に飛び出すことや転職を禁じられ、出世も代々の家格でほぼ決まっている条件下では、余暇を生かして好きな分野を極めるしかないだろう。これが江戸時代の寛永文化、元禄文化、宝暦天明文化、文化文政文化を生み出す土台となった。

この裏側には、度々飢饉や自然災害に襲われ、年貢の取り立てに苦しんだ圧倒的多数の農民がいたはずである。福沢諭吉の言う如く[*]、「今日武家の食する米も名は其家禄といふも、其実を尋ぬれば粒々是皆下民の膏血」であり理不尽極まりない。明治維新による武家階級の崩壊は起こるべくして起きたのである。

徳川家康が慶長八年（一六〇三）江戸幕府を開いてから、徳川慶喜の大政奉還まで一五代重ねる間、江戸時代の書物文化を語るうえで、次の四つの変化を挙げることができる。一つは出版活動の興隆。二つ目は、文化交流の中心地が、京、大坂といった近畿地域から江戸へ広がったこと。三つ目は、貴族や学僧など一部の特権階層の専有していた読書や写本、著述という新しい知識の獲得と知的生産

＊出典＝「中津中学校の設立趣意書」明治四年（１８７１）『福沢諭吉伝』石川幹明著所収

の営みが、武士や町人層にも拡大していったこと。四つ目はそれにともなって、漢籍、古典文芸、仏典以外に、趣味や娯楽の分野へも出版活動が広がりをみせ、享受できる領域が増えたことである。

　近世が生んだ多種多様な書籍、そのうちおよそ半分が写本である。写本とは印刷本に対する言葉で、何かを模写したという意味ではなく、単に手書きの書籍を指す。個人に限っても、日記、旅日記、随筆、漢詩、和歌、俳句、自伝、家譜、和算、蒐集品リスト、植物図譜など出版を目的にしなくても、実に良く書き物をした。そのほかに、借りた本を精力的に書き写して写本作りをした人たちが大勢いた。非拘束時間が存分にある武士や学者、僧侶、神官たちである。書誌学者の中野三敏《なかのみつとし》＊氏の言によれば、日本の家庭の倉庫や押し入れの中には、解読されずに封印されている近世写本、数万冊が眠っているはずとのことである。「このようなことは海外にもあまり例がなく、古文書解読の知識を身につけて、これら写本の解読に取り組んでもらいたい。自分の家の歴史や地方史が明らかになる」と言っていた。

　江戸時代の知識人は楷書もくずし字も読み書きできたが、庶民の多くはくずし字しか読み書きできなかったと聞いて驚いた。確かに庶民の教科書である「往

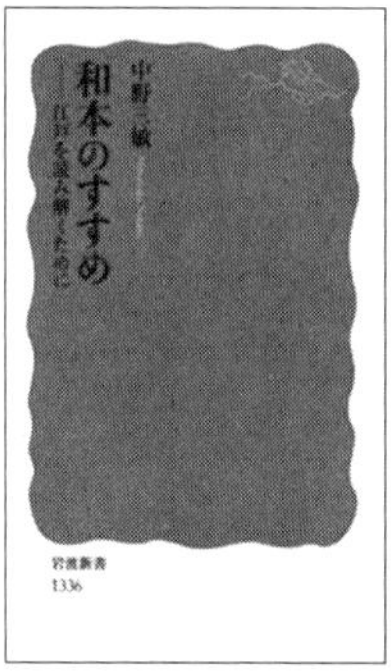

『和本のすすめ』中野三敏著　岩波書店　2011

『和本の海へ』中野三敏著　角川書店　2009

＊中野三敏＝（1935-2019）は、日本文学研究者。福岡県生まれ。早稲田大学大学院修士課程修了。専攻は江戸文学。江戸から明治期の近世文学を中心に研究。九州大学名誉教授。著書に「戯作研究」「和本の海へ　豊饒の江戸文化」。文化功労者、2016年に文化勲章受章

来物」＊はくずし字と挿絵でできている。手習いも、毛筆を使いくずし字で書かれた書状の手本「一筆案文」＊などを見て、文型ごと形を覚えるのだろう。楷書体で書かれた四書五経《ししょごきょう》＊を、音読しながら学ぶ藩校や学者塾でなければ、四角い楷書体は覚えられない。

今はその逆で、句碑や歌碑、記念碑や墓石に刻された文章など、くずし字で書かれていると読みづらい。つい一五〇年前に書かれた写本も、外国語の本よりも遠い存在に感じられる時ほど悔しいものはない。そのうちＡＩの進歩によりスキャニングによって簡単に解読できるようになるはずである。すでに研究も始まっていると聞く。

江戸の町も後期になると大蔵書家が現れる。この時代、万巻の書籍を擁した蔵書家として知られた幕臣、旗本、藩儒を並べてみる。塙保己一《はなわほきいち》（国学者）、屋代弘賢《やしろひろかた》（幕府右筆《ゆうひつ》＊）、朽木綱泰《くつきつなひろ》（旗本）、岸本由豆流《きしもとゆずる》（幕府弓弦師）、大田南畝《おおたなんぽ》（幕臣）、近藤重蔵《こんどうじゅうぞう》（幕臣）、新見正路《しんみまさみち》（幕臣）、古賀侗庵《こがどうあん》（徳川儒官）、朝川善庵《あさかわぜんあん》（儒学者）などいずれも学者や文筆家としても名だたる業績を残した人々といえる。

また江戸の町人の間にも大蔵書家が生まれた。守村抱儀《もりむらほうぎ》（浅草蔵前の札指）、小山田与清《おやまだともきよ》（見沼通船の差配役）、狩谷棭斎《かりやえきさい》（津軽藩御用米問屋）、北静廬《きたせいろ》（屋

＊往来物＝平安末期から明治初期まで広く行われた，庶民教育の初等教科書の総称

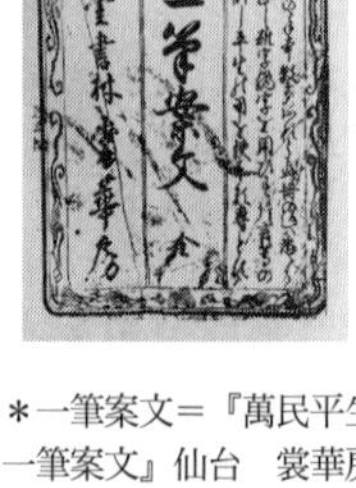

＊一筆案文＝『萬民平生一筆案文』仙台　裳華房

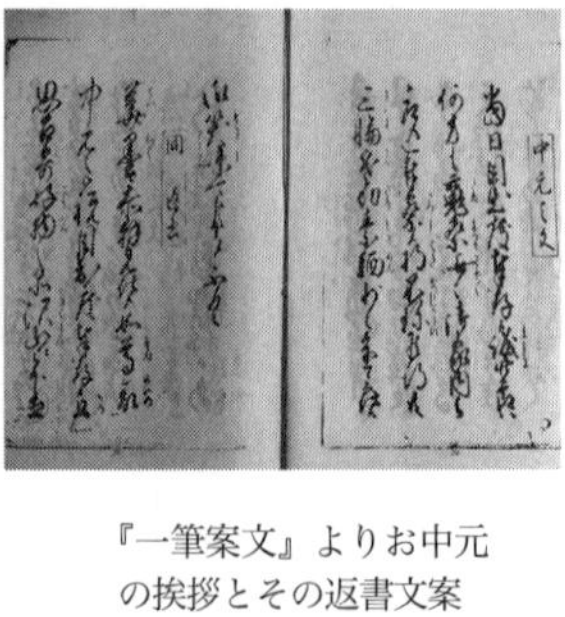

『一筆案文』よりお中元の挨拶とその返書文案

＊四書五経＝儒教の経書の中で特に重要とされる四書と五経の総称。四書とは、「大学」「中庸」「論語」「孟子」。五経とは、易経（えききょう）（周易）・書経（尚書）・詩経（毛詩）・春秋（しゅんじゅう）・礼記（らいき）

＊右筆＝中世・近世に置かれた武家の秘書役を行う文官のこと。

根茸棟梁）、市野迷庵《いちのめいあん》（神田佐久間町の質屋）、石田醒斎《いしだせいさい》（日本橋の呉服商）、青柳文蔵《あおやぎぶんぞう》などである。青柳文蔵以外の稼業を見ると、米などを川船で運ぶ回漕業、米問屋、札差、屋根屋、老舗質屋、呉服屋、いずれも世界的大都市、江戸の衣食住を支えるなくてはならない業種である。江戸後期に至るまでに莫大な富を重ねることのできた家業を嗣いだ人たちでなければ一万冊以上のコレクション形成は難しい。当時書籍の値段はとても高かった。書籍蒐集のために身代を潰したり困窮する愛書家さえ知られている。これら大蔵書家のうち、一人青柳文蔵だけは、一八歳で奥州の片隅から親の勘当を受け江戸に辿り着いた、異色の経歴を持つ人物である。

第二節　岡蔵治の読書日記に見る公共図書館の源流

日本における公共図書館史を語る際、明治初年から出発するのが通例である。福沢諭吉や市川清流《いちかわせいりゅう》*、田中不二麿《たなかふじまろ》*などの海外見聞記や視察報告の中で日本に欧米の図書館が紹介され、その影響を受け、明治十二年九月二十九日の「教育令」第一条に規定されて公立書籍館開設の気運が高まったとされてきた。

『江戸の蔵書家たち』岡村敬二著　講談社　1996

＊市川清流＝（1824‐不明）は、一時岩瀬家の家臣となるが岩瀬家の断絶により主家を去る。遣欧使節団の副使松平石見守の従者として西欧に渡り、帰国後『尾蠅欧行漫録』を表す。明治五年「書籍館建設ノ儀」に付き建白書を提示

＊田中不二麿＝（1845‐1909）尾張藩士、明治四年文部省出仕と同時に岩倉使節団の一員として欧米の教育制度調査にあたった。明治六年の『理事功程』でアメリカ合衆国の各都市は必ず書庫があると書いている。

では江戸時代公共図書館はなかったのであろうか。

明治五年（一八七三）四月二十八日創立の文部省博物局書籍館は、日本最初の官立公開図書館ではあるが、戦前の国立図書館である「帝国図書館」の前身とはいえない。明治七年七月に湯島聖堂から蔵書とともに浅草に移転し「浅草文庫」と名称を変えたからだ。「帝国図書館」の実体上の（つまり全蔵書を引き継いだ）前身にあたるのは、「東京書籍館」（TOKIO SHOSEKI KWAN）である。明治八年（一八七五）五月十七日、文部省所管下、湯島の旧昌平校大成殿に開館された。しかし西南戦争の勃発がもたらした国家財政破綻の危機を受けて明治十年（一八七七）二月四日に廃止されてしまう。三ヶ月後の五月四日、東京府知事楠本正隆は書籍館を引き受け、翌日から「東京府書籍館」としての開館を発令した。西南戦争の戦費決算が終了した明治十三年（一八八〇）七月一日、再び文部省がこの東京府書籍館を接収し、「東京図書館」として再出発した。「図書館」という言葉の使用例は三年前の「東京大学図書館」の方が早かったが、それ以外では初めてで、以後今に至るまで「図書館」は標準用語として定着した。

東京府が預かる形になった、この三年余りの「東京府書籍館」の幹事（専任館長）は二名で、初代が二橋元長《ふたはしもとなが》*、二代目が岡千仞《おかせんじん》*である。二橋元長は、伊達家支藩一

*二橋元長（1842-1915）＝東京府知事楠本正隆によって招かれ東京府書籍館幹事になった。東京海上保険会社設立に関わり辞任、筆頭株主の一人として取締役となった

*岡千仞（1833-1879）＝仙台藩士岡蔵治の五男。東京府書籍館二代幹事

関の出身、岡千仞は伊達家中仙台出身の漢学者である。岡千仞は天保四年（一八三三）十一月二日仙台の岡蔵治の五男として生まれた。この二代目館長の父親の暮らし方から江戸後期の図書館利用の実像を振り返ってみたい。

千仞の父、岡蔵治《おかくらじ》の残した二二冊の日記『韜斎《とうさい》日誌』*には、仙台城下にあって藩が運営管理していた「青柳文庫」をいかに利用したのかが克明に描かれている。

岡蔵治（寛政五年〜文久三年）（一七九三〜一八六三）は、韜斎と号した仙台藩士で、代々藩の書記役を勤めた家に生まれた。若くして詩を松井梅屋に学び、江戸住まいの折には、梅屋の縁で大窪天民（詩仏）や菊地五山に親しみ、書家の巻菱湖《まきりょうこ》や同藩の大槻盤渓《おおつきばんけい》とも交わったといわれる。天保七年（一八三六）十一月に江戸詰めから仙台に戻ると、翌天保八年一月二十五日に「書籍拝借之書付を差出」して「青柳文庫」の利用申請をしている。当時四五歳の蔵治は、若き藩主伊達《だて》斉邦《なりくに》の十二月五日の婚礼に備え、四月に御婚礼方御用係を仰せつかっていた。

その年の三月十六日初めて『趙注孟子』四冊を借り出す。彼の天保八、九年の日

岡蔵治日記『韜斎《とうさい》日誌』（仙台市民図書館蔵）

青柳文庫
地積、百余坪
土蔵、間口三間二尺五分奥行き二間二尺五分（六・二×四・四メートル）
（『明治五年学制頒布五十年宮城県図書館創立四十年記念誌』宮城県図書館より）

青柳文庫跡地碑

誌の中には、「青柳文庫、出席」「青柳館ニ行、史記ヲ借」「先哲叢談ヨム」など「青柳文庫」または「青柳館」「医学校に行く」の文字が、七五回も頻出し、総計六五点（冊数はもっと多い）の書籍を青柳文庫から借り出したことがわかる。かなりのヘビーユーザーというべきであろう。四月十三日の日記には「『青柳館目録』浄写」の文字も見え、まず青柳文庫の『目録』を筆写して、それを見ながら次々と自分の読みたい本を借りたものとみえる。借用期間は一～二ヶ月、一回の借用点数は一～五点だったという。＊

岡蔵治は大変な読書家で、「青柳文庫」のみならず、藩校「養賢堂文庫」目録も天保九年六月から二ヶ月余に亘って筆写し、主に「四書五経」の漢籍を借覧《しゃくらん》している。「青柳文庫」からは、歴史書や伝記、名所図絵などの地理書を借り、中には『東鑑』『列女伝』などという書名も見える。この他、友人、親戚にも足繁く通い書籍の貸し借りをしていて、これらの総数は二年間で一四三点、中でも「青柳文庫」からの借用は半数近い。借りた書籍の中から、精力的に筆写校正してこれを自己の蔵書に加えているものも多い。書籍の購入記録は滅多に見られない。下級武士にはなかなか手が届かなかったのだろう。友人と同行したり、友人の貸出通帳を使って借りたり、又貸しをしたり、息子達に返却の使いを頼んだり

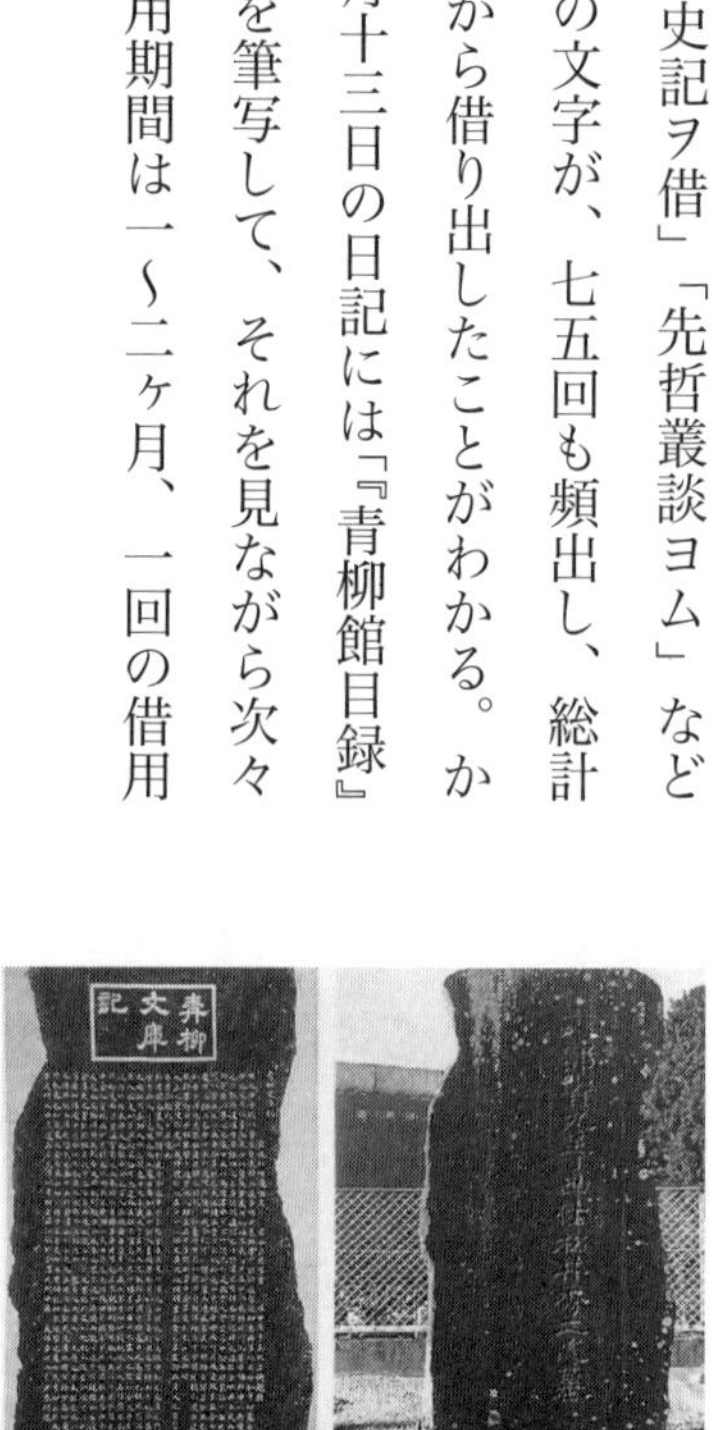

「青柳文庫記」元碑拓本（左）（福島市、青柳寺蔵）と碑面を削って建てた松井秀二墓碑（右）（仙台市、北山霊園）『ことばのうみ』No.23より）

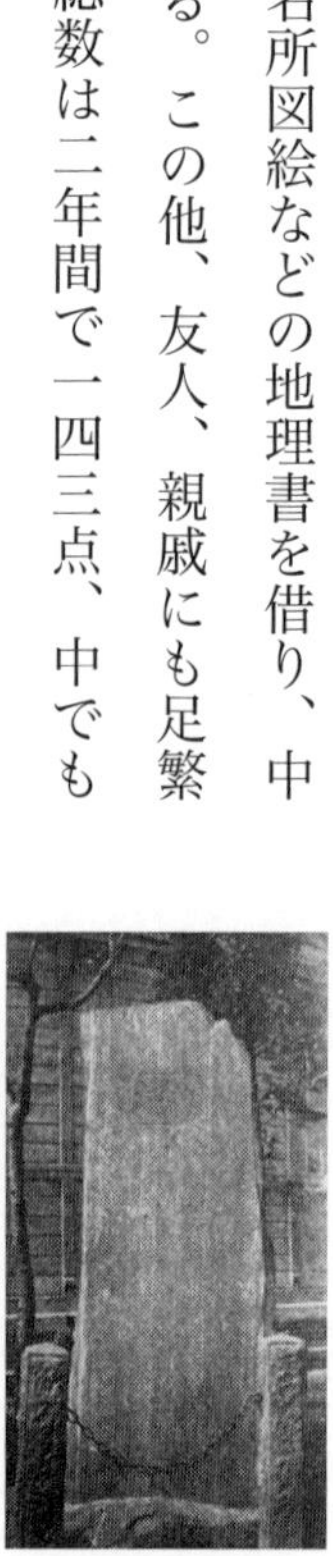

「青柳文庫記」再建碑、明治42年養賢堂同窓会が建てたが仙台空襲で失われた（『青柳文蔵翁伝　青柳文庫所在目録』宮城県図書館より）

＊「仙台藩青柳館文庫の成立・運営と利用」大友優香著（『国史談話会雑誌』第52号、２０１２）

と、生活の中に青柳文庫通いがしっかり組み込まれている姿が見て取れる。会読や書会、画会など友人との書画を通じた交流も盛んに行われた。

明治四十三年（一九一〇）宮城県立図書館前庭に石碑「青柳文庫記」が再建された時に、蔵治の孫で漢学者の岡濯《おかたく》（麑泉《げいせん》）は、「文蔵は必ず云うであろう。斯くの如き知己あり、吾が道いまだ衰えずと」と漢詩を作って青柳文蔵の遺徳を偲んでいる。岡家三代に亘って「青柳文庫」をよく活用した跡が見て取れる。岡蔵治、次男台輔、孫の濯と三代に亘って書写収集した蔵書や著作約二、五〇〇冊は岡家旧蔵書として現在仙台市民図書館古典籍の中核をなしている。岡千仞の遺著草稿は、「東京都立日比谷図書館旧蔵特別買上文庫目録」に「岡鹿門雑輯」として二九八冊が掲載され東京都立中央図書館に残されている。

第三節　文庫という名の図書館

①　青柳文庫

蔵書印は、「市井臣文蔵献《しせいしんぶんぞうけん》仙台府書＊」「勿折角勿巻脳勿以墨汚勿令鼠齩勿唾幅掲＊」個人文庫時代の蔵書印は、「青柳館文庫」

『養賢堂附医学館之図』のうち青柳文庫部分拡大。人々が書物を手にして文庫に向かう。（『仙台年中行事絵巻』複製版より）（宮城県図書館蔵）

＊青柳文庫の仙台藩公式の蔵書印（六・四センチ四方）

青柳文蔵個人文庫時代の蔵書印

「青柳文庫」は、伊達家一二代家主伊達斉邦が、江戸の富豪青柳文蔵の献上した蔵書九、九三七冊と維持資金千両を受け入れ、天保二年（一八三一）に設立した日本における公共図書館の先駆とされる。伊達斉邦は、先に述べた岡蔵治が御婚礼方御用係を勤めた時の新郎であり、新婦は先代伊達斉義の娘、綵姫《まさひめ》で当時二〇歳と一四歳の初々しい藩主と正室であった。伊達家に養子として入り家督となったのは、五代藩主吉村（宮床伊達家）、一一代斉義（一関伊達家）、そしてこの一二代斉邦（登米伊達家）の三人である。

伊達吉村は逼迫していた藩の財政を立て直し、その治政は四一年に及んで「中興の英主」とも呼ばれた。斉邦はその曾孫にあたり、数え歳一一歳で登米伊達家から抜擢され、伊達家当主として養子に迎えられたのである。青柳文蔵は一三歳の伊達斉邦に江戸藩邸でお目見えしたことがある。宮城県図書館所蔵の『〔伊達氏〕六代治家記録』＊（明治七年成立）の第一二代藩主伊達斉邦公（龍山公）記録中に青柳文蔵の記事がある。文政十三年閏三月二十八日（一八三〇年五月二十日）の項に「商青柳文蔵江戸浅草所蔵の書籍二八八四部及び楽器を献ず。且つ封内東山旧里備倉のため金一千両を呈し終身米十人口を給ふ。後千治下百騎丁に書庫を建て青柳館と号し監吏を置き藩士の借覧を許す」とある。

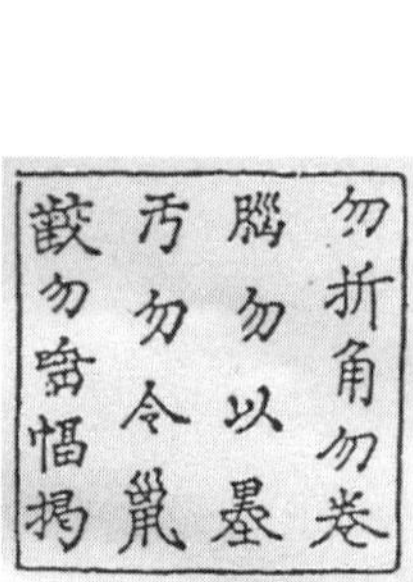

＊青柳文庫の雅印（四・五センチ四方）＝中国元初の文人趙子昂《ちょうすごう》の句の一部を加工し図書利用上の注意とした印記。青柳文蔵の撰文と思われる。趙子昂の句をそのまま印記としたのは大坂の松井羅州である。

＊『〔伊達氏〕六代治家記録』＝第七代伊達重村、八代斉村、九代周宗、十代斉宗、十一代斉義、十二代斉邦までの六代にわたる伊達家の記録。国分平・作並清亮らを責任者として１８７４年（明治７年）に完成。91巻22冊

堀田正敦肖像画
（異説もあり）

少年藩主斉邦の後見役は、六代藩主伊達宗村の八男で、政治家として学者として、日本のゲーテと称されるほど、超スケールの大きい足跡を残した佐野藩主、堀田正敦《ほったまさあつ》である。彼が編纂著述したり、プロデュースしたり、直接指揮を執った事業の成果は、どれも叡智溢れる貴重な文化遺産となっている。堀田正敦の業績を是非とも紹介したい。

幕閣として

ア、四二年もの長期間幕府若年寄を務め（一七九〇－一八三二）、老中首座松平定信の右腕として寛政の改革を支えた。

イ、天文方を支配し大坂から高橋至時《たかはしよしとき》と間重富《はざましげとみ》を招請、寛政の改暦の任に当たらせた。

ウ、『寛政重修諸家譜』一五三〇巻の編纂総裁（一七九九－一八一二）。

エ、『大日本沿海輿地全図』（いわゆる伊能図）編纂事業（一八〇〇－一八一八）の総括責任者として、伊能忠敬《いのうただたか》＊（当時五六歳）を徳川家直参に登用し、完遂させた。

オ、ロシア船の暴行事件調査のため五〇〇名の仙台藩の藩兵とともに松前領

伊達斉邦肖像画（仙台市博物館蔵）

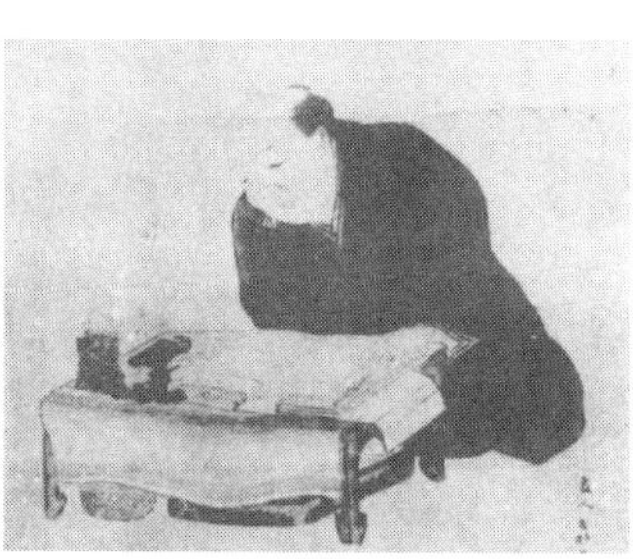

青柳文蔵六一歳の肖像画　亀交山画（『青柳文蔵翁伝　青柳文庫所在目録』宮城県図書館より）

＊伊能忠敬（１７４５-１８１８）＝下総の佐原（現千葉県香取市）の商人。隠居後日本全土を実地測量し、初めて実測による日本全図を作成。俗に伊能図と呼ばれる。

と蝦夷地へ赴く。桑原如則《くわばらゆきのり》（三代桑原隆朝《たかとも》）と大槻玄幹《おおつきげんかん》（大槻玄沢《おおつきげんたく》＊の子）が堀田正敦に随行（一八〇七）。正敦の『松前紀行』なる（一八〇八）。

カ、『環海異聞』の編纂を大槻玄沢に指示（一八〇七）

キ、「蛮書和解御用」を設け、大槻玄沢（四四歳）馬場貞由《ばばさだよし》＊（二四歳）に『厚生新編』＊等の翻訳を指示（一八一一）。

ク、小野蘭山、栗本丹州、岩崎灌園ら博物学者と交流、薬草園を用意したり、研究の場やネットワークを作って参加し、支援した。

ケ、松平定信の元で、多岐氏の私立医学校「躋寿館《せいじゅかん》」に代わる幕府直轄の医官養成校「医学館」設立に尽力し（一七九三）、多岐元簡に臨床実験を勧める。

仙台藩との関わり

ア、伊達《だて》家当主七代の重村《しげむら》、八代の斉村《なりむら》が相次いで亡くなると、九代周宗《ちかむね》から一二代斉邦まで早世の続いた若い藩主たちの後見役を務めた。

イ、仙台藩主伊達周宗により、学制改革を命じられた大槻平泉《おおつきへいせん》は、幕府の大学頭林述斎《はやしじゅっさい》に改革案を示して指導を仰いだ。述斎は周宗の後見人堀田正敦の意見書を添えて返答。平泉はその意見書とともに改革の建議書を提出、

＊大槻玄沢（1757‐1827）＝一関中里生まれ。一関藩医となり後に工藤平助の推挙で仙台藩医。蘭方医、蘭学者

＊馬場貞由（1787‐1822）＝オランダ語通詞、蘭学者

＊厚生新編＝フランスの家事百科事典のオランダ語訳本から日本語へ翻訳した図書。仙台藩へは『生計纂要』と改名されて贈られた。

『江戸鳥類大図鑑』

＊『江戸鳥類大図鑑』＝堀田正敦が40年以上かけて執筆した鳥類図鑑に、鈴木道男が現代鳥類学の知見を加えて解説出版した。ドイツのライプツィッヒで開かれた「世界で最も美しい本展」で銀賞を受賞。平凡社　2006

養賢堂学頭に任命されている。

ウ、その建議書に、養賢堂の医学教育部門を独立させて医学館を設立し、幕府医学館にならった医学教育体制整備があった。

エ、『環海異聞』『厚生新編（生計纂要と改名）』『伊能忠敬地図（文化六年頃再編集）』など、幕府で作った門外不出資料の写本を密かに作らせ、仙台藩主である、実兄伊達重宗に贈っている。自らの『禽譜』『観文禽譜』ともども現在宮城県図書館で所蔵する貴重書の数々は堀田正敦の特別な贈り物である。

個人として

ア、旗本二七〇〇余名の、厖大な伝記史料集である『干城録《かんじょうろく》』二二三六巻の編纂。後に幕府事業として継承され逝去して三年後に完成（一八三五）。

イ、ライフワークの博物学研究成果『禽譜』『観文禽譜』『観文獣譜』『観文介（貝）譜』などを編纂（一七九四－一八三一）。堀田正敦編著の『禽譜』は、項目数七三四、種数四三八。収録図は一二四三点、当時としては世界最大の鳥類図鑑である。

『禽譜』堀田正敦編（伊達文庫）

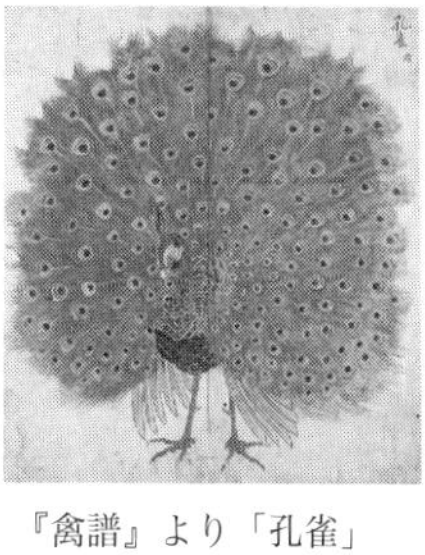

『禽譜』より「孔雀」

『観文禽譜』堀田正敦著（養賢堂文庫）

（3点とも『みやぎの叡智』（宮城県図書館より）

ウ、松平定信の文人サロンにおいて、中心人物の定信は「花月」、正敦は「水月」と号し、歌人、文人、茶人として親密な文化交流を楽しみ、和歌を詠じあった。正敦の『水月詠藻』には定信が、定信の『花月草紙』には正敦が、互いに序文を寄せている。

エ、林子平《はやししへい》＊の『海国兵談』の出版を、仙台藩医である工藤平助、桑原隆朝、越後井伊家等とともに金品を送って支援した。

このように超人的な活動に邁進する堀田正敦の日々であったが、斉邦が家を継いで四年後、天保三年（一八三二）一月二十九日に亡くなる。後ろ盾を失った斉邦は、翌年自ら政務に当たることを宣言し、実家の父、登米伊達家一一代宗充の書状による教えを受けながら、うち続く天保の凶作による藩民の窮乏救済に、苦悩しつつ取り組むことになった。次の藩主、伊達慶邦《だてよしくに》の回想によると、斉邦は、仙台城二の丸にある藩主の在所「御座の間」に、役職にない藩士や、当主でない者、医者などを呼び、直接意見を聞いていたという。質素倹約を率先して示すため、粗食を続け休養も返上して模索する生活は、斉邦の健康を害し、持病の脚気もあってわずか二五歳で天保一二年（一八四一）七月二十四日に逝去する。しかし斉邦

＊林子平（1738‐1793）＝江戸時代後期の医師、政治・教育論者。諱は友直。のちに六無齋主人と号した。高山彦九郎・蒲生君平と共に、「寛政の三奇人」の一人

＊出典＝『少年藩主と天保の危機』佐藤大介著　大崎八幡宮、2017

＊参考文献＝『公共図書館の祖青柳文庫と青柳文蔵』早坂信子著　大崎八幡宮、2013

は、まだ若年とはいえ、当時の江戸でもすでに優れた藩主として知られていたらしく、「一に水戸の徳川斉昭、二に仙台の伊達斉邦、三に津山の松平斉民」と、当時「日本三賢君」の一人に数えられたという。*

「青柳文庫」に関して出てくる固有名詞が「青柳文蔵」*だけであるのはどうしても受け入れがたい。文蔵から（仙台藩）役人衆へ宛てた伺書を読むと、設置場所や文庫名、碑文の内容もすべて藩役人衆の評議を経て修正されていることが分かる。碑銘案の提出を指示され「国法差し支えの趣も之あり」や「文章の掟も之あり」との返事も受け取っている。文蔵の「願書」によれば「青柳館文庫」と名付ける予定であったのに、最終的に碑石に刻まれたのは「青柳文庫」であった。無論文庫の建材や、「青柳文庫碑」と松川村の「青柳倉碑」の碑銘石も藩が支給している。文庫記の一部を引用してみる。

「吾少時の如く志を抱きて遂ぐる能わざる者に付して之を

青柳文蔵書状の署名部分（個人蔵）

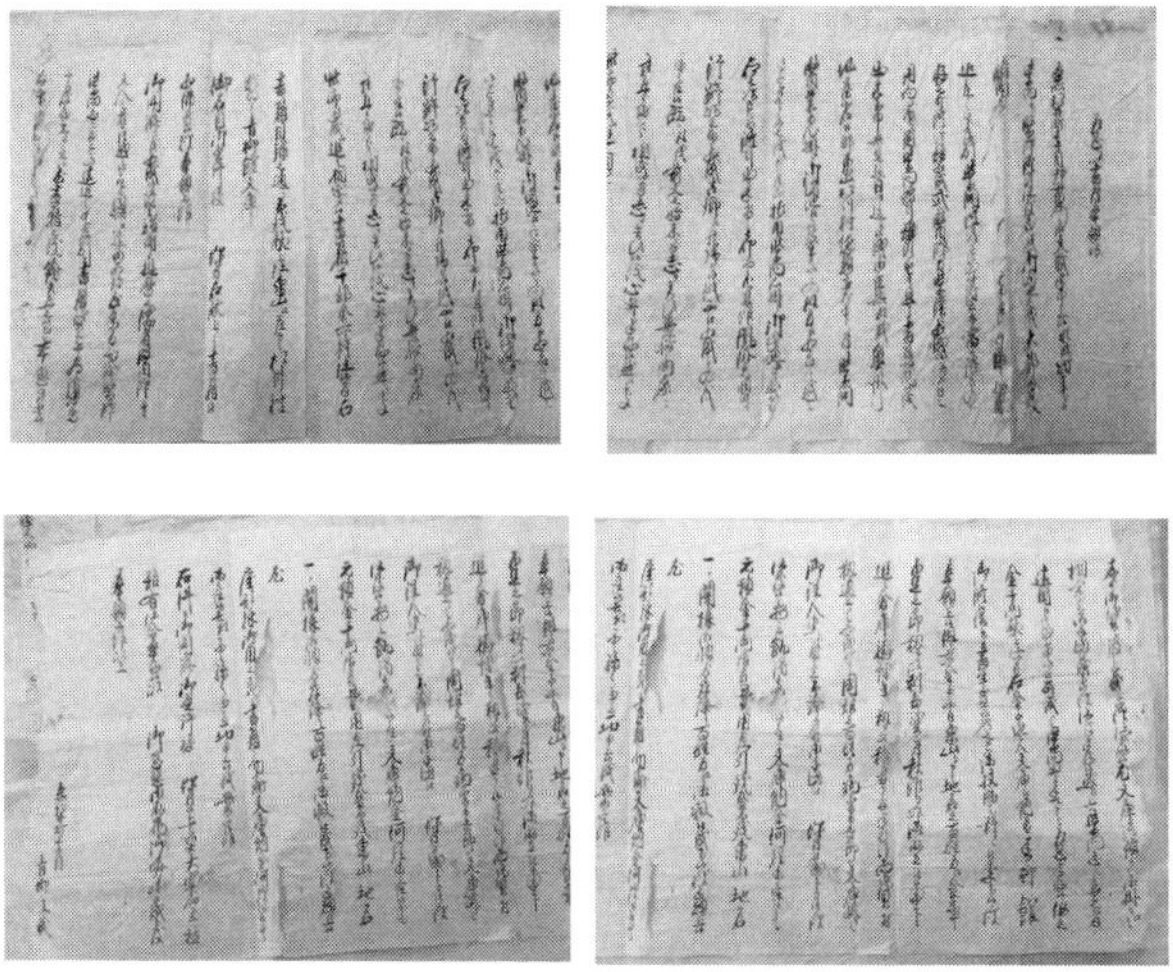
＊文蔵願状写＝青柳文蔵の文庫献呈「願状」写（一関藩士須藤家資料）（一関市博物館蔵）

読ましむるに如かずと。因りて仙台府の有司に就き以て請うて曰く、いやしくも能く府下空間の地数畝を賜るを得て、臣をして一倉を建てしめ名付けて青柳文庫といい、以てこの書を蔵め、士子騒客医卜遊方の人に業を其の中に肄《なら》うことを許さば、臣請う資千金を割き、粟を東山の郷に買い、大主の霊に頼り、郡吏をして歳時を以て斂《れん》を発せしめ、其の十が一を収め以て文庫の修理、業を肄う者の飲食に供し、其の贏余《えいよ》を以て臣父の里貧にして以て自ら給する無く、病みて以て之を薬する無き者に与わば、臣今死すと雖もまた怨みなきなりと」

「士子騒客医卜遊方の人」というのは、学生、詩人や文人、医者、諸国を遊歴する人の意味である。約一万冊の書籍と同時に献納された維持資金千両は、文蔵の郷里松川村に籾倉を建て四千石の籾米を貯蔵することを条件としたもので、その貸付利子によって文庫の修理と松川の困窮者の救済や施療にあてようと図ったのである。しかし「青柳倉」は、早くも天保七・八年の凶荒で蔵穀がすべて放出された。以後青柳倉の再建は叶わなかった。

青柳文蔵の願いが実現するまでに払った努力や辛抱は並大抵でなかった。最初、江戸に藩校の無かった水戸藩に対し、文庫を中心とした独学を重視する理想

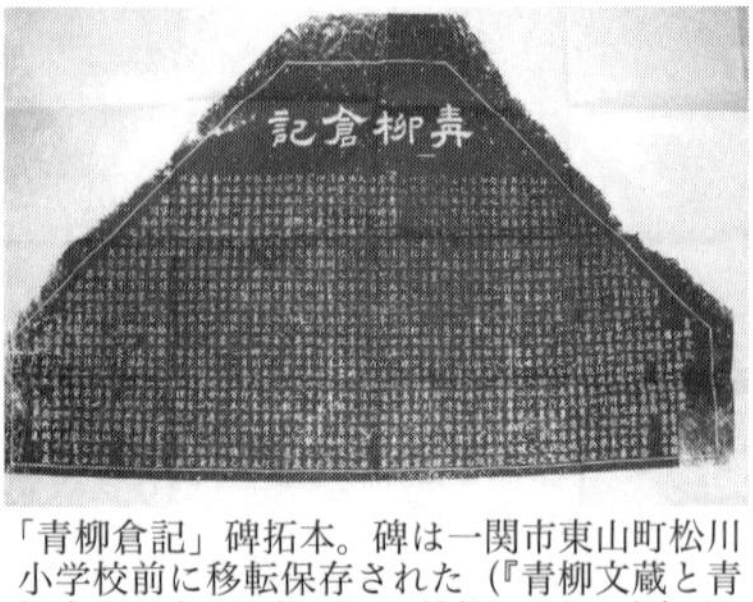

「青柳倉記」碑拓本。碑は一関市東山町松川小学校前に移転保存された（『青柳文蔵と青柳倉記』東山町松川公民館他 1987 より）。

大槻平泉＝養賢堂学頭、大槻平泉肖像　東東莱画（『大槻泰常三百年祭記念肖像図』益弁堂より）

の藩校設立を願って、土地と蔵書と数千両の資金の献納を申し出た。彰考館総裁青山延于《あおやまのぶゆき》は、「女衒の賎しい業を営みたる者の下屋敷へ水戸の学校の名を下されたならば、水戸の大恥になる」との理由で激しく反対し、文蔵は断念した。

次に仙台藩の養賢堂に御吟味を願ったが、学頭大槻平泉は「致富の道正しからざるを責め」同じく賎業を理由に受け入れを断った。彰考館と養賢堂に拒絶されても諦めることのなかった文蔵は、「ある人」の勧めに従い、仙台藩に再度献納を願い出た。郷里の磐井郡東山の松川村に建てる望みは受け入れられなかったが、それなら仙台城下の場末でもと願ったところ、中心地百騎町の仙台医学館の敷地を割いて書庫を建て、受納されることになったのである。書籍は土蔵の文庫に収蔵され、専ら「宅下げ拝借」とよばれた貸出サービスに供された。文蔵は、七坪の土蔵と、遊歴の者が望めば暫く逗留もできるように一〇畳と八畳二間の貸出業務用御役所の建物を建てること、また貸出期間は三〇日限りとするなど、細かい要望も出している。土蔵はやや広く八・二坪になり、二間の役所も嘉永年間の絵図を見る限り建てられた模様である。

貸出運用を藩の目付に任せ、蔵書管理は医学校教員に兼務させることができ

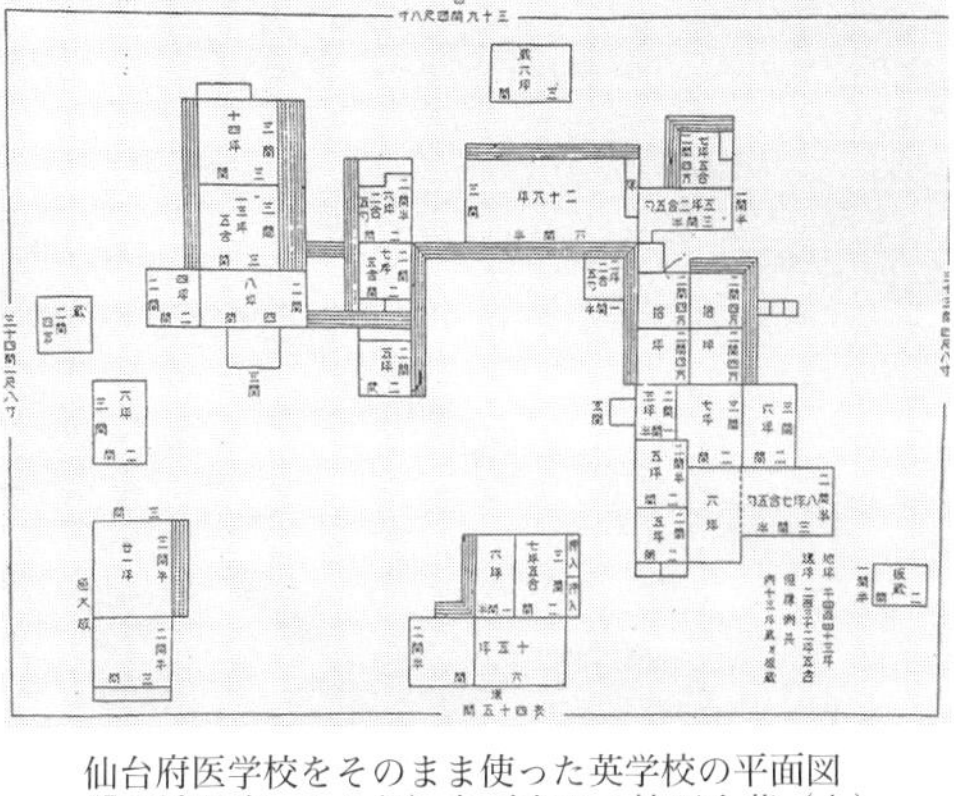

仙台府医学校をそのまま使った英学校の平面図（『宮城県史』6より）左下方の二棟が土蔵（上）と二間からなる役所（下）と思われる。

青柳文庫内の目録＝青柳文蔵は当時の著者目録類を徹底して集めた。（宮城県図書館蔵）

たのも、養賢堂とは違う医学校独特の開明的校風があったからこそと言えよう。「衆庶の患者を医し」、町医者にも開放していた医学校でなければ、文蔵の「学業を望みながら貧しくて書籍購入の困難な士庶誰にでも無料で貸出す」という願いは実現できなかったと思われる。

　これを実現させた「ある人」とは、堀田正敦ではなかろうかと密かに推定している。文庫門前に設置された石碑「青柳文庫記」の題額を揮毫したのは堀田正敦の世嗣、堀田正衡《ほったまさひら》であった。その謝礼のため文蔵は、天保二年十二月三日（一八三一年一月五日）「青柳文庫記」の撰者である松崎慊堂《まつざきこうどう》とともに「堀田邸」を訪れている。また文蔵が原因不明の病で伏した時には、幕府医学館総裁、多岐《たき》元簡《もとやす》の第五子多岐元堅《たきもとかた》が治療している。江戸医学館と仙台医学校の双方の設立に関与したのも堀田正敦であった。*

　文蔵は医師またはその子弟、あるいは儒医に幅広い人脈を持っていた。松川村の長沢勇作の文蔵伝記には文蔵は「父母の恩に報せんと医書千余巻を講読し、又

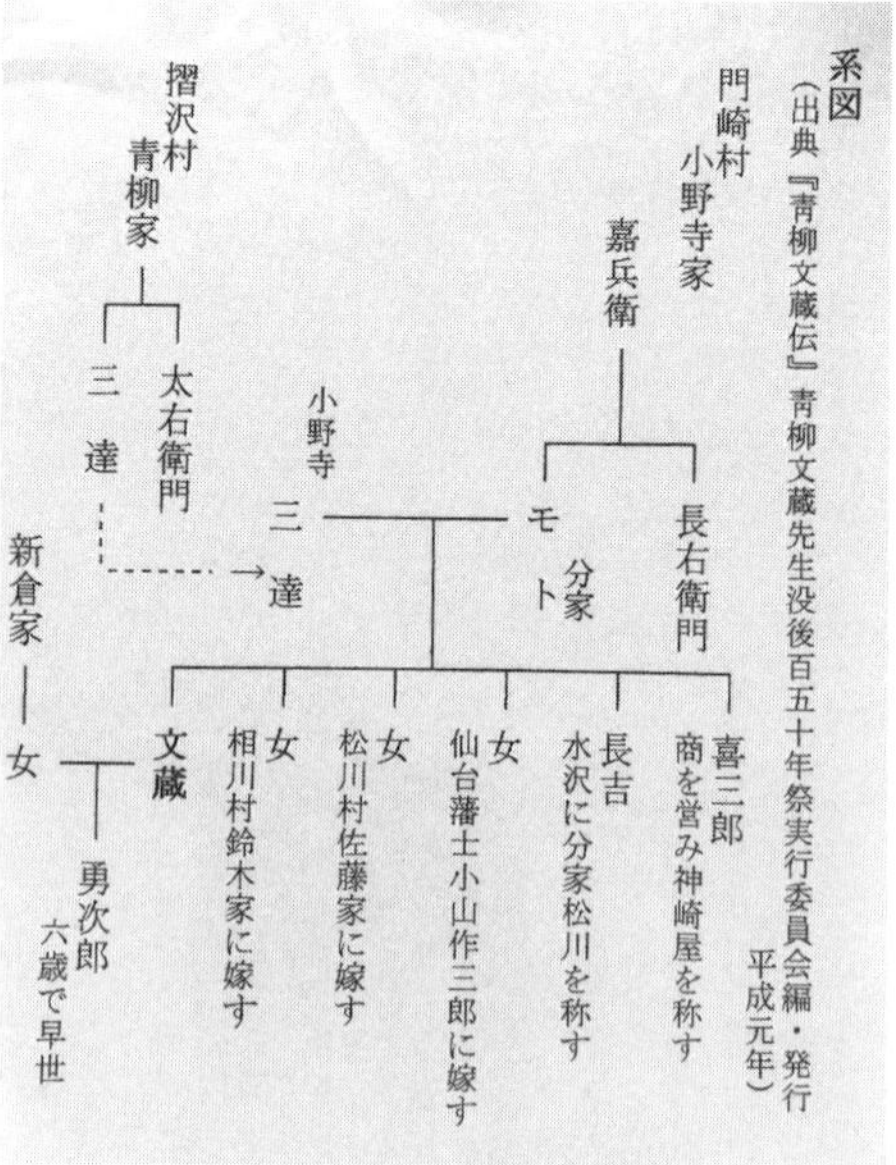

青柳文蔵系図

（『青柳文蔵翁伝』青柳文蔵先生没後百五十年祭実行委員会 1989より）

＊出典＝「仙台藩の医学校創設前後」青木大輔著（『仙台郷土研究』第25巻1・2号　1965）

＊『出典＝「青柳文蔵伝」飯川勤著（『奥羽史学会会報』奥羽史学会1896）

之を学資なき医学生に貸読ましめ医師の養成に務め」たと書かれていて、書籍蒐集も最初は医書が中心だったと思われる。実際青柳文庫には五〇九冊もの医書が存在した。医学館側で周旋の労を執ったのは長江友節だったという＊。

その蔵書印「市井臣文蔵献仙台府書」にみるごとく、「仙台府立文庫」が誕生したのであった。

天保二年（一八三一）、仙台藩主伊達斉邦が青柳文蔵の蔵書献呈を受け入れ「青柳文庫」を開設し、藩吏が書式を定めて無料で個人貸出を始め、城下の人々が盛んにそれを利用したとき、それは「文庫」という名の公共図書館といえるのではないだろうか。

文蔵は町医者の家に生まれ武士階級出身ではないため藩校教育を受けなかった。しかし基礎的な教育を寺子屋や父から受け、子どもの時から読書習慣を身につけて育つ。その性格は極端な負けずぎらいであったが忍耐強く、先見性に優れた資質を備えていた。勘当されて江戸に出ると、困窮に苦しみながらも読書による独学で稼業を見出して貨殖に努め、豊富な財力を背景に学者達との交流を通して書籍を蒐集していった。

長男が早逝し養子を迎えたものの、蔵書を託せる後継者に恵まれなかった文

文蔵長男勇次郎の追善碑

文蔵夫妻の寿蔵碑

『続書籍目録』一
青柳文蔵増補か

『書籍目録』二
青柳文蔵編か

蔵は、晩年に入り散逸を怖れて蔵書の活用法や託し先を探し始める。収集した蔵書や蔵貨の目録編集に始まり、書籍目録や人物誌の編集に取り組みながら、漢籍や和書の分類法、著者目録法、著者名典拠調整など、書誌学や現在の図書館学に通ずる知識を身に付けた。その成果を目録や著作としてまとめ、完成を機に蔵書を手放すことを決意する。

散逸を怖れ「青柳館文庫」の永続的維持を望んだ文蔵が選んだ道は「公廉詳密（私欲なくけじめがあり行き届いてもれがない）」（倉記）であるべき管理者「仙台府」に蔵書を託すことだった。青柳文蔵は蔵書を用意した。堀田正敦の力が働き（推定）仙台医学校の傍らに文庫を開設することができた。伊達斉邦が着実な経営体制を築き、明治以降の近代図書館にまで繋げた。青柳文蔵、堀田正敦、伊達斉邦、どの一人が欠けても「青柳文庫」は成立しなかったろう。この三人の名前だけは記憶に刻みたいものだ。

幕末時には七、三一〇冊、一四帖、三幅と減少した「青柳文庫」は、明治維新時の新政府による蔵書の接収や公売命令、仙台大空襲といった試練を経て、その所蔵数を三、六〇五冊まで減らした。しかし設立から一九〇年後の今なお、宮城県図書館の古典籍の中核に、図書館の社会的役割を指し示してくれる象徴として

『日本諸家人物誌』池永彪序　葛城輝教例言（著者蔵）

『続諸家人物誌』青柳文蔵著（著者蔵）

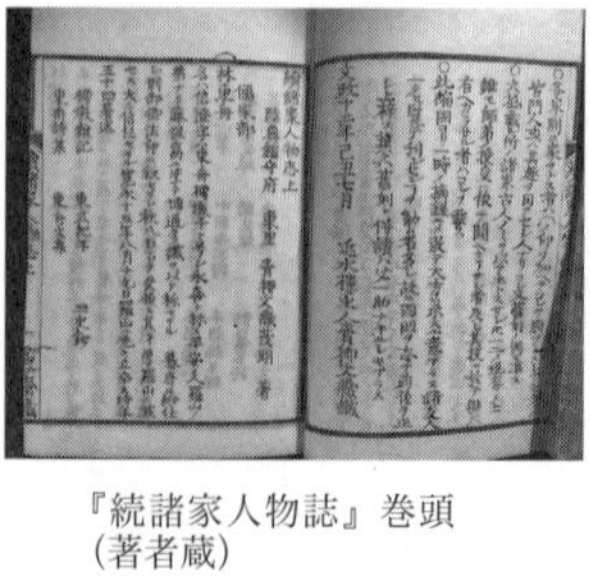

『続諸家人物誌』巻頭（著者蔵）

存在する。それ以外、国立国会図書館や全国の大学図書館等の青柳文庫旧蔵書を含めると、所在が判明している書籍は五、〇八一冊にのぼる。つまり元の半数以上になる。書籍の共用を前提とした、かの有名な蔵書印「勿折角勿巻脳勿以墨汚勿令鼠齩勿唾幅掲＝角を折る勿《なか》れ　脳を巻く勿れ　墨を以て汚す勿れ　鼠をして齩ましむる勿れ　幅に唾して掲《めく》る勿れ」が、どこにあろうと個人認識票のようにその所在を指し示してくれるからである。

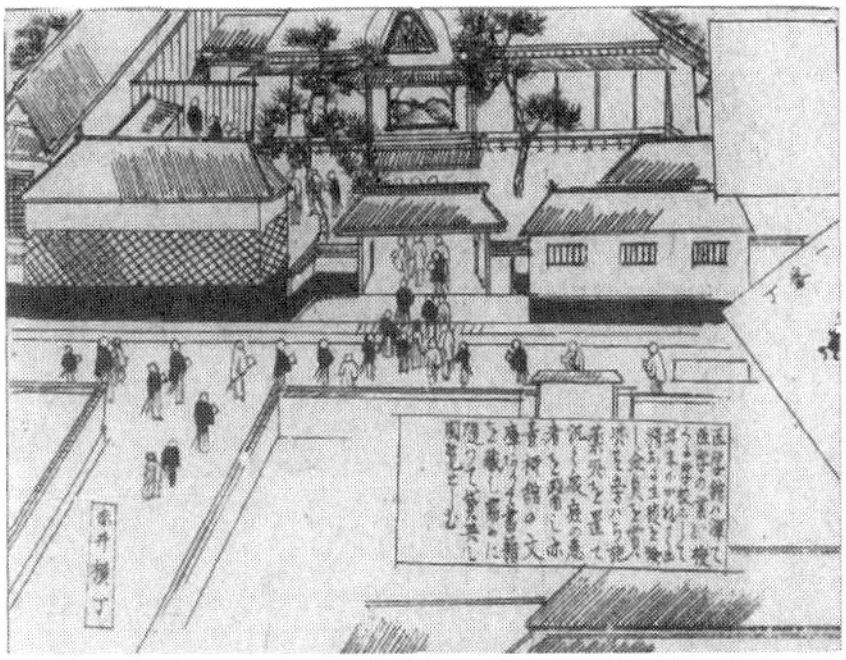

説明文には「医学館は渾て医学の業を授くる学校にして（中略）傍わら施薬所を置て汎々衆庶の患者を医し、また青柳館の文庫あって書籍を蔵し需めに随って貸与し閲覧せしむ」とある。『養賢堂附医学館之図』（『仙台年中行事絵巻』嘉永２年刊　複製版より）（宮城県図書館蔵）

「士民青柳館蔵書借覧ノ図」三好清篤著（『修身図鑑』松柏山房　明治 26 年刊）（斎藤報恩会旧蔵）

② 養賢堂文庫

蔵書印は、「仙台府学図書」

宮城県図書館に残る古典籍の蔵書印から、仙台藩が経営していた藩校文庫の数々を順次紹介したい。まずは仙台藩学問所の養賢堂文庫から。

仙台藩の学問所「明倫館養賢堂」の設立は、五代伊達吉村の時である。七代重村の代に至って勾当台通りに移転、「養賢堂」と改称した。特色ある学科としては、「算法方」（数学科）を早くから設け、「蘭学」「洋学」などオランダ学、ロシア学、英学にも力を入れたことが挙げられる。安永八年（一七七九）国老柴田信憲が私財を投じて学舎を増築し書庫を併設して中に納める数千巻の書籍を献上した。これが養賢堂文庫の基礎となった。天保六年（一八三五）指南役吉田友好の調べによれば、蔵書数は「およそ一、二一七部、一七、一八三冊、一一一枚、一九幅、二二一帖を註するに至る」とあって、その後も拡充されていったと思われる。堂中諸生の縦覧、教員の参考に供したが、卒業した藩士にも利用を許した。文化年間からは盛んに教科書などの出版も行っている。

明治維新後新政府の接収や公売命令により、残る七〇七部、七、八八五冊の

＊養賢堂蔵書印「仙臺府學圖書」

『宮城県庁門前図』高橋由一画
養賢堂に宮城県政庁が置かれた
（『杜』第3号　宮城県図書館杜の会より）（宮城県美術館蔵）

みが宮城書籍館に引き継がれたが、これも仙台空襲で焼失し、現在は二六三部、一七三五冊（要覧による）が所蔵されており、和書の七割が和算書である。養賢堂文庫で最も有名なものは、国指定重要文化財『坤輿万国全図』の版本と写本それぞれ六幅である。また堀田正敦の鳥類図譜『禽譜』は伊達家へ贈られたがその解説草稿『観文禽譜』一二巻は養賢堂文庫である。

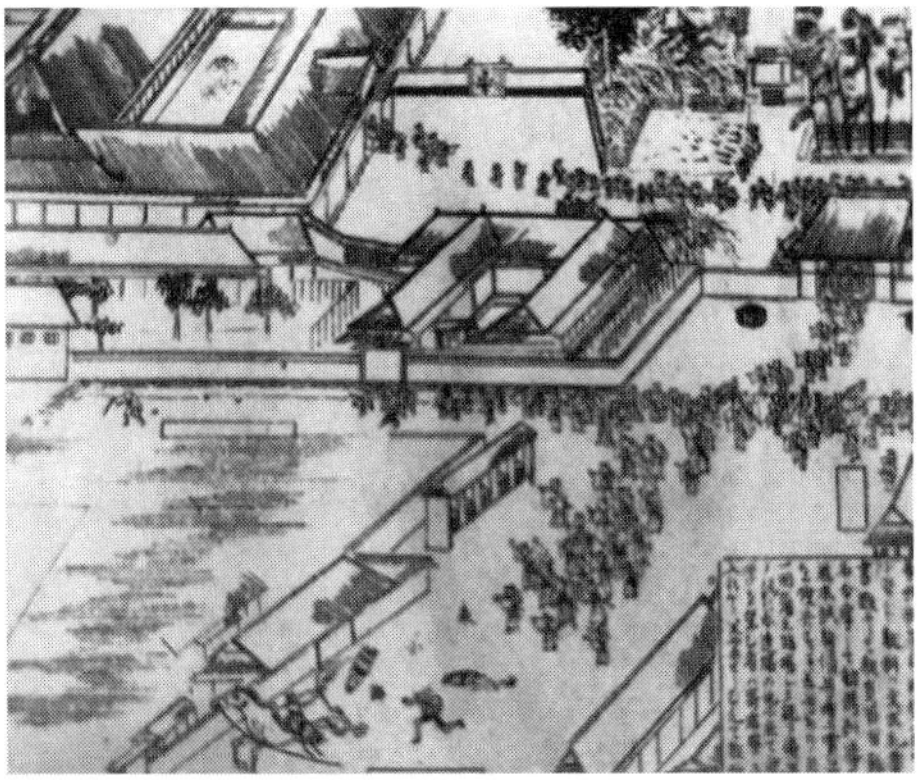

『養賢堂附医学館之図』のうち養賢堂部分（『仙台年中行事絵巻』嘉永２年刊　複製版より）（宮城県図書館蔵）

養賢堂学問改めの場面

養賢堂読書教授図

上下２点とも『養賢堂諸生鑑』小池裕斉著（宮城県図書館蔵）

蘭学、洋学のため使われた外国語図書は、明治期、民間へ公売されたが、一部は伊達家が買い戻した。大半は蘭書で、ホッタイン著『リンネ自然博物誌』（蘭語）三七冊、ビュフォン著『博物誌』（蘭訳版）一八冊、ケンペル著『日本史』（蘭訳版）一冊等、その他、英語、フランス語、ドイツ語、ロシア語の書籍もあり、現在伊達文庫として扱われ二五一点残る。

③ 仙台開物所文庫

蔵書印は、「仙台開物所記*」

文政五年（一八二二）養賢堂に置かれた蘭学和解方、露西亜学和解方を起源とする翻訳所「仙台開物所」の洋書中心の文庫。開物所の開所年や場所は不明であるが、幕末にオランダ他から輸入した軍事教練書等を集め、養賢堂の一角で翻訳に当たらせた可能性もある。ただ、わざわざ蔵書印を作ったところをみると、ある程度の参考書や洋書の蓄積はあったと思われる。二例を挙げる。後者は大槻節蔵、工藤岩次訳、大槻盤渓校による『英文翻訳彼理《ぺるり》日本紀行《にほんきこう》』（大槻家旧蔵）の翻訳作業の原本となった。

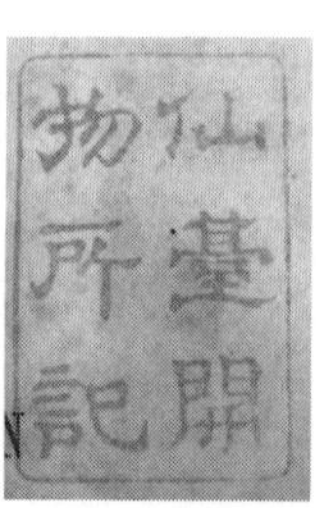

＊仙台開物所蔵書印
「仙臺開物所記」

◎Handleiding tot de kennis der krijgskunst, voor de kadetten van alle wapenen / J.J. van Mulken.--Breda : Ter boekdrukkerij van Hubert-G. Nys, voor rekening der Koninklijke Militaire Akademie, 1860(蘭語)(各兵科共用軍事学教科書)

◎Narrative of the expedition of an American squadron to the China Seas and Japan : performed in the years 1852, 1853, and 1854, under the command of Commodore M.C. Perry, 1857(英語)(ペリー提督日本遠征記)

④ 仙台府医学校文庫

蔵書印は、「仙台府医学図書信*」

医学教育もまた、七代重村の代に本格的に始まった。医家に弟子入りしたり、私塾に入門して医者になる道だけでは能力に差が出るうえ、最新知識の習得も難しい。そもそも絶対数も足りなかったうえ、今と違って医師免許制度がなかった当時、実力不足の医師も出てくる。医学教育が始まった当初から、「学問所の医学書の講義には、藩

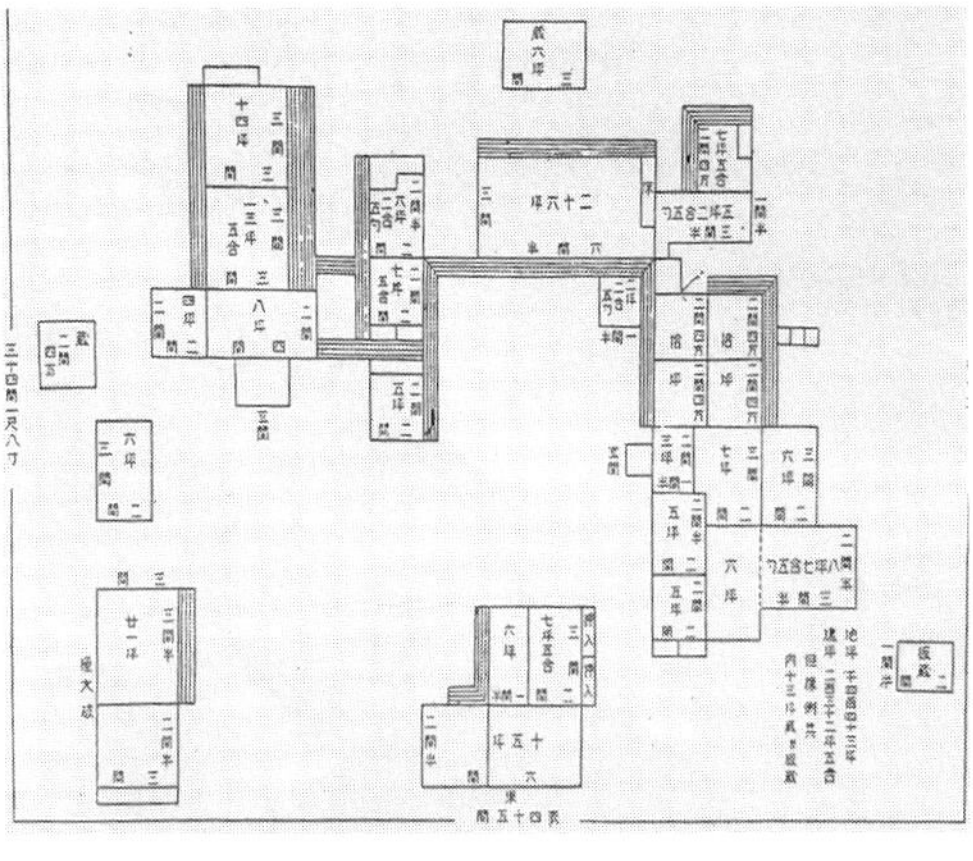

仙台府医学校をそのまま使った英学校平面図
(『宮城県史』6より)

＊仙台府医学校蔵書印
「仙臺府醫學圖書信」

医のみならず家中医師や町医師・村医師にも聴聞を許した」という。文化十四年（一八一七）養賢堂から独立した医学校（医学館ともいう）が百騎町に建てられた。大槻玄沢が長文の「御医師育才呈案*」を出し「公儀医学館の如く」薬園、施療所を備えるなど、幕府の江戸医学館を手本とするよう提案していたという。

さらに文政五年（一八二二）には佐々木中沢や小関三栄（のち三英）を招聘し、西洋医学の講義も始まった。附属文庫の蔵書は和漢洋の医学書で教員と学生以外の借覧は認めなかった。十数年教員を勤めた飯川寥廓《いいかわりょうかく》の校注目録では一九四部、二、八〇三冊と少ないが、傍らに「青柳文庫」もあったから怪しむ必要はないと、書き残している。明治四年（一八七一）の廃藩とともに、藩の医員も御役御免となり、各々開業医となったが、その際、医学校蔵書、青柳文庫医書、医療器具類が払い下げられた。従って現在宮城県図書館に所蔵する医書もいたって少ない。しかし杉田玄白訳、大槻玄沢重訳の『重訂解体新書*』や『公益本草大成』等の医書、および『江戸ハルマ』の元になった蘭仏辞書と仏蘭辞書などの辞書などが残る。

◎Francois Halma：Woordenboek der Nederduitsch en Fransche Taalen、Amsterdam. 1729（ハルマ・蘭仏辞書）

＊出典＝『磐水存響』坤　大槻茂雄編　同朋社　1991

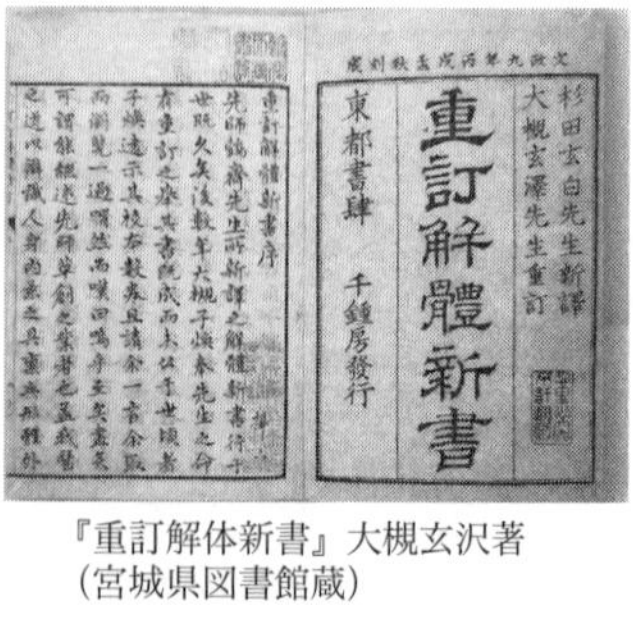

『重訂解体新書』大槻玄沢著
（宮城県図書館蔵）

◎Francois Halma：Le grand dictionnair et Francois & Fflamand = Het groot Frans en Nederduitsch woordenboek' Utrecht. 1719（ハルマ・仏蘭辞書）

⑤ 仙台造船所文庫

蔵書印は、「仙台造船所記*」

安政三年（一八五六）松島湾内の寒風沢島《さぶさわじま》に設立された仙台造船所の附属文庫。嘉永六年（一八五三）ペリーが浦賀に来航したことをきっかけに、対欧米の危機意識を増大させた仙台藩は富国強兵政策に踏み切る。藩財政が極度に逼迫する中、一三代藩主伊達慶邦は、養賢堂学頭、大槻習斎《おおつきしゅうさい》（平泉の長男）の建白を受け入れ、洋式兵器と兵術の採用を決めた。安政二年（一八五五）四月八日に習斎を大砲及び軍艦製造用係に、また養賢堂兵学主任の小野寺鳳谷《おのでらほうこく》を造艦担当に任命する。翌年できたのが仙台造船所であった。初代藩主政宗が、支倉常長《はせくらつねなが》一行のローマ派遣の渡航のため、サンファン・バウテスタ号を建造した折の知識、技術、経験ももはや途絶えていた。鎖国に踏み切った幕府の「大船製造禁止令」のために、大型船製造の技術が継承されることなく、日本中から消滅したのである。さすがの幕

＊仙台造船所蔵書印「仙臺造船所記」

三浦乾也（『幕末の鬼才三浦乾也』益井邦夫著　里文出版　1993より）

府も日本国の存亡の危機を前に、この禁令を解いて自らも水戸藩に命じて洋式軍艦製造を開始する。しかしこの船は進水と同時に横倒しとなり、幕府および水戸藩の面目を潰した。

安政三年（一八五六）、造艦担当の小野寺鳳谷は、長崎で造船技術を学んだ三《み》浦《うら》乾也《けんや》と出会う。三浦を造艦惣棟梁として、直ちに建造が始まった仙台藩の洋式軍艦「開成丸」は、安政四年（一八五七）七月十三日（十一月説もあり）に無事竣工した。三浦乾也の描いた船の設計図は、その精緻さと夥しい枚数で技術者や船大工を驚嘆させたと伝わっているが、残念なことに現在残っていない。松島湾内寒風沢島の造船所跡に、乾也の門人によって建てられた「造艦碑」（菅野白華《すがのはっか》撰文）に天才技術者の志が、裏面には建碑に協賛した八五名の名が刻まれている。その筆頭者は、養賢堂の天文方、村田善次郎こと村田明哲であり、造艦に加わって、『秒度定刻範（別書名：西洋時計便覧）』を著した。航海に必要な西洋時計の便覧であり、養賢堂から（安政五年四月序）出版されている。また同年、この造艦事業の成就を祝ってであろうか、『開成丸調練帰帆図』という美しい版画も養賢堂から発刊された。

今、宮城県図書館に残るかつて養賢堂にあったロシア語書籍一〇冊は、仏露

航海中の開成丸。英国のイラストレーターによる模写図（『幕末の鬼才 三浦乾也』益井邦夫著 里文出版より）

三浦乾也作の「開成丸陶板」（『本食い蟲』常磐雄五郎著 仙台昔話会より）

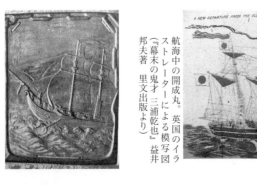

辞書、ロシア史、数学、物理学の書籍意外はすべて造船術や海洋工学、軍艦の専門書であるのは前記の事情がある。大型船建造にあたって技術の参考になる和書や漢籍は皆無に等しかったろう。その中から「仙台造船所記」の蔵書印記が残る三例を挙げる。

◎『万国普通暦』　渋川景佑著　刊本　安政三
◎『亜米利加総記』　広瀬達（竹庵）訳　刊本　嘉永七
◎『八紘通誌』　箕作阮甫《みつくりげんぽ》訳　刊本　嘉永四

⑥　仙台講武場文庫　　蔵書印は、「仙台講武場武庫記*」

前記仙台造船所と同じく、安政三年（一八五六）五月、仙台澱《よどみ》河原に西洋式練兵のため開設された仙台講武場の附属文庫。長く続いた「徳川の平和」も刻々と終焉に近づいているのだが、無論、当時を生きる人たちはそれを知らない。西洋式大砲の試射訓練は杉山台（今の仙台市の台原付近）で行われたという。

二例を挙げる。

◎『歩兵操練伝習録』　写本

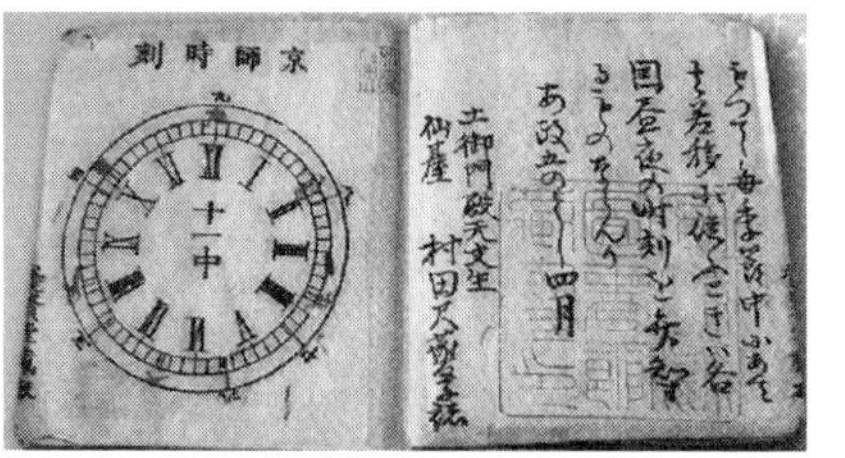

『秒度定刻範』村田明哲著　養賢堂
（『ことばのうみ』№22　宮城県図書館より）

＊仙台講武場蔵書印
「仙臺講武場武庫記」

◎『練卒訓語続編《れんそつくんごぞくへん》』（蘭）籍珀子《ちべっ》原著　某訳　写本

以上みてきた五つの蔵書印は、現代の大学図書館の萌芽が近世から存在していることを示唆している。いわば仙台府立大学の、①人文学部、②外国語学部、③医学部、④造船工学部、⑤軍事学部などの学部図書館の役割を果たしていたと考えることができよう。

江戸後期の仙台領内をみていくと、武士階級が学ぶ教育施設である学問所には必ず文庫が附属し、蔵書も徐々に拡充されて読書環境が整っていたことがわかる。

⑦ 評定所御備書籍

藩校以外に仙台藩が管理していた文庫には、領内の専門図書館ともいうべきものも存在した。一つは法律専門文庫、二つ目は仏教経典等の書籍を中心としつつ幅広い分野を納めた龍宝寺の公開文庫である。どちらも仙台藩が蔵書を管理した。

仙台藩の司法機関「評定所」にも法律関係書籍が所蔵されていたことは、仙台府医学校教員飯川寥廓が書き写した九部八五冊の目録*が、部分的とはいえ残さ

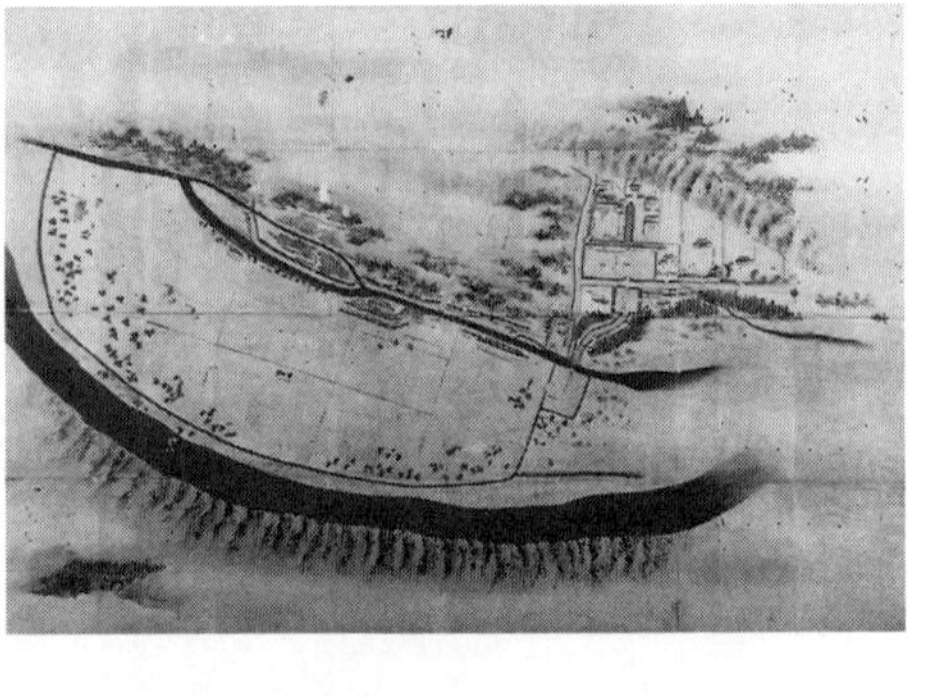
『講武場一郭御絵図』１８５６年以降（宮城県図書館蔵）
（『絵図・地図解説目録』宮城県図書館より）

れていることで分かる。『大明律』、『無冤録術（検屍法）』、『棠陰比事』などの法律や検死法などの書名が見える。この評定所に、先に紹介した岡蔵治が校正謄写した芦東山《あしとうざん》の法律書『無刑録』一八冊が寄贈された。この『無刑録』は、刑法に関する多くの資料を渉猟し、自らの意見を加えたもので、その書名の如く、刑罰は、刑罰を用いる必要の無い社会を作り出すことを期すべきである、という教育刑の先駆的思想が込められている。岡蔵治は芦東山とは縁続きで、母方の祖父である畑中荷沢は、芦東山の娘娖《さく》と結婚している。蔵治は、幽閉中の芦東山を預かって世話をした石母田《いしもだ》家所蔵の著者本人が浄書したこの大著を借りて。写本を作った。訓点や送りがなを付けたうえ、難解な文字に注釈を付けて一部を手元に残し、もう一部筆写して製本し、箱に収めて評定所に献上して常置本としたという。その信念と実践には感服するしかない。岡家に残った注釈付写本の『無刑録』は、蔵治の後を継いだ次男台輔から仙台上等裁判所在勤の県信輯《あがたのぶつぐ》判事に渡り、明治十（一八七七）年元老院より刊行されて、日本の近代刑法の誕生に重要な影響を与えたといわれる。岡蔵治は、やはり賞賛すべき人物である。

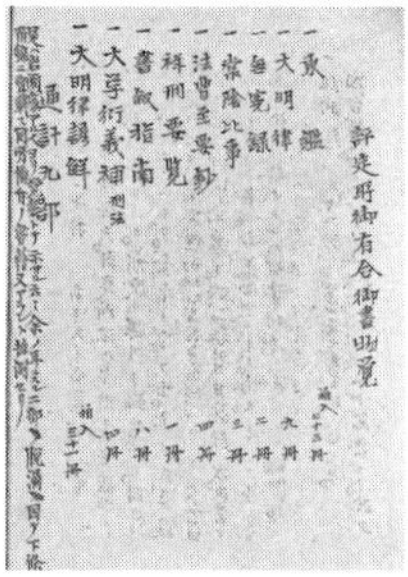
評定所御有合御書物覚
一 大明律
一 無冤録
一 棠陰比事
一 法曹至要抄
一 祥刑要覧
一 書札指南
一 大学衍義補
一 大明律講解

評定所御有合御書物覚

＊参考文献＝『医学校御蔵書目録本牒附評定所御備書籍共』飯川翏廓校注 1874（宮城県図書館蔵）

⑧ 龍宝寺の「法宝蔵文庫」「太守中将綱村君寄附龍宝寺」

龍宝寺は鎌倉時代の御家人伊達宗家初代の朝宗が、伊達家の祈願寺として常陸中村に開いた寺とされる。そのホームページによれば「龍宝寺は、常陸の国より　福島県　梁川、山形県　米沢、宮城県　岩出山と、伊達家と共に移動し、慶長三年（一五九八年）頃、初代仙台藩主伊達政宗公の仙台築城に伴って現在の地に移されました。藩政時代は城下最大の門前町を与えられ、龍宝寺に属していた寺院は約七〇ヶ寺という大寺院」であったという。

四代藩主伊達綱村は龍宝寺第二五世として僧実政を江戸から招いた。綱村は、特に清版の一切経を寄進し、一冊ごとにその背に「太守中将綱村君寄附龍宝寺」と墨書きさせたという。実政は仏籍を中心に、その他経史子集等合わせて一万六、四三三巻を江戸より運び、正徳四年（一七一四）

龍宝寺法宝蔵の経蔵内にあった正八角形の輪転書架。八壁には五段づつ計四〇の抽出が付けられ中に経典が収められた。文化八年十一月二十六日の「龍宝寺経蔵数調」によれば法宝蔵には、一切経三四〇帙、書籍六九五三冊あったという。（『本食い蟲五十年』より）

『無刑録』原本（芦東山記念館蔵）

芦東山肖像画

『無刑録』芦東山著　元老院版

（上３点とも『芦東山記念館』パンフレットより）

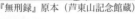

八角形の回転する輪蔵や法宝蔵を作ってこれに納めた。その際、書籍を永代寺のものにすること、住職の代わるたびに藩からお目付一人を立ち会わせて蔵書を引き継ぐこと、経蔵の維持、修理については藩の修理処の管理下におくことを願い出た。これに対し五代藩主吉村は、書籍の管理、即ち紙魚や鼠、黴からの保護と経蔵の補修を約束し、自ら「末代まで紛失無様に申付候」と書き送っている。

この約束は守られ、また藩士にも公開されたので城下の愛書家に喜ばれたという。文化八年（一八一一）の蔵書量は、一切経三四〇帙《ちつ》、書籍六、九五三冊である。仙台領内で最初に設けられた公開図書館といえる。『無刑録』を残した芦東山と『海国兵談』を著した林子平《はやししへい》はこの龍宝寺の「法宝蔵文庫」を利用したことで知られる。

芦東山は、陸奥国磐井郡東山渋民村（現一関市大東町）に元禄九年（一六九六）十一月二十三日に代々肝煎役《きもいりやく》を勤める家の次男として生まれた。幼い頃からその才能を見抜いた

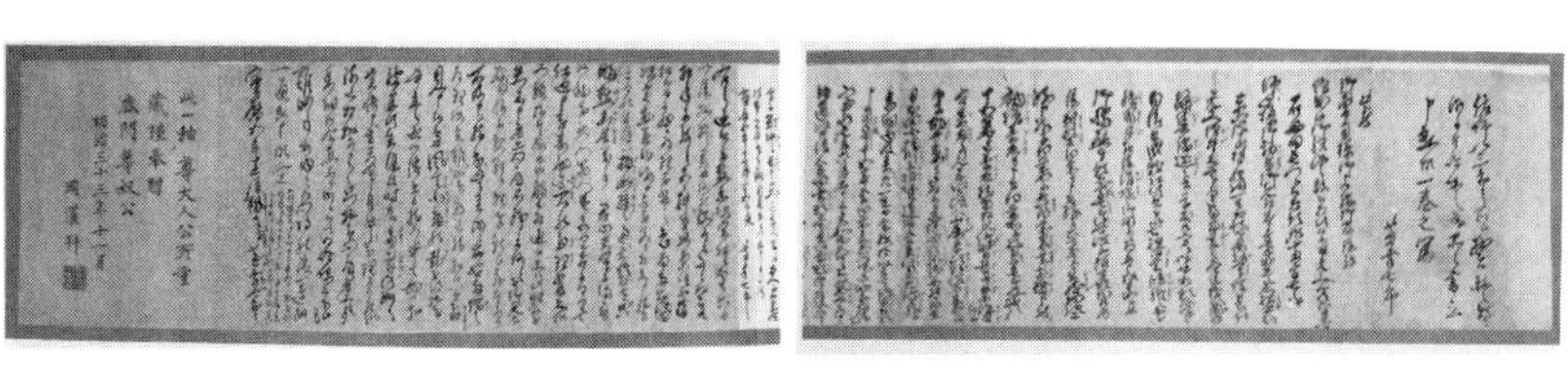

芦東山書簡『赦免嘆願書控』宝暦５年（古本倶楽部 別冊 12 より）

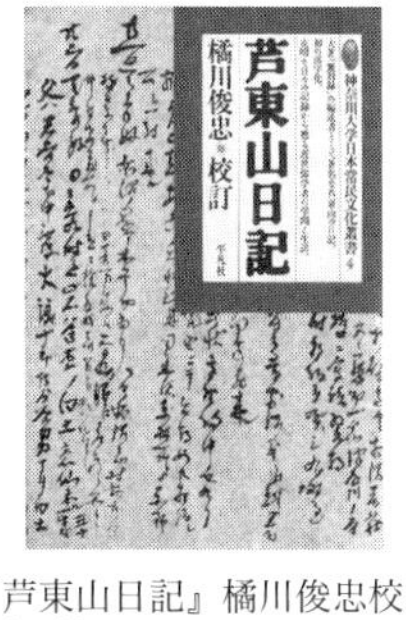

『芦東山日記』橘川俊忠校訂
平凡社　1998

芦東山記念館前に建つ記念碑
「刑は刑無きを期す」

祖父や住職の教育の結果、一五歳で仙台への留学を果たした東山は、順調に学業を伸ばし仙台藩の儒員、田辺希賢《たなべまれかた》の弟子になった。やがて番外侍に取り立てられると、二一歳の頃には京都への藩費留学を許されるほどになる。京都から戻って正式に儒員となった二七歳の東山は藩主吉村の江戸参勤に供して江戸に登り、幕府の儒官室鳩巣に入門した。さらに自分を取り立てた吉村に対し、「七ヶ条の上言」を作り、君主の在り方を忌憚なく提示するなど次第に剛直な性格を表し始める。二八歳の時には、高泉家の侍医であった飯塚葆庵《いいづかほうあん》の娘妱《ちょう》と結婚する。ちなみこの飯塚葆庵は青柳文庫書籍を献上した青柳文蔵が、父の命で最初に弟子入りした医者である。

この後も東山は、政治の在り方や学問所設立を巡って次々と上書を提出し、ことごとく拒否されている。ついに元文二年（一七三七）には〔学問所〕講堂序列に関する願書を出して、仙台藩により処罰された。元文三年（一七三八）から宝暦十一年（一七六一）までの二四年間（四二歳から六五歳）、五千石の重臣石母田家（加美郡宮崎〈現宮城県加美町〉及び栗原郡高清水〈現宮城県栗原市〉）に預けられ二四時間監視付きの幽閉生活を強いられたのである。筆墨の使用が認められると、すぐさま恩師室鳩巣《むろきゅうそう》に委嘱されていた『無刑録』執筆に取りかかり寛延元年（一七四八）第一次草稿を仕上げる。その二年後、藩*の管理下にある龍宝寺法宝蔵文庫貸出の願いが認められると、『龍宝寺書籍目録』を入手し、借り出した中国古代から明代に至る中国の古典から刑法思想に関する記述を抜き出し、自己の見解と批評を加えて宝暦五年（一七七五）『無刑録』一八巻を完成させた。

吉村は学文、才能の傑出している東山に対し、志をよせる藩士が出ることを恐れ、家督を譲った六代藩主宗村に対しても厳しく赦免を禁じ、重臣といえども赦免を申し出る者があれば、その者も処罰せよとまで言い置いたという。先に、芦東山の一人娘の婇《さく》*が、東山の教えを受けた畑中荷沢《はたなかかたく》（多沖、太沖とも）に嫁いだと述べた。婇《さく》は賢く、学問を好んで書も能くし、女流詩人として知られた才媛で、父のため度々「幽囚赦免願書」を差し出している。*その効もなく、二四年間の幽閉が解かれたのは、宝暦十一年（一七六一）七代藩主重村の婚礼の祝赦としてであり、東山六五歳の時であった。安永五年（一七七六）六月二日、八一歳の生涯を閉じた。

芦東山が終生望んだ『無刑録』の出版は、さらに没後一〇〇年近くまで待たなければならなかった。江戸幕府は刑法の私撰を禁じていたこともあり、稿本は秘蔵され、写本の伝来も非常に少ない。その中で岡蔵治の写本作成と評定所献呈

＊出典＝『「龍宝寺書物借用之願相済候」寛延3年11月11日（東山55歳）（『芦東山日記』より）

＊畑中荷沢と妻婇《さく》の墓碑（仙台市、江巌寺）。婇が明和六年十一月十一日に亡くなると三歳年上の荷沢（盛雄）は夫婦塚を作った。「滄海院百川道朝居士」（荷沢）「心鏡明園信女」（婇）の法名が並び刻まれている。側面には「芦幸七郎女婇享年三十三歳」とある。荷沢はその後六十四歳まで生きた。

＊赦免願書＝「芦婇《さく》女願書」（『諸臣上疏』若林友輔自筆　天保5に収録）

は、実に勇気の要ることと言わなければならない。

芦東山の女婿である畑中荷沢（盛雄《もりかつ》）は、林子平＊（元文三年生）（一七三八）及びその実父林笠翁《はやしりゅうおう》（岡村良通）（一七〇〇〜一七六七）と交流があった。林笠翁は、徳川氏の御書物奉行を勤めたこともあり、博識で知られた学者肌の人物。同僚への殺傷事件を起こし、家族を開業医をしていた弟の林従吾に預けて、江戸から逃亡、従吾は兄の子ども五人を引き取り育てるのである。子平の姉が仙台藩六代藩主伊達宗村の側室となった縁で、養父従吾は仙台藩医に取り立てられる。養父の死後その封を嗣いだ子平の兄嘉膳は子平達を連れて仙台に移り住み、父笠翁も諸国を遍歴した後に、家族とともに仙台に落ち着いた。

笠翁の著述を助け、親子ほど年の離れた友として支えたのが仙台藩の漢学・国学者畑中荷沢であったといわれる。当時六〇代の笠翁は、まだ三〇代前半の荷沢を評して「仙台にての親友なり。文章詩歌を能くす。博く和漢の書に達せり」と書いている。荷沢の父の畑中淡也（健徳）は国学と連歌をもって六代藩主伊達宗村に仕えた。父の教育と宗村の庇護の元に麒麟児と賞される程の才能を見せた荷

林子平像（仙台市勾当台公園）

＊仙台市、龍雲院の六角堂にある旅装の林子平座像（翁朝盛造）

沢は、わずか一三歳で藩の漢学者とともに伊達家御書物を納めた城中秘庫の利用を許されたという。この荷沢の最初の妻である東山の娘娖《さく》は三三歳で死去。荷沢の後室となった千代との間に設けた娘清《きよ》の長男が岡蔵治なのである。かくて書籍愛、文庫活用、好学の風は、師弟、血脈の絆を辿り、芦東山、畑中荷沢、岡蔵治と連鎖し、法宝蔵文庫、伊達家御文庫、青柳文庫と江戸の図書館を存分に活用した学術成果を誕生させたのである。

荷沢の友人、林子平もまた、龍宝寺の「法宝蔵文庫」を活用し、独自の発想に基づく、政治や教育の改革案を「上書」として仙台藩に提出し、世に送り出した人物である。そして、天明六（一七八六）年、軍事上、近隣国の地理を知ることの重要性を訴え『三国通覧図説』を、また天明七年（一七八七）〜寛政三年（一七九一）海防の必要性を説く『海国兵談』を発刊する。これが、寛政の改革にともなう、出版統制令に触れた。子平は、幕府による江戸への召還と取り調べの後、寛政四年五月、仙台藩藩医であった兄嘉善の元での蟄居を命じられ、書籍は発売禁止となり、板木も没収されたのである。子平が警鐘を鳴らしたとおり、ロシア使節ラクスマンが漂流船員大黒屋光太夫らを送還のため根室に入港したのは、その僅か四ヶ月後であった。獄中の寒傷のため体調を崩し、仙台へ返送され

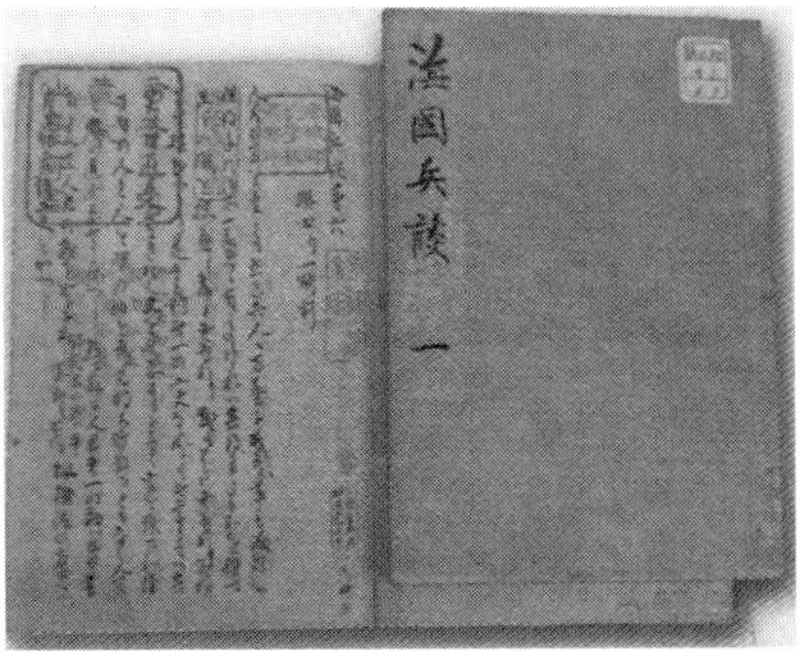

『海国兵談』林子平著（青柳文庫）（『ことばのうみ』No.23宮城県図書館より）

た子平は、寛政五年（一七九三）六月二十一日、五六年の生涯を閉じる。

芦東山の二四年間の幽閉は、不自由とはいえ職務や雑事に妨げられることなく「法宝蔵文庫」を縦横に活用しながら『無刑録』著述に専念する生活をもたらした。しかし、林子平の場合、「無禄厄介」の身分のまま、新しい知識やまだ見ぬ書籍を求めて日本中、遊歴を続けた根っからの自由人にとって蟄居生活はさぞ辛いものだったろうと思う。林子平の辞世*「親もなし　妻も子もなし板もなし　金もなければ死にたくもなし」に由来する六無斎という自虐的な「号」はあまりにも有名だ。

江戸町奉行遠山景元（いわゆる遠山の金さん）による赦免の知らせは死後四八年後の天保十二年（一八四一）六月のことだった。死後八九年たった明治十五年（一八八二）に官位正五位が贈られ、大正十一年（一九二二）には官位正四位が追贈されたというが、それが何だというのか。処罰は本当に避けられなかったのか。

ここで解けない疑問が一つある。寛政の改革を松平定信の右腕として実行したのは、あの若年寄堀田正敦である。しかし個人としては『海国兵談』の出版を密かに支援していた。林子平が藤田祐甫《ふじたゆうほ》に宛てた次のような悲壮な手紙も残っている。

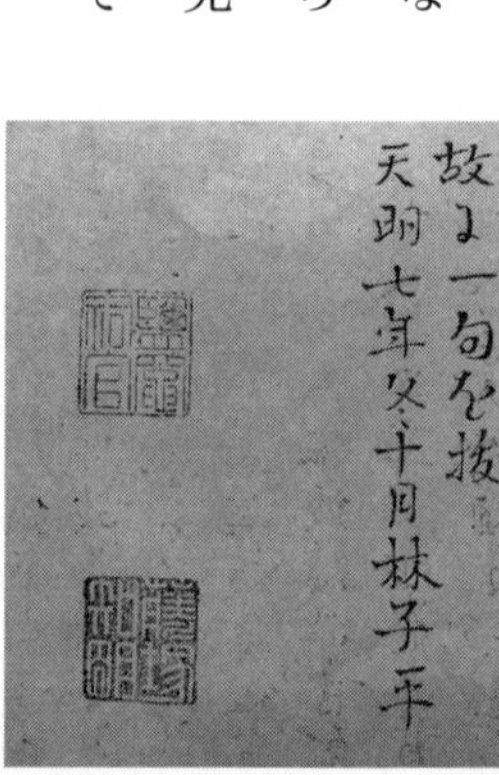
『海国兵談』林子平著（藤塚知明旧蔵自跋末尾）

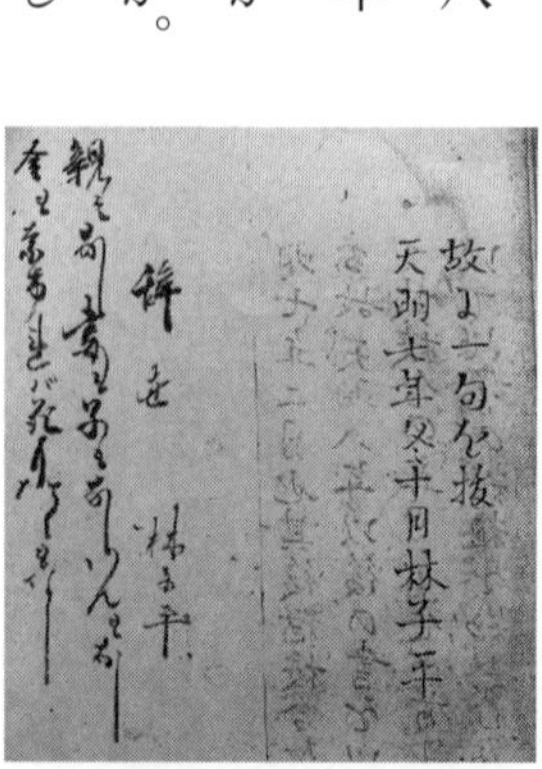
『海国兵談』林子平著（藤塚知明旧蔵自跋末尾、辞世歌の付箋紙貼付）

昨今までは堀田摂津守殿始め其の外工藤平助桑原隆朝越後井伊家の家士抔より、少々助成送来り候間、どうかこうか取つづき彫居候処、其後何方よりも勧化入金不来小生自力の働きも尽き果て候て、先月末より彫刻相休み罷在候

堀田正敦は、ロシアによる南下政策や北方からの侵略に対する防備の必要を知り、北海道の実地検分も行った当人である。なぜ林子平を助けなかったのか。子平の姉、なおは一二歳で伊達吉村の侍女となり、見初められて六代藩主伊達宗村の側室に抜擢された。宗村の八男である堀田正敦からすれば、林子平は、父親の側室の弟という立場だ。『海国兵談』の示した警告の意味と正当性を誰よりも深く理解したのも、処罰を回避させる力を持っていたのも堀田正敦のはずである。その心理と行動はいくら考えても不可解で、林子平の非凡な才能とその最後を思う時、無念の思いに駆られるのである。提言内容には賛同しても、在野の人間による公刊という公開型の政治批判は、見逃すことができない、その見せしめだったのだろうか。

龍宝寺は、明治になって廃藩と廃仏毀釈のあおりを受けて一時衰退し、蔵書

＊人口に膾炙する辞世は「親も無し妻無し子無し板木無し　金も無ければ死にたくも無し」（多少の異同あり）であるが、ここでは藤塚知明蔵書に貼られた付箋に基づいた。

＊仙台市、龍雲院の林子平墓碑　中央に「六無齋友直居士」右に「寛政五癸丑歳六月廿一」左に「行年五拾六歳」とある。墓は赦免通知の翌年の天保十三年（１８４２）、甥の林珍平によって建てられた。

の大半は散逸した。寺は再興したものの「法宝蔵」の建物は昭和十四年火災にあって焼失して今は礎石が残るだけである。今から三五年前龍宝寺を訪れたことがある。建て替えられた蔵の中で焼け残った四〇〇冊ほどの書籍を見せてもらった。焦げ跡の残る書籍もある中に「太守中将綱村君寄附龍宝寺」と墨書のある書籍を確認することができた。

⑨ 藤塚知明の「名山蔵文庫」

「名山蔵蔵書印」「不出鹽竈山外」「不借不鬻《ふしゃくふしゅく》」

庶民の教育施設である寺子屋が奨励され、識字率が急速に高まるとともに貸本屋も各地に現れるようになった。神社の祢宜や寺の僧侶、町人、豪農の中にも、学問を好み蔵書を蓄積して同好の士に貸与する者も出てくる。その代表として紹介したいのが、塩竈神社祀官藤塚知明《ふじつかともあき》が個人蔵書を基に設立した「名山蔵文庫」である。

養賢堂文庫ができた翌年、安永九年（一七八〇）「名山蔵文庫」が塩竈神社裏坂の鳥居前に建てられた。佐沢廣臣《さざわひろおみ》氏が宮城県図書館に寄贈した『名山蔵書目録』は知明の四男知能《ともよし》（東郷）が編纂している。それによれば、漢籍、医学本草書、

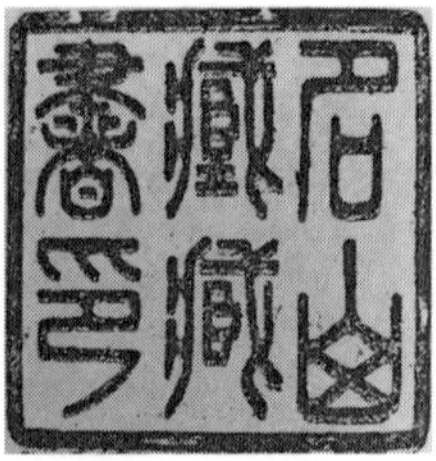

蔵書印「名山蔵蔵書印」

蔵書印「不出鹽竈山外」

蔵書印「不借不鬻」（借りない売らない又は貸さないの意）

（三印とも宮城県図書館 小西文庫より）

＊出典＝「藤塚知明旧蔵の西洋奇図について」松田清著（『仙台市博物館調査研究報告』第35号　2015）

仏典、神道書、和学書など多様な書籍が見られるが、他にも多くの洋学関係資料を確認することができる。* 冊数にすれば、一、七八四部、六、二六八冊の蔵書量で、巻数なら一万巻をゆうに超えると思われる。序文にいう「万巻五車」という表現も誇張ではないだろう。西に木村蒹葭堂《きむらけんかどう》東に藤塚知明といわれるほどの、書籍と珍品奇物の蒐集家だった。蒹葭堂と藤塚は互いに著作を贈り合って交流を深めたという。

　松平定信も毎年塩竈神社に代参を派遣し、藤塚知明とは古物や画幅を通した風雅の交わりを楽しんだ。知明は寛政二年（一七九〇）芦東山『無刑録』の写本を定信に贈っている。これは現在三重県立図書館に残っている。定信は寛政六年（一七九四）八月、家臣の鵜飼貴重と絵師の谷文晁《たにぶんちょう》を派遣し、それに対して知明は松島で月見の宴を設け、笙、横笛、ひちりきの演奏でもてなした。

　この二つの出来事の間に、知明の親友林子平が、幕府から譴責《けんせき》と蟄居命令を受けて、亡くなっているのである。先に述べた林子平と堀田正敦についての疑問と、似たような疑問がわく。藤塚知明はいったいどんな思いで定信との交遊を続けたのか。

　ここで、もう一度林子平について語りたい。林子平は不思議な人物でカリス

塩竈神社裏坂にあった「名山蔵文庫」『奥州名所図会』より（宮城県図書館蔵）

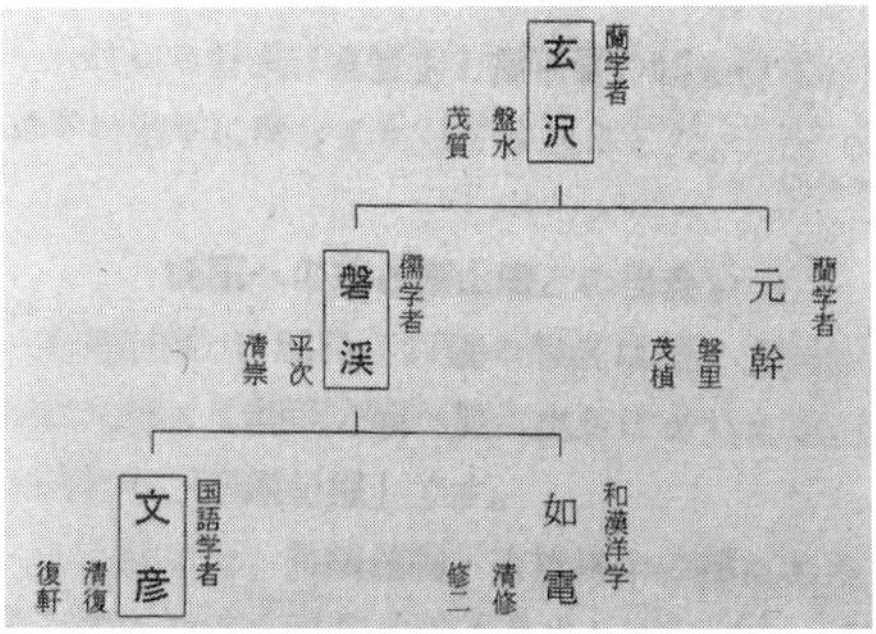

大槻家家系
（『大槻三賢人大槻磐渓の巻』阿曽沼要著より）

マ的に人を魅了し、その著作は熱狂的なファンを生むようなのである。

まず、大槻盤渓、如電、文彦の大槻一家では、心酔のあまり、自筆文字があればたとえ二、三行の断簡でも入手したがったと伝えられている。青柳文蔵も林子平の書籍を求めて探索したらしく、『海国兵談』『三国通覧図説』と、これと別に付図一枚『数国接壌小図』及び『友千鳥』を入手している。他にも林子平自筆による手写本『冬夜雑録』（青木昆陽著）も集めた。当時の発禁と板木の棄損を考えれば、かなり入手に努力したことが推察できる。

実は、青柳文蔵の文庫献呈と公共貸出の、発想の元になったのも、林子平の『海国兵談』に掲載されている「文武兼備大学校之図」及びジュリオ・アレーニ（中国名艾儒略）著『職方外記《しょくほうがいき》』の中の「文庫」像ではなかったのかと考えている。「職方外記」は寛政の頃禁書に指定され入手困難のはずだが、これも文蔵はしっかり手に入れている。『職方外記』には「図書館（書院）には数十万冊をつむが、一字も人心を惑わし、風俗を敗るものはない。都市にはだいだい官設の図書館があり、書籍をあつめている。毎日二度門をひらき、はいって筆写や朗読をゆるし」と、官設図書館の存在が記されているのである。

『海国兵談』の「文武兼備大学校之図」の中の文庫は約一六〇〇坪で、中に日

『大航海時代の地球見聞録 通解「職方外記」』齊藤正高訳注解説 原書房 2017

本書、蛮書（洋書）、唐の書、軍書、神書、仏書、仮名文、絵図物を配架し、壁際には蘭学、中国語会話、学塾、静座の教場が並ぶ設計で、校舎のほぼ中央寄りに位置している。

戦後焼け跡に建った宮城県図書館の門前の掲示板には常に、「読書は万能の基　林子平」と書いてあったという。これは林子平の「学則二‐三」にある言葉である。また教育制度を論じた「学制」では次のように提案する。

「ただ博く書を読み候て和漢古今の治乱興廃損益得失を知り候えば、自然と才智は生じ候ものに御座候。然る故に学校所に書籍を夥しく入置き候て人を入らませ読書仕らせ候事、学制の主意にて御座候」

「四方百間位の屋敷を相立られ候て、その中に御文庫を作り、傍に役所を相立られ候て御役人を相附られ、また右の役所の脇に、六七十間の長屋二通り計り、相立られ候て、　是を一間程づつにしきり置候て、書生の読書部屋と成置る可候」

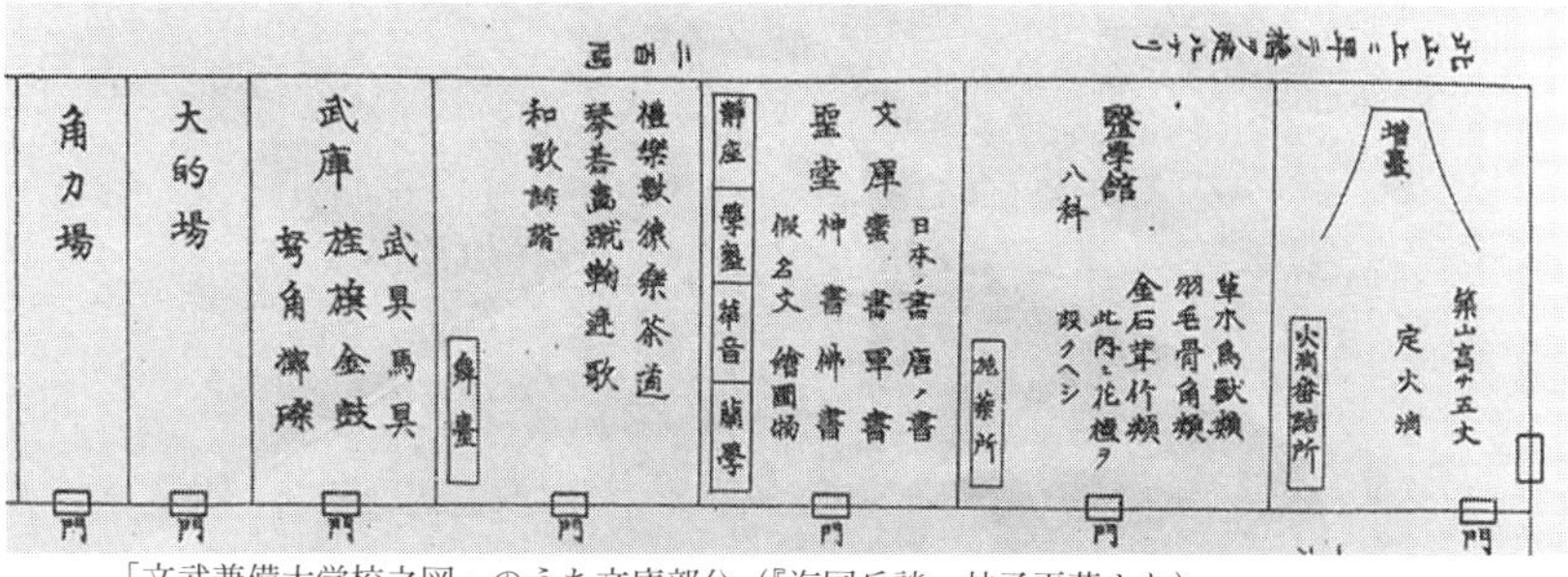

「文武兼備大学校之図」のうち文庫部分（『海国兵談』林子平著より）

百間四方といったら建坪一万坪の巨大な文庫、いやもはや近代図書館の規模である。中の蔵書も和漢の歴々たる書は勿論、近来の小説物、通俗物、軍談物まで取り揃え、龍宝寺の書籍も召し上げて学校蔵書とすること、その資金は町人百姓までも一人四〜五銭を課し学校造営と書籍購入にあてればよい*。また今のように儒官が四書、小学、近思録などを一〜二枚ずつ講釈するばかりでは、何の役にも立たない、読書による独学こそが学問の益になると主張する、独特な学制改革論であった。

江戸中期以降、従来の師匠から弟子への伝授に代わって、藩の学問所の中で、学統・学派系列で知識が継承されることが多くなった。和漢洋全分野の大規模な蔵書を用意し「書を読み候て和漢古今の治乱興廃損益得失を知り候えば」学問の幅も奥行きも広がるだろう。しかし朱子学で凝り固まった講師陣から、旧態依然とした『四書』講釈を聞くばかりでは、林子平のいうとおり、世に出て役に立つは

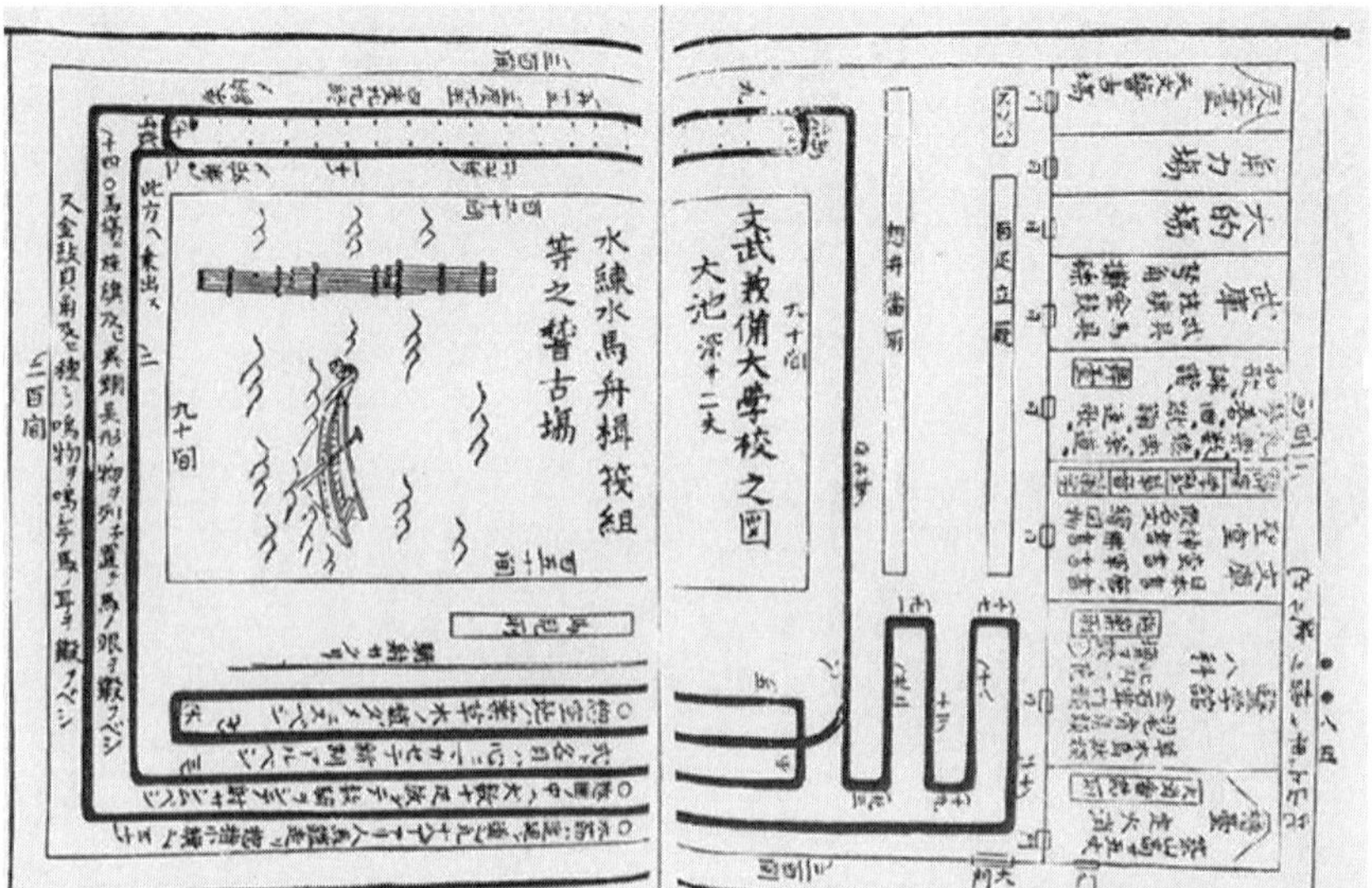

「『海国兵談』の「文武兼備大学校之図」 三百間×二百間の広大な敷地を想定

ずがない。さらに出版物の生産と流通体制が整うにつれ、そうした権威とは関係なく、純粋に学問に触れたいと願う豊かな町民や郷士層は、書籍に知識を求めるようになるのは当然だ。多様な出版物や写本に「師」を求め得る時代になったのである。子平の学制案は今でも古びていない。

岡蔵治の家にも『海国兵談』の貴重な寛政三年版を所蔵していたといい（火災にあったと聞く）、『子平雑記』や『子平遺事』など、次男台輔の編集著作物は、今も仙台市民図書館に多数残されている。地理学者の鮎沢信太郎も「北辺の急を論じ、遂に処罰された林子平に人は限りなき尊敬を感ずるであろう」とか「我国が世界の新情勢に対して処する道を求めて、全身の熱情を傾けた日本男子である。この尊き先輩」と学者らしからぬ絶賛表現である。

また、昔からやたらと著作や手紙の贋作が多いのも、人気があって高額で取引される故だと思われる。今でも神田の古本市カタログでまれに林子平の阿蘭陀船の版画などがでると、一、〇〇〇万円近い価格で取引されていてびっくりさせられる。江戸時代『海国兵談』の写本は大量に作成されたらしい。印刷本が発禁となっても残るべきものは残るのだ。

林子平は、仙台藩の禄を辞して自由を確保し、行動も融通無碍、長崎を三度も

＊出典＝「学政の事」（『六無斎全書』第二編上）

『阿蘭陀人宴会図』林子平自筆絵画
（宮城県図書館蔵）

訪れ阿蘭陀通詞たちと親しく交わった。江戸に三年滞在して『解体新書』の翻訳に関わる蘭学者達や桂川甫周《かつらがわほしゅう》と森島中良《もりしまちゅうりょう》の兄弟、仙台藩医工藤平助らと交遊の幅を広げている。寛政の改革の主唱者、松平定信に面会を求めて海防を熱心に説いたことさえある。定信は隠居した後も、子平の提唱した江戸湾に砲台を設置して江戸の防備を図る考えを気にかけ続けた。為政者というのは、文筆の圧倒的な力で心を掴み、信奉者を作り出す可能性のある人物の危険性をいち早く察知し、排除するものなのだろうか。

「名山蔵文庫」を設立した藤塚知明（一七三八〜一八〇〇）は林子平（一七三八〜一七九三）と同年齢、四歳年上の畑中荷沢（一七三四〜一七九七）と工藤平助（一七三四〜一八〇〇）も同年齢、この四人の同時代人は、時代の枠、学問分野の境界、領国の範囲に留まらないスケールの大きな生き方を見せた。林子平が国内を周遊して江戸に戻ると、必ず兄事する工藤平助の家に宿泊し共に天下の形勢を論じたといわれる。* 工藤平助も、時には筆禍の危惧のあることを諭しながらも、出版費用を援助し『海国兵談』に序文を寄せている

林子平は、藤塚知明の依頼と資金の援助を受けながら日本各地から貴重な和漢書や洋学書を持ち帰り、西洋や中国の珍しい器物や絵画を買って帰って、コレ

林子平『阿蘭陀船図説』

林子平解説天明２年版『紅毛船図』

*出典＝『只野真葛』中山栄子著 丸善仙台支店 1936

の書籍、四、四三七部、三万二、〇二一冊の数量が明治期作成の『伊達家蔵書目録』に収録されている。藩政時代に作られた目録は見つかっていない。蔵書印も全蔵書に共通のものはなく、歴代藩主も基本的に自分の蔵書印を捺すことはなかった。例外は、五代藩主吉村で、「璧《へき》」という菱形陰刻の朱印記は、伊達文庫中の一四一点の書籍にみることができるという。そのうち一〇八点が歌書で、歴代藩主の中でも歌集や歌文の著作が最も多い吉村、さすが歌人藩主といわれるだけある。「伊達伯観瀾閣図書印」、「伊達氏伯家蔵宝書」、「伊達邦宗蔵書」、「伊達氏松洲書屋図書之印」等の蔵書印はすべて明治以降作成されたものである。

書庫の管理については「御書物番」を置き藩主身辺の用向きを司る小姓組などが兼務したという。

明治二十九（一八九六）年九月二十日、仙台藩士有志が「仙台文庫」という会員制図書館（始め有料後に無料）を仙台市東三番丁五五番地に開館するにあたって、伊達家は、東京大井の旧江戸藩邸から選別した和漢書二、七〇〇余部二万二、五〇〇余冊を貨車を貸切って輸送し「仙台文庫」に寄託してその活動を支援した。「仙台文庫」が明治三十七（一九〇四）年十一月に閉館されると寄託図書は伊達家へ返却されたが、会員の持ち寄った図書も、個別に返却を求められ

伊達吉村蔵書印　「璧」

「伊達伯観瀾閣圖書印」
観瀾閣は伊達家の堂号

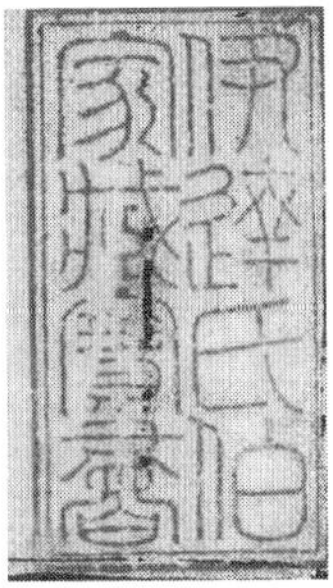

「伊達氏伯家蔵寶書」

た場合を除き、全て仙台一本杉伊達邸に一緒に収められたのである。

東京大井邸に残した貴重書については、伊達家が開催した大正五年（一九一六）五月、六月の二度に亘る大名道具の入札会で売りに出された。その目録には紀貫之『寸松庵色紙』や藤原公任《ふじわらきんとう》撰の『和漢朗詠集』の書名も見え、現在天理図書館で所蔵する全文藤原定家自筆『古今和歌集』など多数の貴重書がこの時市中に流れたといわれる。この『古今集』には一つの逸話が残されている。元和元年（一六一五）政宗は徳川家康を訪ねて藤原定家自筆の『古今和歌集』を自慢気に披露し、「お気に召したなら差し上げよう」と言ったところ「いや陸奥守（政宗）秘蔵の書なれば」と返却したという。大変な読書好きとして知られる家康と政宗らしい、双方のプライドの感じられる話である。幕府や禁中、公家、諸侯との社交上の贈答品にも貴重な書籍は使われた。

藩政時代の藩主文庫の全貌は推測の域を出ないが、部数八、二五〇部ともいわれ、冊数は六万冊を下らないのではないかと思われる。現在宮城県図書館の伊達文庫は、四、一七〇点、二九、六八一冊を数える。

かつて学校というのは、大学から始まって、次に高等学校、中学校、小学校、最後に幼稚園というように、高等教育から幼年教育に向かって発達したという話

「伊達邦宗蔵書」

「伊達氏松洲書屋圖書印」

「仙臺文庫」蔵書印

を聞いて本当に驚いた。逆の順だとばかり思っていたのだ。小学校を卒業してもなお、引き続き学習したい人のために中学校を、中学校卒業後の進学先として高校ができたというように。図書館もしかりである。最初は王様や皇帝のため、次に貴族や将軍のため、そして武士、僧侶、神官、学者のため。庶民が自由に貸出や閲覧のできる図書館は、洋の東西を問わず、なかなか実現できなかった。

近代図書館の提言者、市川清流は、身分を書く必要のあるときは必ず、「平民」と書いた。誰でも利用できる図書館、「青柳文庫」の設立のきっかけを作った青柳文蔵は、「商人」である。「名山蔵文庫」の藤塚知明は、「大須浜（現石巻市雄勝町）漁夫の家に生る」と墓碑文にある。後藤純郎は「市川清流の生涯」の中で次のようにいう。

〔市川清流が〕「寒生（貧乏な書生）をして珍書を観ることを得し」められたいと、建白書をたてまつる精神には「われこそは貧乏書生の総代である」という自負と心意気が感じられる

青柳文蔵もまた、「読書は貧なくんば得べからず」として、仙台藩への願書の

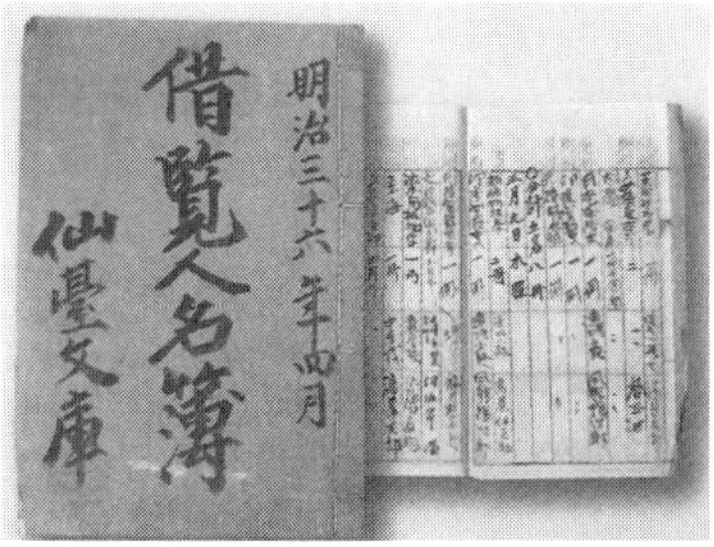

仙台文庫借覧人名簿　明治36年4月
(『ことばのうみ』No.26　宮城県図書館より)
(宮城県図書館)

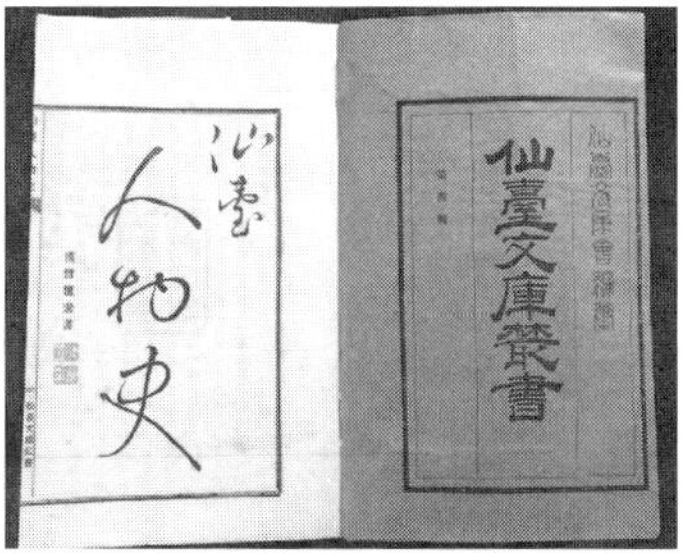

『仙台文庫叢書』仙台文庫会は出版活動も行った（著者蔵）

中で「書生貧窮の者御扶助」を強調し、学問の志ある者へは、遠近の差別無く書籍を貸し遣わし、読ましめたき存意であると訴えている。

貧ながら読書を渇望したことがなければ、誰でも利用できる図書館の発想は生まれない。「建白書」や「願書」を受け取る側の決断を、最後まで辛抱強く迫り続けて、はじめて公共図書館は誕生するのである。

「仙臺文庫會出版章」印

江戸時代の図書館物語、どのように感じただろうか。書籍を生産する人、それを集めて蓄積し、目録作成によって組織化する人、目録を利用して必要な書籍を借りて読む人。読書によって学問を深め新しい著作を生み出す人。正確な写本を作る人、出版する人、現代と代わらぬ読書の連環を読み取って頂けただろうか。時代を突き抜ける全く新しい著作を生み出す人間の粘り強い努力と、時代に合わない故の孤独で辛い生涯が、現在の私たちに届けてくれた唯一無二の著作の数々。もしかしたらその時代の生み出した書籍の数%でしかないかもしれないが、次世代、いや数百年後の世代に手渡す、図書館司書という仕事、なかなか良いと改めて思う。

コラム　レファレンスは毎日が謎解き〈二〉

〈レファレンスは楽しい〉

Q　明治から大正へ、大正から昭和へ元号が改まった時に同じ日のうちに変わったと記憶しているが、平成に改元された時には翌日からだった。なぜか。

＊　＊　＊

質問者は三回の改元に立ち会われたかと思われるかなり御高齢の方だった。私にとって、改元が翌日からというのは、当たり前すぎて思いもつかない疑問なのでびっくりした。

蔵書検索端末の書名検索を試み、元号に関する二二冊の著作を見つける。その中から『元号事典』*によって、大正改元と昭和改元の時の根拠となった規定は、明治四十二年制定された旧登極令「第二条　天皇践祚ノ後ハ直ニ元号ヲ改ム　元号ハ枢密顧問ニ諮洵シタル後之ヲ勅定ス　第三条　元号ハ詔書ヲ以て之ヲ公布ス」であったことを知る。

践祚《せんそ》とは皇太子が天皇の地位を受け継ぐことで、先代天皇のご逝去当日に

＊『元号事典』改訂新版　池田政弘著　東京美術　1989

新元号をスタートさせる「一日二元号」となった理由が、これである。

平成改元時の規定は昭和五十四年六月十二日に制定された「元号法」である。それは「一　元号は、政令で　定める。二　元号は、皇位の継承があった場合に限り改める。」という簡単なもの。新元号の施行時期については政令によって自由に定めていいことになったのである。

さてその政令は『ドキュメント新元号平成』*に次のようにある。

「元号を平成に改める。附則　この政令は、公布の日の翌日から施行する。」

この政令に全閣僚が署名し、公布されたのが昭和六十四年一月七日つまりご逝去当日であった。そしてその翌日午前〇時〇分から新元号が使われたという次第である。なお「公布の日」とは、官報号外を発行し、東京都官報販売所において購読可能となった日のことである。この調査の過程で明治以前は踰年《ゆねん》改元（年をこえての改元）があったこと、また今回の改元でも、踰年または踰月という発想がなかった訳ではないことも知り得た。ちなみに明治改元*は先代孝明天皇逝去の一年九ヶ月後だったという。

不思議に思ったことを解決したいという思い、図書館へ行って尋ねようと足を運んだ行動力に感じ入った。

＊『ドキュメント新元号平成』毎日新聞政治部著　角川書店　1988

＊孝明天皇の逝去はグレゴリオ暦で1867年1月30日、明治改元は1868年10月23日

第三章

稿本という夢の形

「工藤真葛前妻ノ子ヲ教育スル図」

（三好清篤著『修身図鑑下』より）（仙台市博物館蔵）

第一節　埋もれた稿本

いまどき、電子ブックであれば、簡単に作成できるアプリケーションソフトは、グーグルや、アマゾン、アップルなどに用意されているし、成果を公開するのもさほど難しくない。小説や漫画、イラストの投稿サイトも一〇〇サイト以上と活況を極めている。中には無料で投稿したり、無料や有料で読んだりできる、作品数が八〇万作品の巨大サイトや、月間訪問推定数が三億人近い（二〇二〇年十一月）（https://monogatari.movie/　accessed:2021/1/27）人気サイトもある。従来の書籍出版社からの刊行と違う、これらの共通点は、編集者が存在しないという点だという気がする。これは作家にとっても読者にとっても何か問題はないのだろうか。

松本清張の担当編集者のお話を聞く機会があった。「処女作は作家が書き、出世作は編集者が書かせる」という言葉があると聞いて、とても納得した。伊坂幸太郎が最後の受賞者となった「新潮ミステリー倶楽部賞」の対象作品『オーデュボンの祈り』などは、平成十二年（二〇〇〇）新潮社からデビュー作として発刊

＊『オーデュボンの祈り』伊坂幸太郎著　新潮社刊　2000

された際、選考時と比べて、その改作による量的変化に驚いたものである。かなり選評や編集者の意向が感じられた。桐野夏生も自分と担当編集者とのすさまじい戦いぶりを、悔しさとともに赤裸々に綴っている。作家として成熟しながら多くの作品を重ねていくために、優れた編集者との出会いが必須であることは、河出書房の伝説の編集者坂本一亀の伝記*や、名編集者たちに関する著作*を読むとよくわかる。

住野よる著『君の膵臓をたべたい』*のように投稿サイトから見いだされて、出版化や映画化に進む幸運な作品もあるが、それはほんの一握り。大多数の作品は、書き手が読み手を直接探す玉石混淆の砂場の砂のようなものだ。歳月に埋もれた古い家屋の、押し入れの中に残された草稿と同じである。目利きの編集者が玉石混淆の中の玉をしっかり拾い上げて磨き込み、書籍に仕立て、出版する。それを何度も繰り返しながら、作家の成長を見届けるという役割は、今のデジタル時代でも変わらないはずである。

江戸時代、一生懸命書き綴った草稿を出版物として世に出すことは非常に難しかった。図書館では稿本と呼ぶことが多い。稿本とは何か。『日本古典書誌学辞典』には「下書き、草稿のこと。また、印刷するときのもととなる本のこと。原稿本、

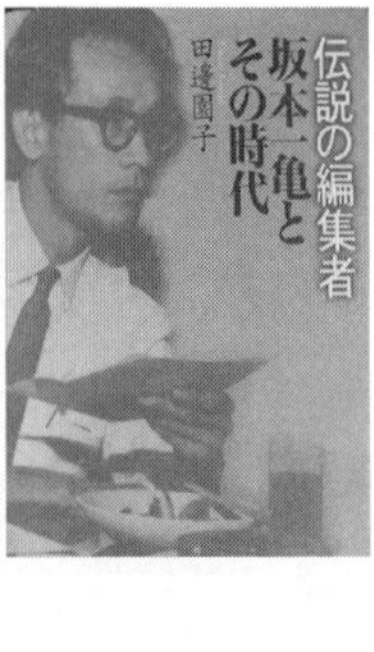

*『坂本一亀とその時代』田邊園子著
作品社　２００３

*『戦後名編集者列伝』櫻井秀勲著
編書房　２００３

*『君の膵臓をたべたい』住野よる著
双葉社　２０１５

草本などもいう」とある。図書館短大別科時代の恩師、長澤《ながさわ》規矩也《きくや》*先生は『書誌学序説』で「編著者の草稿のままの内容を有するもの、即ち稿本（藁本・草稿本・草本）はその書の成立をうかがうべき資料として尊ばれる」と書き、また「そのテキストに刊本があるかいなかによって、已刻稿本か、未刻稿本とに分けることもできる」と続けた。

余談だが、長澤規矩也先生は着物道楽で、いつも普段着のお洒落な紬の着物姿で授業を行った。羽織と袴を附けることもあったし、毎回、今日はどんな着物を選んだのかと、楽しみにしていた。風呂敷包みをほどくと、中から自宅から運んできた古典籍の本が出てきてお話が始まる。いわゆる〝乗り鉄〟で昔の鉄道の話に脱線することも度々で、そうなると、なかなか本線に戻らなかった記憶がある。

この章で扱うのは、出版を志して著者自身が書き記した原稿本であり、かつ未刻のまま現在に至る稿本、または出版までに要した年月が一五〇年以上かかった稿本である。つまり出版すべき書籍としての理解と採択が、困難を極めた著作ということになる。

*長澤規矩也（1902-1980）＝書誌学者、中国文学者。第一高等学校、法政大学教授等を務めた。『新選漢和辞典』を編纂し「長澤漢和」とも呼ばれる

第二節　書き上げてから一七六年後に出版された只野真葛の『独考』

誰もが知っている女性の文学者といえば、紫式部、清少納言、樋口一葉、与謝野晶子と並べても異論は出ないだろう。しかし江戸時代から選ぶとなると、戸惑いを覚える人が多いはずである。江戸後期を代表する小説家滝沢馬琴から「紫女清氏にも立ちまさりて」つまり紫式部や清少納言にも匹敵すると、賞された女性がいたことを知っている人はどれ程いるだろうか。筆名を只野真葛《ただのまくず》というその女性と著作『独考《ひとりかんがえ》』を、最初に認めて歴史に名を留めたのも馬琴なら、また、徹底的に攻撃して「高慢の鼻をひしげ」ようと二〇日間費やした反駁書『独考論』を書き送り、出版の夢を潰して黙らせたのも同じ馬琴である。

真葛は、江戸時代に生きた女性の生活の証言者として明治以降、女性史研究の対象にされてきた。しかし今世紀に入って、真葛は江戸時代の思想史を論評する際に、採り上げられるようになった。山片蟠桃《やまがたばんとう》、渡辺崋山《わたなべかざん》、本多利明《ほんだとしあき》、高野長英《たかのちょうえい》らと肩を並べ得る唯一の女性思想家とみなされている。

「工藤真葛前妻ノ子ヲ教育スル図」（三好清篤著『修身図鑑下』より）
（斎藤報恩会旧蔵）

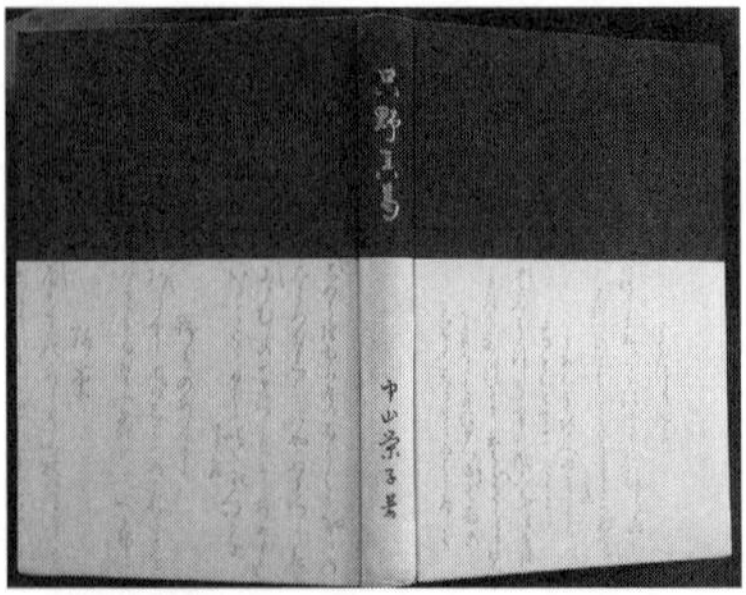

『只野真葛』中山栄子著　中山栄子発行　1936・9　昭和11

二〇一三年六月『只野真葛論：男のように考える女』が刊行された。「男のように考える女」という副題は、馬琴の真葛への書状に書かれた「誠に君は女にして男だましいましますなるべし」という言葉に由来する。「男の魂を持つ女」それが馬琴の最上級のほめ言葉なのである。著者はベティーナ・グラムリヒ＝オカで、上野未央訳、発行は岩田書院である。その翻訳の原本は、ブリル社から二〇〇六年に刊行された次の書籍である。

Thinking like a man : Tadano Makuzu（1763–1825） by Bettina Gramlich-Oka Brill 2006 Brill's Japanese studies library〟 v. 24

このような本格的な只野真葛研究が英語圏で急速に増えたのは、二〇〇一年上智大学の『MONUMENTA NIPPONICA』（日本文化誌叢）五六（一、二）に、只野真葛著『独考』の英文翻訳、〝Solitary Thoughts〟が初めて掲載されて以降である。さらにまた、この翻訳が可能になったのは、鈴木よね子校訂の大著『只野真葛集』が、シリーズ「叢書江戸文庫」の一冊として平成六年（一九九四）二月に刊行されて、その中に、真葛の『独考』が、今、手に入る限りのまとまった

『只野真葛』　関民子著　吉川弘文館　2008

『わが真葛物語』　門玲子著　藤原書店　2006

『只野真葛論　男のように考える女』　ベティーナ・グラムリヒ＝オカ著　上野未央訳　岩田書院　2013

形で初めて収録されたからであった。

　こんな言い方をするのには理由がある。只野真葛に関心を持つ人たちは、馬琴が誤字を修正したうえで真葛に返却した本来の最終稿本、つまり真葛自筆の馬琴手校本『独考』、または完全なその写本の出現を、長い間待ち続けた。それは今もってかなわず、『独考』三巻の全貌は知ることができない。そのうえ只野家に唯一残された真葛の自筆初稿本『ひとりかんがえ』が、冨山房で企画した「徳川女史文学集」に収録するため東京に持ち出され出版を待つ中、関東大震災による火災に逢い、灰燼に帰してしまったからである。只野家には焼失した初稿本の上巻部分を伊東忠風が書写したものが返された。真葛が『独考』を書き上げたのは、文化十四年十二月一日（一八一八年一月七日）、五五歳の冬、今から二〇三年前のことである。五年前に仙台藩士の夫只野伊賀を亡くして、仙台城二の丸近くの、継子只野由章が継いだ屋敷に住んでいた。夫の口癖「書き留めよ、書き留めよ」を思い起こしながら、夫の死の前年から書き始めた『むかしがたり』六巻、次いで兄弟の思い出『七種《ななくさ》のたとえ』、『真葛がはら』などを書き続ける。

　『むかしがたり』は、口語を交えた機知に富んだ俗文体で書かれ、好奇心に溢れた活き活きとした少女の姿を見せてくれる。また父工藤平助は、人生最盛期の

『むかしばなし　天明前後の江戸の思い出』只野真葛著　中山栄子校注　平凡社　1984

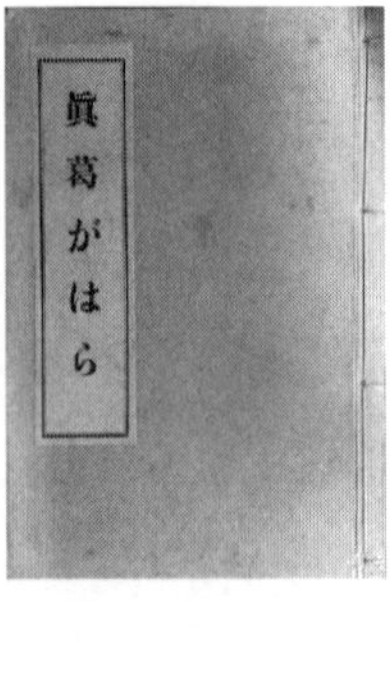

『真葛がはら』只野真葛　青葉倶楽部　1931

才智、知識、容貌、社交性、どれをとっても衆に抜きんでている魅力的な姿で描かれる。読んでいても古文であることを忘れるほど、この作品は江戸時代の随筆の中でも、断然読みやすく面白い。これを書いている時の真葛はたぶん、父方、母方双方の祖父母と両親の愛情に守られ、弟妹達と一緒に、大好きな江戸の町で過ごした青春時代を生き直しているはずである。書いている中で、志を得ることなく不遇の内に世を去った父と、夭折した最愛の弟の、二人の名と業績を後世に残すため、自著の出版をもって世に出ようと思いつく。

　さて只野真葛の育った環境は、どのようなものだったのか。只野真葛は後年の筆名であり、本名は工藤あや子（または文子、綾子とも書く）である。あや子の母（名前不詳、仮に〔遊〕と呼ぶ）は、仙台藩医の、桑原如璋《じょしょう》（初代隆朝）と、『宇津保物語』研究の著作で知られる桑原やよ子＊の長女として生まれた。遊は弟の桑原養純（二代隆朝）とともに学問好きの両親から厳しい教育を受け、漢詩や『古今集』『新古今集』『伊勢物語』大和物語』などの素読を通して文学の素養を深め、文章作りや、滝本流の書をよくしたとされる。姉弟二人とも性格はおとなしくあまり丈夫ではなかったようだ。養純は、後年仙台藩医として藩主伊達斉村《なりむら》や周村《ちかむら》、およびその一族の診療を命じられたが、病弱のため邸内で駕籠にのることを許さ

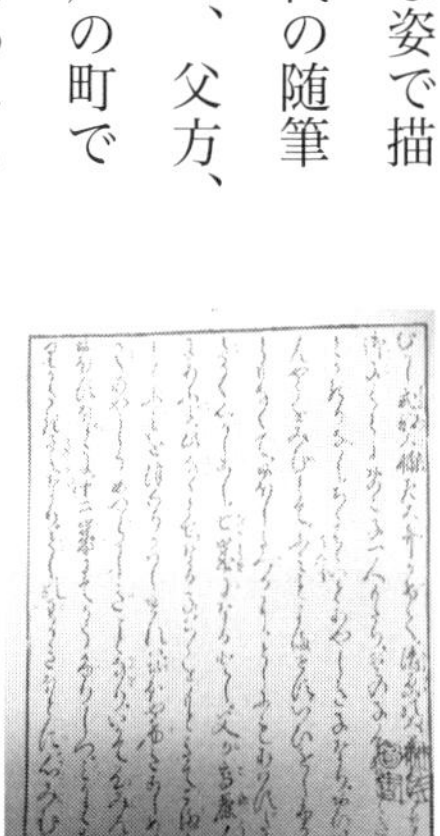

「うつぼ物語」（『日本古典全集』第三期第六巻　日本古典全集刊行会　1929）　左図は同挿絵

＊参考文献＝「桑原やよ子の『宇津保物語』研究」中村忠行著（『山辺道』一二巻　天理大学国語国文学会）。

れていたという。真葛は「母様は堅い堅い、とても上なし偏屈に御育ちの人、万事風儀合わず」、「万を察せらるること明かにて、すみのぼりし所俗に合わず」と母遊を描写しているが、上品で病弱な母は、世俗に会わなかっただけでなく、兄弟で一番丈夫で活発な少女だったあや子とも合わなかったのかもしれない。母に関する記述はとても少ない。

父は仙台藩医工藤丈庵の養子で、実父は丈庵の友人である紀州藩医長井基孝である。宝暦四年（一七五四）二一歳で工藤家三〇〇石の家督を継いだ。仙台藩には、江戸詰と国元をふくめて、一二〇人もの藩医がいたが、天明八年（一七八八）頃の「御番医師御近習」と呼ばれた藩主一家を診る格の高い医師は三二人、そのうち四番目に「本道　工藤平助」、一九番目に「本道　常詰　桑原隆朝（養純）」、三一番目に「外科　江戸常詰　大槻玄沢」とある。（大槻玄沢「官途要録」*）大槻玄沢は元々は一関藩医であったが、工藤平助の推挙により、江戸詰めを条件に仙台藩医となったもので、工藤平助とは正式に親類の契りを結んでいる。当時工藤家と桑原家は本道（漢方医）の名医として「工桑二家」と唱えられたという。平助は桑原養純の姉と結婚し三男五女の子どもをもうけた。最初の子を亡くした後、長女として宝暦十三年（一七六三）江戸築地に生まれたのがあや子である。

＊出典＝『早稲田大学蔵資料影印叢書　洋学編　第五巻大槻玄沢集二』杉本つとむ編　早稲田大学出版部　１９９４

平助は『赤蝦夷風説考』を著し、江戸幕府老中田沼意次にロシアとの交易と蝦夷地開発を提言した経世家として名高い。諸藩の大名や、桂川甫周、大槻玄沢、前野良沢といった蘭学者、吉雄幸作など長崎通辞と広く交流し、一時はオランダ渡りの文物売買の仲介などで儲け、生活も贅沢で華やかなものに変わった。真葛が「これより一際手広になりて、千両のうき金も足らぬようになりし」と書いたように千両の臨時収入があっても足りないほどだったという。父の元へ全国から医師を目指して集まる弟子、幕府や諸藩の用人や大名、林子平はじめ向学心溢れる若者達、仙台藩主までが自邸を訪れるという、常に最新の情報が飛び交う賑やかな環境で育つ、父の秘蔵っ娘だった真葛。しかし天明六年（一七八六）突然の田沼意次失脚は、平助が内々あてにしていた蝦夷地奉行の夢を奪い、平助の発病と自宅の類焼も重なって工藤家は次第に傾いていく。

あや子は一六歳から一〇年間、仙台藩奥女中の奉公に出ていた。勤めを辞した後は、一度結婚するが短期間で家に戻り、病弱な母を看取った後、三五歳まで家族の面倒をみた。寛政九年（一七九七）工藤家の行く末を案じた父の頼みにより、仙台藩着座一二〇〇石の知行地を領する只野伊賀の後妻として嫁ぐため江戸を離れる。三年後に父平助が亡くなり、さらに、家名を残す唯一の望みであり、ただ

只野真葛自筆書状（丸森町　宗吽神院蔵）

一人の理解者であった弟源四郎が三四歳の若さで病死した。当時仙台藩御番医師御近習であった源四郎は、堀田正敦の息女のため、自身の体調不良を顧みず治療を続けるうちに倒れたのであった。儒教に従って誠実に生きた父と弟が不遇のまま死ぬことへの無念の思いと喪失感があや子を打ちのめした。

源四郎の和歌「おのがじゝ匂ふ秋野の七種も露のめぐみはかはらざりけり」から思いつき、七人兄弟を秋の七草にたとえて「葛」こそ自分にふさわしいと「真葛」を筆名としたあや子は、その後の人生を文章を書くことで支えようとする。しかし周囲から評価される優美な書や短歌や紀行文、民話や伝説集などは、いくら書いても手すさびに過ぎず、激しい怒りを内包する社会に対する疑念を払拭することはできなかった。

文化九年（一八一二）夫伊賀の江戸における急死によりさらに孤立を深めていった真葛は、『独考』の執筆に取りかかる。まず冒頭に、「この書には思うところすべてを謙遜することなく書く。自分は三五歳を一生と思い定め、死んだつもりで仙台へ嫁いで来た。今はこの世にない身同然なので、どんなに他人から憎まれ誹られても痛くも痒くもない。我が身一人が金持ちになろうとして、外国からの脅威や、国の浪費も考えず、狂ったように金争いをする世を嘆かわしく思う故

葛の花

に書くのである」という決意表明が書かれる。

　真葛は藩校などの正規教育の道を辿らなかったため、書物に寄りかかった学説の羅列や机上の空論を好まない。自分が日ごろ見聞きして知った事を考え合わせ、腑に落ちた所を俗文体を交えて率直に描く、これが真葛の文章の魅力である。ほのめかしやへりくだりは捨てて、すべて具体的に目に見えるようにきっぱり描く。すっかりやせ衰えた病人は「肉のおちしこと、人なき床《とこ》のごとく」と書かれ、顔を真っ赤にして怒る様子は「面に焔《ほのお》けぶれるばかり腹立ちて」と一瞬で画面を切り取る如く活写される。率直で批評性に富む語り口は、一葉や晶子よりストレートに届き、すっかり魅了されてしまう。真葛は思索の結晶を『独考』三巻にまとめると、江戸随一の文豪滝沢馬琴に添削と出版を依頼するのである。

　文政二年（一八一九）二月から一年あまりの期間、真葛と馬琴との間で数回、長文の好意的な書状が交わされた。しかし馬琴は、出版に関しては全く話を進めることなく、『独考』の内容には禁忌にわたることがあまりに多く、といってその部分を削除しては版本にする意味もない、三巻の草子を板木に刻するにはお金がかかりすぎるので簡単ではないと、諦めるように促す。さらに、三巻の写本を作成して心ある人に見せれば、一〇人に二、三人は写し取る人もいるだろう。そこから又写し、又写しすれば写本は長く世に伝わることとなる。版本だから長く伝わり、写本だから残らないというものではなく、作品の善し悪しによるのだ、眼前のことだけに捕らわれず、作品をよく整えて、後世に長く伝わることこそ考えなさい、と懇切丁寧に説得さえしている。

しかし信念を曲げない真葛がそれとなく、催促めいた書状を書くと突然、馬琴は『独考』の殆どすべてを完膚無きまでに否定する反撃書『独考論』を執筆し、それとともに馬琴が文字訂正を加えた真葛自筆の『独考』、及び絶交状を返送するのである。その際、馬琴は、『独考』と『独考論』両方の写本を作り手元に残した。真葛は返礼品と礼状を送り、以後交流を断つ。この真葛に戻された『独考』と、馬琴の『独考論』及び書状は見つかっていない。

真葛は、奥勤めの時も結婚後も「独りつとめと覚悟」して周囲と心底から打ち解けることがなかった。「我にひとしき人なき世」において「早すぎて人とつらなりがたかりし」女性は、孤独に思索を重ねながら表現者を目指したが、その考えを他者との論争の中で鍛える機会がなかった。独考でなければ到達しえない視点と思想を獲得した反面、独考である故の限界として、馬琴の酷評と絶交状を受け取り、二度と立ち上がれないほどの打撃を受けてしまったのである。真山青果は『独考論』を著す馬琴の姿をこう描く。「おのれのこころのうちにある何者かを征服せずにいられないような憤激をもって、真葛の著書の批評文を書いた」と。（『随筆滝沢馬琴』）水戸学に凝り固まって朱子学を一筋に信奉し、禁忌に触れることを何よりも恐れ、懸命に家を守って執筆してきた馬琴にとって、『独考』は恐ろしい著作であったに違いない。夷狄《いてき》禽獣同然のロシヤ人の結婚制度を称えたり、皇室の奢侈や将軍の世襲、朱子学や聖堂を批判する文さえ含んでいたのだから。これ以降、真葛の書くものは、まるで人が変わったかのような、気力の失われた月並みな文章だけだった。六年後の文政八年（一八二五）真葛は失意のうちに六三歳の生涯を閉じた。

早くから只野真葛に着目し、研究に取り組んでいたのが東北帝国大図書室に勤務していた中山栄子である。只野真葛の墓石は、菩提寺が廃寺となった時、旧敷地の草むらに残され埋もれていた。中山栄子はそれを探し出して有志者に声を掛け三二九円六〇銭の募金を集めて、復興した松音寺境内に墓石を移転し、傍らに記念碑を建てた。

墓石には

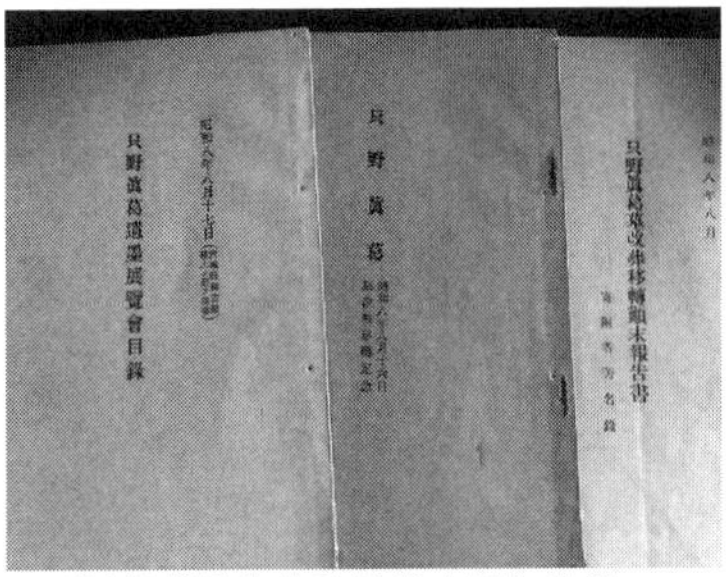

只野真葛墓改装移転顛末報告書等
(昭和８年８月16日)

松音寺山門

「文政八乙酉年／挑光院聯室發燈大姉／六月二十六日／工藤球卿女」

と刻まれている。

書いたものに「綾子」「文子」「あや子」「まち子」「真葛」と様々な名を書き残したあや子は、工藤球卿（平助）の女《むすめ》として永遠に名を刻まれた。本望であったろうか。

傍らの只野真葛墓碑移転記念碑には次のように書かれた。

「真葛名をあやといひ工藤球卿の女　只野／伊賀の妻にして歌文の才たくひまれな／りしこと世のあまねく知る所なりその／墓舊松音寺の境内にありて漸く草むら／の中に埋れはてむとするをうれふる人／人相謀りその跡を永く後の世に伝へむ／とてこれをこの所に移し碑をたててそ／の由を記す／昭和八年八月十六日」

真葛の死から三ヶ月余の後、滝沢馬琴は早くも、『兎園小説《とえんしょうせつ》』の中で、「真葛のおうな」という長文の伝記を書き、その中で「繙きて見れば、経済の可否を論

松音寺に改装された直後の墓石と記念碑

改装の際発掘された副葬品、茶碗、老眼鏡、小鏡等

現在の真葛墓石と記念碑

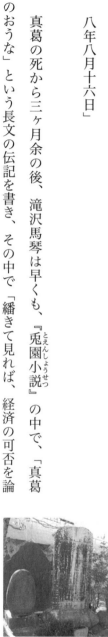

じて独考と名づけたるふみまきの稿本なり」と、初めて『独考』の名を世に知らしめた。翌年四月には人づてに消息を尋ねて真葛の死を知り、その死を追記に書きこんでいる。『兎園小説』は、文人仲間が集まって奇談を披露する兎園会で話し合った内容を、馬琴が編者としてまとめたものである。『独考』の内容が初めて知られるようになったのは、馬琴の反撃書『独考論』及び『独考追加』『独考余論』が出版された明治四十五年（一九一二）のことである。論破のための長文の引用部分が大いに役立った。

中山栄子が昭和十一年（一九三六）丸善仙台支店から発刊した伝記『只野真葛』の末尾に、只野家に送られた初稿『ひとりかんがえ』の忠風による写本、上巻と中・下巻の一部分が収録され、かなり前進を見せる。

一九九〇年、「思想の海へ」シリーズの一冊『江戸期の開明思想*』中の「近代への胎動」の部に収録されたのが、中山栄子本の『ひとりかんがえ』上巻と馬琴写本からの『独考抄録』中・下巻である。

真葛が『独考』を書き終えてから一七六年目にあたる一九九四年、鈴木よね子が校訂した『只野真葛集』の発刊で、『独考』の今入手可能なもの全てが、ようやく出揃った。その殆どは、滝沢馬琴の残した筆写本、もしくは馬琴写本から

『新燕石十種』国書刊行会　一九一二・一三

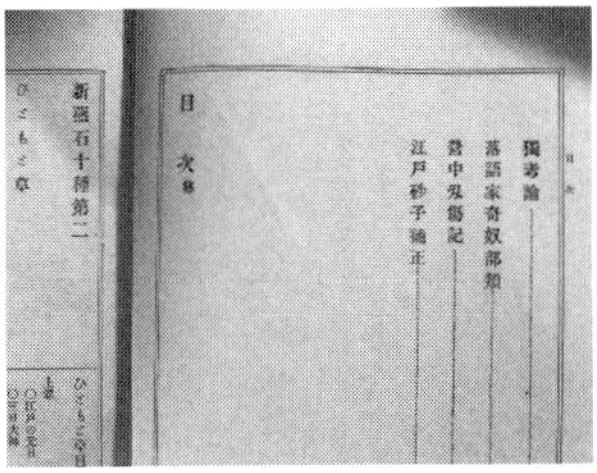

独考論 - 附・附加．独考余論 / 滝沢馬琴、只野あや子著（『新燕石十種』第２巻　国書刊行会　1912）

*『江戸期の開明思想』杉浦明平、別所興一著　社会評論社　1990

さらに写された抄録写本、及び『ひとりかんがえ』の忠風写本の一部によって復元されている。

馬琴は真葛への手紙にこうも書いている。「自分の著書の中に貴女の名前を残すので世の中の知るところになるはず。後に『独考』を世に出すときには、かねて聞いていた才女の『独考』はこれかと、人々は思うだろう」と。

誠にそのとおり、というしかない。

真葛の沢山の和歌の中で好きな歌がある。

「糸のごと　氷のしたをゆく水や　ちかき隣の春雨のおと」

氷の天井の下を行く、糸のごときかすかな水の流れを見つめる真葛、春の到来を信じていただろうか。近代はすぐそこまできていたのだ。生まれるのが「早すぎて人とつらなりがたかりし」只野真葛は「男のように考える女」などではない。理不尽な社会体制を凝視し、徹底的な懐疑精神をもって、執拗な内省を続けた末に手に入れた最後の夢、『独考』稿本を破り捨てた「孤独な人間」だ。

奥州波奈志、磯通太比　只野真葛著（『近古文芸温知叢書』第一一編　岸上操編　博文館1891）

「奥州ばなし」より　乙二　めいしん・狐つかい・与四郎　只野真葛著　勝山海百合現代語訳（『みちのく怪談名作選vol.1』東雅夫編　荒蝦夷　2010）

▽『独考』の内容

一　儒教批判

真葛は、当時の学者や知識人が筆禍を恐れて書くことのなかったテーマに「無学無法の立場」から率直かつ大胆に切り込んでいく。まだ両親と江戸数寄屋町で暮らしていた寛政二年（一七九〇）、松平定信の「寛政異学の禁」により儒学の一派朱子学が奨励されて官学となった。九年後、湯島に孔子の廟である聖堂が改築されたが、真葛はこれを「今聖堂として立派な拝殿を作り、殊更に孔子像を作ってまつるのは、聖人孔子の御意にはあわない」と批判する。そのうえ聖堂を「識者が国益を考え論争する場に変え、門外に貴賎を問わず提言を入れる投書箱を設ければ国益となることも多いはず」と、まるで議会制民主主義を思わせる提案をしている。

また、「儒教はご公儀が政道に専用と定められているので、真の道らしく思われがちだが、実は人が作った一つの法に過ぎず、中国から借りてきたものである。いわば表向きの飾り道具であって小回りのきかない街道を引く車に似ている」と、聖道を誠実に守って病死した弟源四郎の無念を思い、矛盾と欺瞞に満ちた儒教思想がもはや現実社会に合わず、個人の生きる指針になり得ないことを指摘している。

二　勝負の論理と男女の違い

真葛の自然観、生命観は面白い。生きとし生けるものすべての本性は、勝負を争うものとしてとらえている。鳥、けもの、虫はもちろん、人間同士も武家娘と町娘、君と臣、男と女、それぞれ闘争する存在と見る。しかもそれを「ちょっとした遊びでも少し勝ち負けを争う心が添えば楽しい」というように積極的に肯定している。恋の駆け引きでも「恋路の段にいたりては思うは負け、思わぬは勝ちなるべし」と、恋情の深い方を負けと判定する。奥勤め中に見聞きしたことなのか「腕に覚えのある見目麗しい女が、その気で近づけば、どんな殿様でもまるで素人同然で踏まれたり投げられたり、恥をかかされたりするものだ」とも書いている。

『女大学』など陰陽論に基づく男性優位の教えに対しては、徹底的に「男女の性差は肉体的な違いによるもので、才智の差によるものでない」として譲らない。

しかし「男は体の異なるもの故、おそろしと思うべし。智なしとて見くだすべからず」と現実的な忠告も忘れない。江戸時代にあってはかなりユニークな考え方といえる。

『独考』を書くに際しても「上古では天照大神、神功皇后、時代をくだっては『源氏物語』を残した紫式部のような女性もいる。西洋の解剖書にも、女医が初めて解剖をしたと書いてあったが、女であっても、どうして志を立てずにおられようか」と大上段に構える。当然昔から伝わる「女の教え」は誤りだとし、「流行を学ばない若い女は、老人の気に入るだけで、若い男には好かれない。昔はこうでなかった、こうはしないものだ、などと教えてはならない」と書く。「いかにもいかにも賑わしくものほしがるぞ、人の心の花なりける」これなども江戸時代の女性の言葉としては斬新だろう。

三　政治経済の批判

まず、世襲制度の弊害について、「将軍も、遠い祖先の軍功によってのみ地位を継いだのであり、今、何もしないで位だけ進ませるべきだろうか。現実に激しい戦争が起きたらどうするのだろう」と疑問を呈す。一方大坂の蔵元については

「大坂には、国の出入（各藩の産物の持ち出しや持ち込み）をはかる事を業とする人、三十人ばかり有と聞く、その人が死んでも必ずしも子は継がない。器量の備わった人が職を勤める」と評価する。

国や土地を争う乱世の昔と代わり、今の世を「金銀を争う心の乱世」と見ていた真葛は、金銭が社会を巡るさまを、卑近な例を引いて具体的に書く。「諸大名の下人が、金《きん》をもらうと両替屋で銭に替え、ろうそくを買って夜通し賭博にのめり込む。翌朝、両替屋で銭を金に替えるのは勝った者、懲りずに金を銭に替えるのは負けた者、こうした賑わいが十日ほど続いて、四十日で静かになる。給金の半ば以上は手数料としてこの両替屋の懐に流れ落ち、両替屋はそこから地代として一ヶ月に七両二分地主に払う。土地は公儀奥女中の化粧料の地なので、地代は大奥に納められるが、ほどなくまた町で遣われるはめになる。このように金が世界を廻るさまは、滝のように、ただちに下へ下へと落ち、又集って上へのぼるのである」

また、参勤交代や大名同士の社交儀礼に伴う経費についても「今の世、雇い人の給料、通行にかかる経費も昔と違って高い。武家が一度遠路への使いを上から命じられれば、その旅費のため子孫の代までかかっても払いきれぬ借金を背負うことになる。どんなに名誉なことでも「おぼしめしより焼きめしがいい」というとおりである」と名誉や見栄のために無駄な経費を押しつけるやり方を批判する。

江戸の大火とその直後の物価高騰を度々経験していた真葛は、政策による物価調整の必要性を強く訴え「領国や郡を統治する者は、その一国だけでも物の値段を統制し、大天災があれば、物の値段を一際下げるべきである。緊急に救済策を講じるよう命じなければならない」と説く。ここからさらに考えを進めて「現代は、人を倒して自分だけ金持ちになろうと思う気風が流行である。どうかしてこの心を改めて、人もよかれ、我もよかれと一同に思わせたい」と願うのである。

四　天地の拍子

真葛の最も特異な理論がこの「天地の拍子」論である。この言葉は、『独考』の中で、「今思へば正しいと見える人は、天地の拍子に必ず遅れ、清濁併せのむと見える人は、拍子に合う故に世の中を渡り易いようだ」というように使われる。「機運」「盛衰」「時運」「時勢」をあわせたような概念だと考えられ、父平助や弟源四郎が優れた才能を持ちながらや時運に恵まれず不遇のうちに亡くなったことを悔しがり、この言葉で自分を納得させている。自分自身に関しても「私の生立《おいた》ちを振り返れば、殊の外時代に早過て、世の人と連なることが難しかった」と述懐し、「天地の拍子」に合わないことを自覚していた。

ただ単に政治体制や社会情勢が悪かったという静的な話ではない。一個人の生涯の最盛期、つまり肉体、知性、情感が充実した人生の勝機ともいえる時期に、時運を得て、時代の趨勢と拍動を共にすることができなかったという、内省と自己認識が胸底にある。

父も弟も、そして自分もそうだったと、独り歯噛みするのである。

「天地の拍子」という、一見奇異で古くさい表現の奥にある、冷徹な自省力と動的な状況把握は極めて新しいと、感服せずにはいられない。確かに江戸時代には早すぎた。

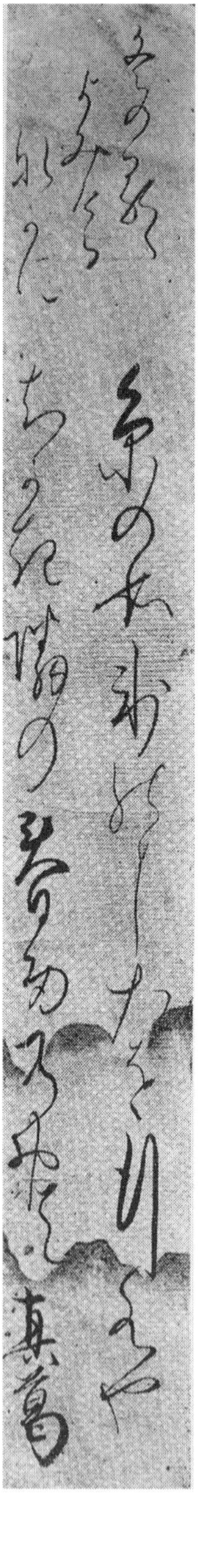

「糸のごと　氷のしたを行水や　ちかき隣の春雨のおと」
真葛短冊「冬の歌よみけるなかに」

第三節　江戸時代の完訳源氏物語『賤《しず》のをだまき』（自筆稿本）

仙台藩御番医師御近習の中でも「工桑二家」と称された医師の名家、工藤家と桑原家その両方の血を受け継いだ只野真葛は、終生桑原家を敵視し、憎悪し続けた。工藤家が滅び、代わって桑原家が栄えたのは、母の弟、桑原養純を偏愛する乳母〆《しめ》の呪いのためだと固く信じ続けた。馬琴が真葛を評して「をさなきよりの癇症の、凝り固まりしにもやあらん」と書いたのも適切と思えるほど、叔父の桑原養純を一方的に悪し様に書いている。

また、自伝的な著作の多い真葛が全く触れることのなかった人物が二人いる。父工藤平助の再婚した継母、奥野某（名は不明）と従姉妹にあたる桑原養純の長女ノブの二人の女性である。妹しず子の嫁ぎ先の舅についてさえ、「*自ら求めて不自由にくらすが好きになり。いやなこといやなこと」とか姑については「むづかしいのてっぺん」などとバッサリ切っているのに、好き嫌いの激しい性格故であろうか、二人については、完全に無視しているのである。

従姉妹のノブは、寛政二年（一七九〇）親子ほど歳の離れた四六歳の伊能忠

『賤のをだまき』第一巻　桑原如則自筆稿本

＊出典＝『むかしばなし』只野真葛著　平凡社　１９８４

敬に嫁ぎ三番目の妻となる。桑原養純は、一歳下の忠敬の岳父となり、幕府の若年寄堀田正敦との間を取り持ち、全国測量調査と地図作成を、幕府の御用事業に認めさせたキーパーソンと言われている。今、東京の茅場町にある「地図御用所跡」記念碑が建っている場所は、桑原隆朝屋敷のあった場所である。ノブは病弱で、結婚して五年後に亡くなるが、桑原養純は、その後も忠敬の測量事業を支援し続けた。伊能忠敬の日記によれば、「年末年始の挨拶、測量出立の暇乞い、帰着後の報告は、桑原家と天文方御役所へ殆ど同日に行われた。また前回測量の地図が完成すると、まず桑原宅へ持参して内見させてから天文方へ届ける」というのが定例となっていたという。*

この叔父養純は、仙台の真葛にも沢山の書籍を送っている。* 主に国文学関係の書物で、そのうちの一冊、賀茂真淵の『ことばももくさ』という書名を、真葛は書き留めている。仙台では手に入れることが難しく、真葛も内心嬉しかったはずではあるが、感謝の言葉などは見えない。養純の嫡男、桑原如則は、真葛の亡き弟源四郎より三歳年下で、まだ部屋住みの身ながら仙台藩医員となった。それを知った真葛は、「今は厄介一人なく、ますます桑原家が富める世になりはてし」と悔しがる。さらに源四郎の死の五ヶ月後、如則の次男菅治が幼くして工藤家の

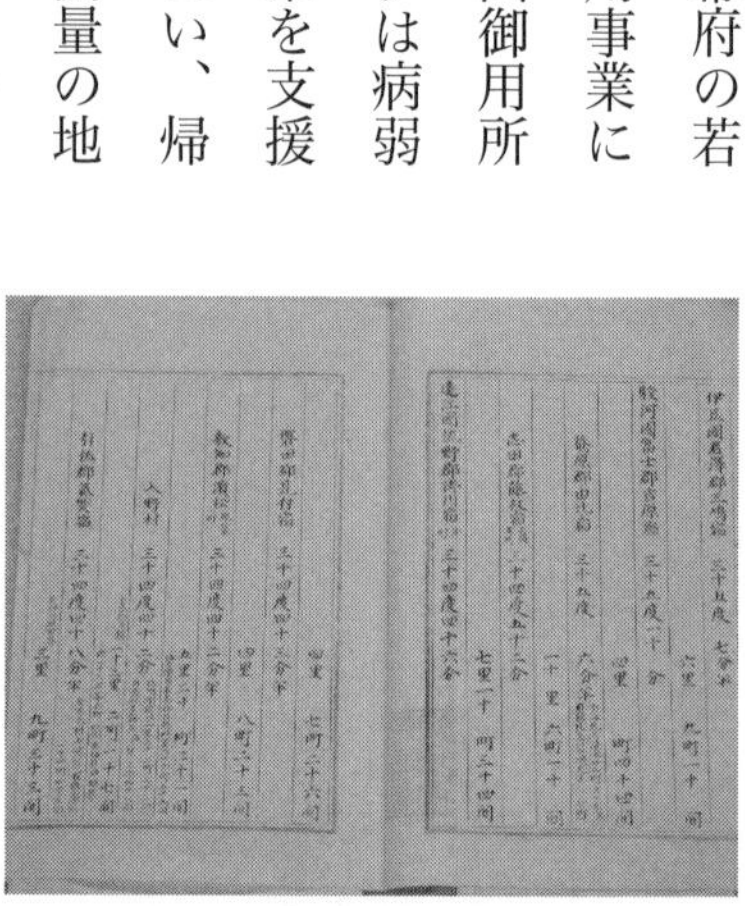

伊能忠敬『北極出地土度里程測量』（宮城県図書館蔵）

＊出典＝「伊能図のプロモーターたち」安藤由紀子著（『伊能忠敬研究』第一六号　伊能忠敬研究会　１９９８）

＊出典＝『真葛がはら』には「〈をぢ君より〉古言の書あまた贈られし」とある。

養子となって家督を相続した。真葛からすれば、愛する父や弟が大事に守ってきた工藤家が、完全に桑原家に乗っ取られたように感じられたに違いない。かくして、もう一人の従兄弟である如則は、新たな憎むべき真の標的となったのである。

後に藩主伊達《だて》斉宗《なりむね》の侍医となり、医術でも名を挙げた如則は、最も祖母桑原やよ子の資質を受け継ぎ、喜雨廬翁、久魯翁、叢庵などの号を用いて様々な文学的著作を残した。中でも『源氏物語』には終生親しみ、隠居後の弘化五年（一八四八）源氏物語全文の俗語訳『賤のをだまき』を書いた。*

その題言には、「源氏物語を俗語に翻して、児女子をして其大意を、さとりやすからしめんとすれども、もとより、雅言にくらければ、謬誤脱漏きはめて多かるべし　児女輩これを見て其大意をしりて後、本書に就て考索をせば、やうやく佳境に至るべし」と書いている。

これは、かつて祖母桑原やよ子が『宇津保物語考』を書いた目的を「子、孫などこの物語を読むときの助けになればよい」と記したのと全く同じであり、如則の俗語訳文もその趣旨に添って江戸時代当時の用例や用語に置き換えて優しく分かりやすい文章で書かれている。冒頭の部分を比較してみたい。

最初は、桑原如則の『賤のをだまき』、次が、与謝野晶子訳『源氏物語』、最後が『源

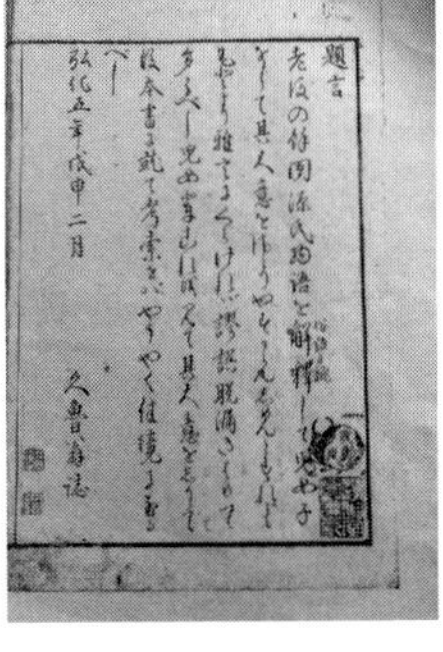
『賤のをだまき』第一巻の題言

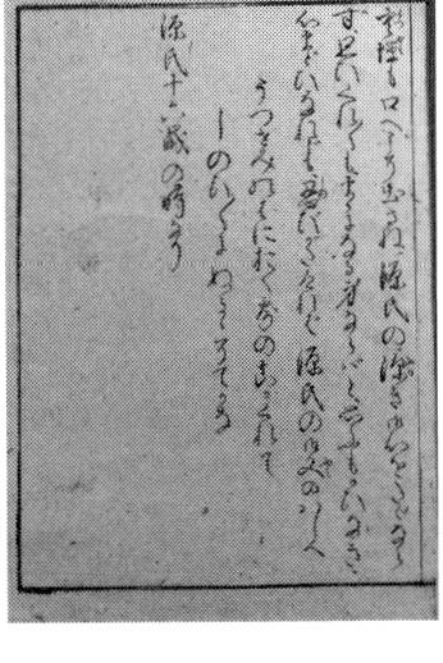
『賤のをだまき』第一巻（第一巻中の「空蝉」末尾）「源氏十六歳の時なり」とある。

*執筆の背景には、当時人気を集めていた『修紫田舎源氏』という大ベストセラーがあったと推察される、この柳亭種彦の長編合巻は、紫式部の浮名を持つお藤が『源氏物語』に似た草双紙を作るという形で始まるパロディである。同時代人の如則は『田舎源氏』の発禁後、本物の『源氏物語』を子弟に伝えようと取り組んだと思われる。

氏物語』原文である。比較しやすいようにまとまり毎に同じ番号を振っている。

桑原如則訳

①いつの頃の帝にや、桐つぼの帝と申奉り、御側づかいの女中数多き中に、きりつぼの更衣と申す、御家元もさまで申立る程の事にもあらざれども、当時第一の御寵愛にて、此かたにのみ御心をよせられし程に、

②御本妻の弘徽殿の女御をはじめ、前かたより御心をかけられてつとめいたる人々、何となく心おもしろからづ、わけて末々のわかき人たちは、殊にねたましく思ひ、朝夕何かにつけて、此きりつぼの更衣をにくしと思ふ心の絶ざるゆへにや、とかくわづらひがちにて病身なりし程に、帝はひとしほ御いとをしみ深く、人々のかれこれと申立るにもかまはづ、外の者にかはりてよほど目立程の御とりあつかひなれば、

③奥向のみにかぎらず、御表向の御側勤の人々御小姓等に至るまで、此更衣を別段にとりあつかひ何となく更衣の勢い奥表に肩を並る人もなし、

④かかるためしはもろこしの楊貴妃は、玄宗皇帝の寵愛深く、これがために世のみだれを引出し、終には其身をほろぼしたることを思ひめぐらせば、そらお

『修紫田舎源氏』初編上　表紙　柳亭種彦作　歌川国貞画

そろしくは思へども、又君の御心よせのあつさのやるかたなさに、心ならずも日をくりけり。

与謝野晶子訳

①どの天皇様の御代であったか、女御とか更衣とかいわれる後宮がおおぜいいた中に、最上の貴族出身ではないが深い御愛寵を得ている人があった。

②最初から自分こそはという自信と、親兄弟の勢力に恃む所があって宮中にはいった女御たちからは失敬な女としてねたまれた。その人と同等、もしくはそれより地位の低い更衣たちはまして嫉妬の焔を燃やさないわけもなかった。夜の御殿の宿直所から退る朝、続いてその人ばかりが召される夜、目に見耳に聞いて口惜しがらせた恨みのせいもあったか　からだが弱くなって、心細くなった更衣は多く実家へ下がっていがちということになると、いよいよ帝はこの人にばかり心をお引かれになるという御様子で、人が何と批評をしようともそれに御遠慮などというものがおできにならない。御聖徳を伝える歴史の上にも暗い影の一所残るようなことにもなりかねない状態になった。

③高官たちも殿上役人たちも困って、御覚醒になるのを期しながら、当分は見ぬ

顔をしていたいという態度をとるほどの御寵愛ぶりであった。

④唐の国でもこの種類の寵姫、楊家の女の出現によって乱が醸されたなどと蔭ではいわれる。今やこの女性が一天下の煩いだとされるに至った。馬嵬の駅がいつ再現されるかもしれぬ。その人にとっては堪えがたいような苦しい雰囲気の中でも、ただ深い御愛情だけをたよりにして暮らしていた。

原文

①いづれの御時にか、女御、更衣あまた候ひ給ひける中に、いとやむごとなき際にはあらぬが、すぐれて時めき給ふありけり。

②はじめより我はと思ひ上がり給へる御方方、めざましきものに、おとしめそねみ給ふ。同じほど、それより下臈の更衣たちは、まして安からず。朝夕の宮仕へにつけても、人の心をのみ動かし、恨みを負ふ積もりにやありけむ、いとあつしくなりゆき、もの心細げに 里がちなるを、いよいよ飽かずあはれなるものに思ほして、人のそしりをもえ憚らせ給はず、世の例《ためし》にもなりぬべき御もてなしなり。

③上達部《かんだちめ》、上人《うへびと》などもあいなく目をそばめつつ、いとまばゆき人の御覚えなり。

④唐土《もろこし》にも、かかることの起こりにこそ、世も乱れ悪《あ》しかりけれと、やうやう、天《あめ》の下にもあぢきなう、人のもて悩みぐさになりて、楊貴妃の例も引き出でつべくなりゆくに、いとはしたなきこと多かれど、かたじけなき御心ばへのたぐひなきを頼みにて、交じらひ給ふ。

原文の、言葉少なく、敬語や謙譲語から主語を読み取り、独特の平安言葉がほのめかすあいまいで優美な世界を、如則は、当世語*に置き換えて、はっきり物語の筋が理解できるように書き換えていることがわかる。「御本妻の弘徽殿」などの明瞭表現には驚く。さらに与謝野源氏と比べれば、特に少年少女達にも早くから源氏物語の世界に親しめるよう表現を簡素化し、工夫しているように見える。

只野真葛の祖父母である、桑原如璋《くわばらじょしょう》、桑原やよ子から始まる桑原家五代にわたる一家の著作を、現在判明できたもののみ次に掲げる。家庭内における厳しい古典文学教育の伝統がどのように繫がったかを是非見てほしい。人名冒頭は真葛から見た親族関係を表す。「和八〇」など和の付く番号は宮城県図書館の蔵書であり、書名行末には蔵書印記を書いた。

＊当世語訳、現代語訳、平易文訳などの言い方もあるが、「俗語訳」とした。『源氏物語』の注釈本は近世まで他には多いが、俗語への完訳本は『湖月抄諺解』が知られるのみである。

（祖母）桑原やよ子

一　うつほ物語考、桑原やよ子、一冊　〔活〕日本古典全集三期空穂物語

（祖父）桑原如璋、桑原隆朝初代

二　唐後方、桑原隆朝璋輯、桑原純続輯、工藤周庵閲、七七巻目録一巻

七八冊　木活字版

（叔父）桑原養純、桑原隆朝二代

二　唐後方、桑原隆朝璋輯、桑原純続輯、工藤周庵閲、七七巻目録一巻

七八冊　木活字版

（従兄弟）桑原如則、桑原隆朝三代　別称：喜雨廬翁《きうろおう》、久魯翁、叢庵

三　轀匵奇方《おんとくきほう》、桑原如則、一〇巻　六冊

四　喜雨廬随筆《きうろずいひつ》、桑原如則、一〇巻　一〇冊　和八〇　馮化堂図書記　叢庵

五　叢庵雑記、桑原如則、三一冊　和一一五　馮化堂図書記　叢庵

六　叢塵集、桑原如則、三冊　和四四六一　馮化堂図書記　叢庵

七　田海録、桑原如則編、弘化五序、二九巻　二九冊　和一六〇　馮化堂図書記　叢庵

八　編年武林紀略、久魯翁（如則）編、一〇冊　和一〇七〇　叢庵

『田海録』桑原如則著　内容は弘化四年地震水害事件、弘化年代黒船渡来など災害や海防についての論（宮城県図書館蔵）

九 養生説、桑原如則、一冊 自筆 和三三二五
一〇 賤のをだまき、桑原如則（久魯翁）弘化五自序、 五五巻（巻の三二、三三欠） 四〇冊 自筆 外題は『賤の芋環』 和四八〇二 叢庵
一一 源氏物語俚諺 桐壺の巻、桑原如則（叢庵）一冊 自筆 和四七九七 遇化堂図書記
（従兄弟の子）桑原如弘、桑原隆朝四代 別称：承庵
一二 自家記録、桑原隆朝（桑原如弘）（文政一三到嘉永六）二冊 自筆 和一六七六
一三 欠伸閑語、桑原如弘、 一四冊 和八四 遇化堂図書記 桑原蔵書
一四 田海録続、桑原如弘、三三巻 三三冊 和一六八一 遇化堂図書記 桑原蔵書
一五 承庵雑記、桑原承庵、 六巻 六冊 和九六 遇化堂図書記
（従兄弟の孫）桑原如宣
一六 詞学備忘、桑原如宣編、 一冊 和四四四七
一七 桃廼舎歌合其他、桑原如宣編、三冊 和四四八五

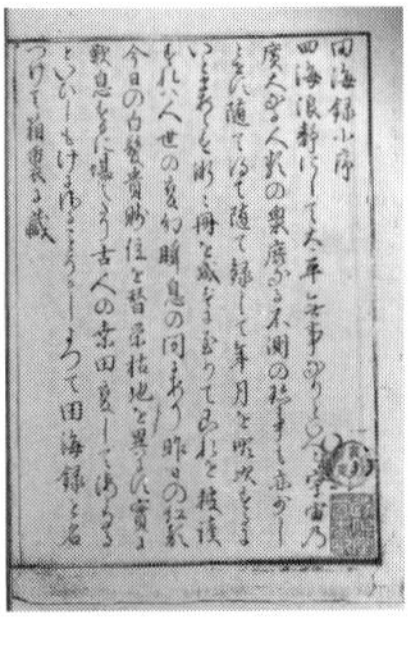
田海録小序「人世の変幻瞬息の間にあり」と人の世の転変を記録するとしている

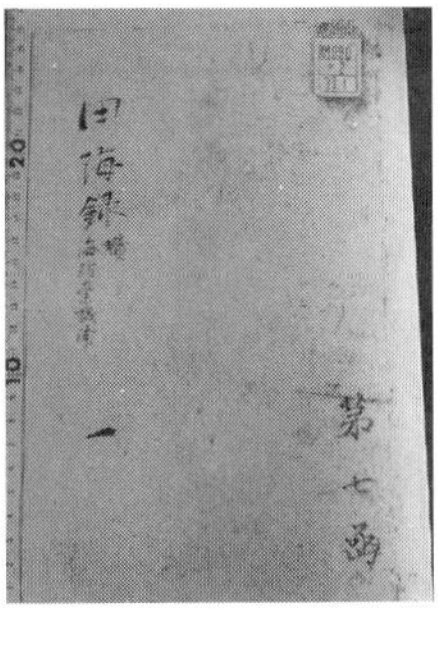
『田海録続』副題が「海防彙議補」とあり 桑原如弘著（宮城県図書館蔵）

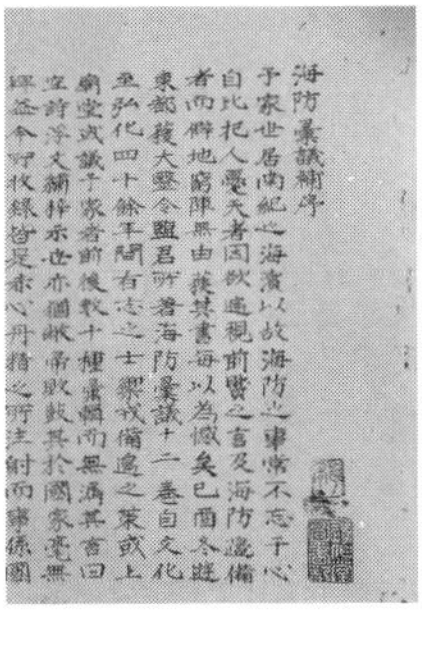
海防彙議補序

初代隆朝にはその著作五〇〇余巻があったという説もあるが、残されてはいない。またこのリスト中一二番目の桑原如弘の『自家記録』は、一八三〇年から一八五三年にわたる桑原家の如則と如弘二代の記録である。その中に、如則によって書き留められたと思われる青柳文庫の利用登録の様式や貸出方法の記録がある。具体的に絵入りで書かれ、自宅へ「宅下げ拝借」つまり個人貸出しされたこと、貸出通帳のようなもので管理していたことなどを知ることができる。江戸時代の公的施設における貸出サービスの方法が具体的に記録された大変珍しい例である。桑原如則の多数の本格的な研究や著作の背後には、やはり江戸時代の図書館「青柳文庫」の所蔵資料があって、しっかり支えていたのである。ちなみにこれらの桑原家蔵書は、仙台の

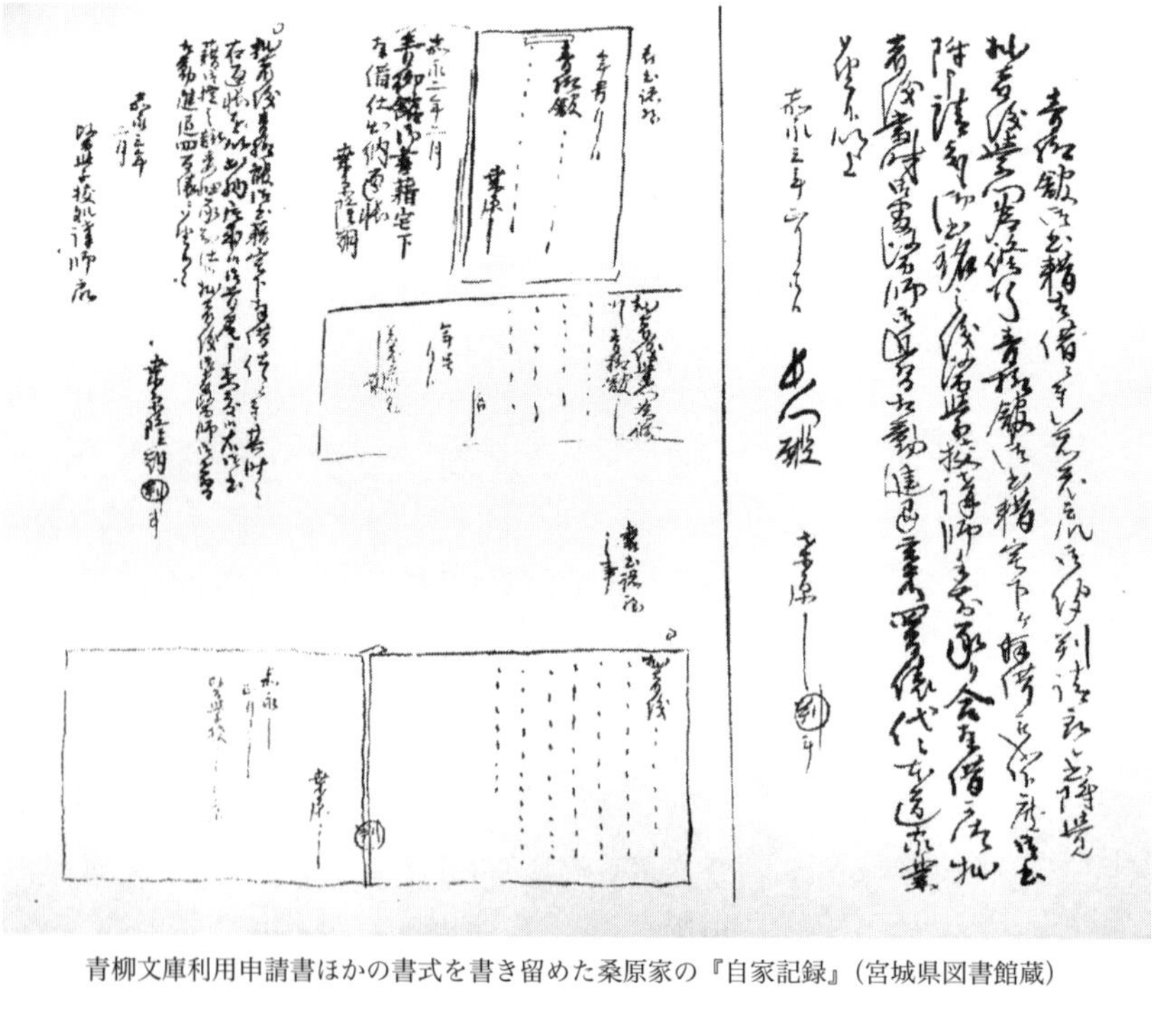

青柳文庫利用申請書ほかの書式を書き留めた桑原家の『自家記録』（宮城県図書館蔵）

無一文館という古書店主、末永勇四郎が大正六年一括して宮城県図書館に納めたものである。

国文学専門の学者でもない桑原一族の著作リストを見るたびに胸が熱くなる。我が子や孫のために、未だ世に存在しない著作を自ら書き綴った自筆草稿は、日本における本格的宇津保物語研究のきっかけや、稀少な完訳の源氏物語俗語訳となり得たのである。誰かから命じられたのでもない。

やよ子の『うつほ物語考』は長く写本で伝えられ、昭和八年（一九三三）『日本古典全集』第三期に付録として収録されたが、成立は明和安永年間と思われるので一五〇年以上過ぎての発刊ということになる。源氏物語『賤のをだまき』はいまだに出版されていない。

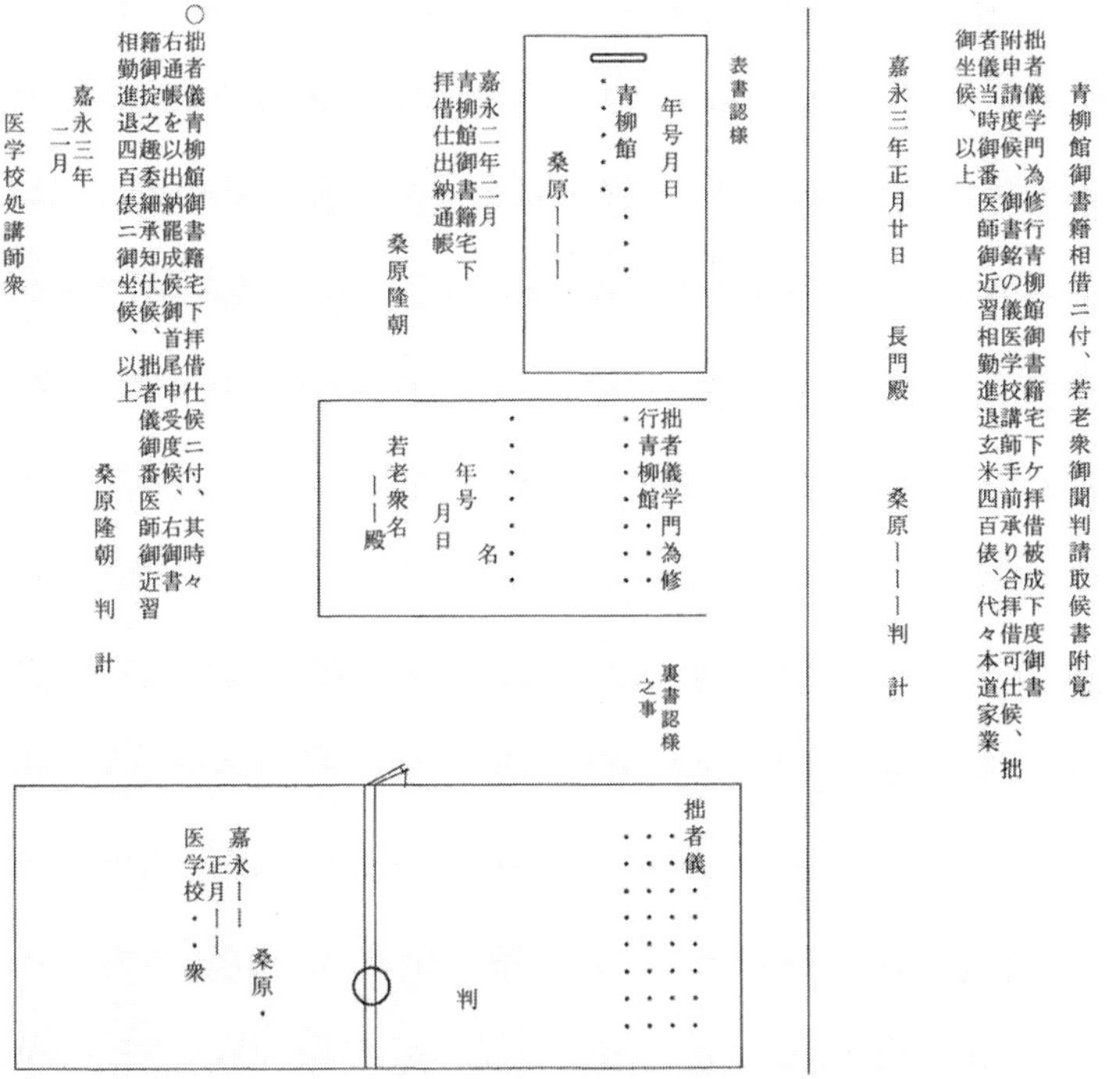
青柳館御書籍相借ニ付、若老衆御聞判請取候書附覚
拙者儀学門為修行青柳館御書籍宅下ケ拝借被成下度御書附申請度候、御書銘の儀医学校講師手前承り合拝借可仕候、拙者儀当時御番医師御近習相勤進退玄米四百俵、代々本道家業御坐候、以上
嘉永三年正月廿日　長門殿　桑原―――判　計

表書認様
年号月日
青柳館・・・・・
桑原―――
嘉永二年二月
青柳館御書籍宅下
拝借仕出納通帳
桑原隆朝

拙者儀学門為修行青柳館・・・・・・・・・
年号　月日　名
若老衆名
――殿

裏書認様之事

○拙者儀青柳館御書籍宅下拝借仕候ニ付、其時々右通帳を以出納罷成候御首尾申受度候、右御書籍御掟之趣委細承知仕候、拙者儀御番医師御近習相勤進退四百俵ニ御坐候、以上
嘉永三年一月
桑原隆朝　判　計
医学校処講師衆

拙者儀・・・・・・・・・・・・・・・・・・・・・・・・・・
判
嘉永―――
正月――
桑原・
医学校・・衆

『自家記録』の解読文（著者解読）

第四節　青年大槻文彦による日本の国境探求の足跡『北海道風土記』『琉球新誌』『小笠原島新誌』『竹島松島の記事』

仙台空襲で蔵書の九三％を失った宮城県図書館に、東京の大槻家から七一点二一五冊の貴重な大槻文彦旧蔵書が寄贈された。昭和二十五年（一九五〇）三月のことである。大槻文彦は明治二十五年六月から二十八年十二月までの三年半の間、第八代宮城県図書館長を勤めている。「大槻文庫」と名付けられたそのコレクションには、文彦の父大槻磐渓や、兄大槻如電、養賢堂学頭大槻平泉などの自筆稿本のほか、『英文翻訳彼理（ペルリ）日本紀行』及びニューヨークで刊行されたその原書も含まれていて、いかにも大槻文彦の旧蔵書にふさわしい内容となっている。

なんと言っても、文彦自身が著した日本初の近代的国語辞書『言海』の自筆稿本が寄贈されたことは大きく、平成十五年（二〇〇三）宮城県の有形文化財に指定された。もともと洋書調所、開成所、大学南校で英学と数学を修め、文部省に入って英和辞書を編纂していた文彦は、途中で編纂を中止、いったん仙台に赴

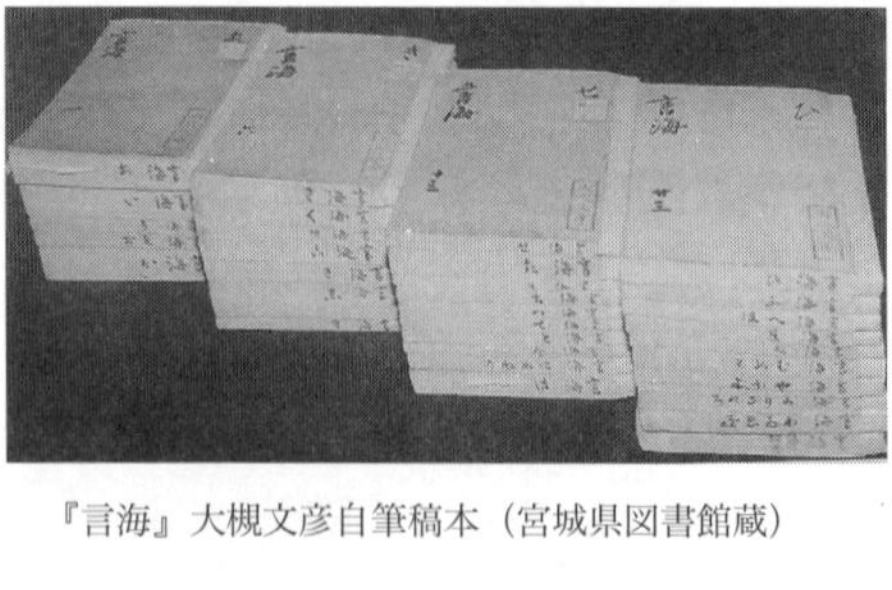

『言海』大槻文彦自筆稿本（宮城県図書館蔵）

大槻文彦

任する。再度上京して明治八年（一八七五）文部省に戻ると、今度は西村茂樹報告課長から、国語辞書の編纂を命じられるのである。この英学者に国語辞書を編纂させるといったエピソードは、父大槻磐渓にまつわるある話を想起させる。*

大槻玄沢と盟友桂川甫周が雑談をしていた時の話、甫周いわく、オランダ学を盛んにするためには、横文字を翻訳しオランダの学芸を世に知らせねばならぬ。それには文章家が必要なので、社中の内に一人の能文家がいないとうまくいかぬ。それを聞いた玄沢は、一〇歳にもならない子供ゆえ、今から言うと鬼が笑うかもしれないが、我が家の六次郎（後の磐渓）はその任に当たりそうだ、と答え、甫周にも強く勧められて、きっとその方針で仕込みましょうと約束したという。磐渓は儒学と漢学を修め「筆力縦横」と評される文章家となって、洋学者から訳字や翻訳文の校正を頼まれることが多かった。箕作省吾《みつくりしょうご》が『坤輿図識』を編纂したとき「リパブリック」の訳字に困って磐渓に相談したところ「共和政治」と訳すことを勧められ、その後日本に「共和」という言葉が定着したといわれる。近代の西洋政治に対応する用語で「民主」は中国生まれ、「共和」は日本生まれなのである。日本語を縦横に駆使できる人間でなければ外国語を真に体得することはできないともいえる。

*出典＝『大槻磐渓の世界』大島英介著　宝文堂　2004

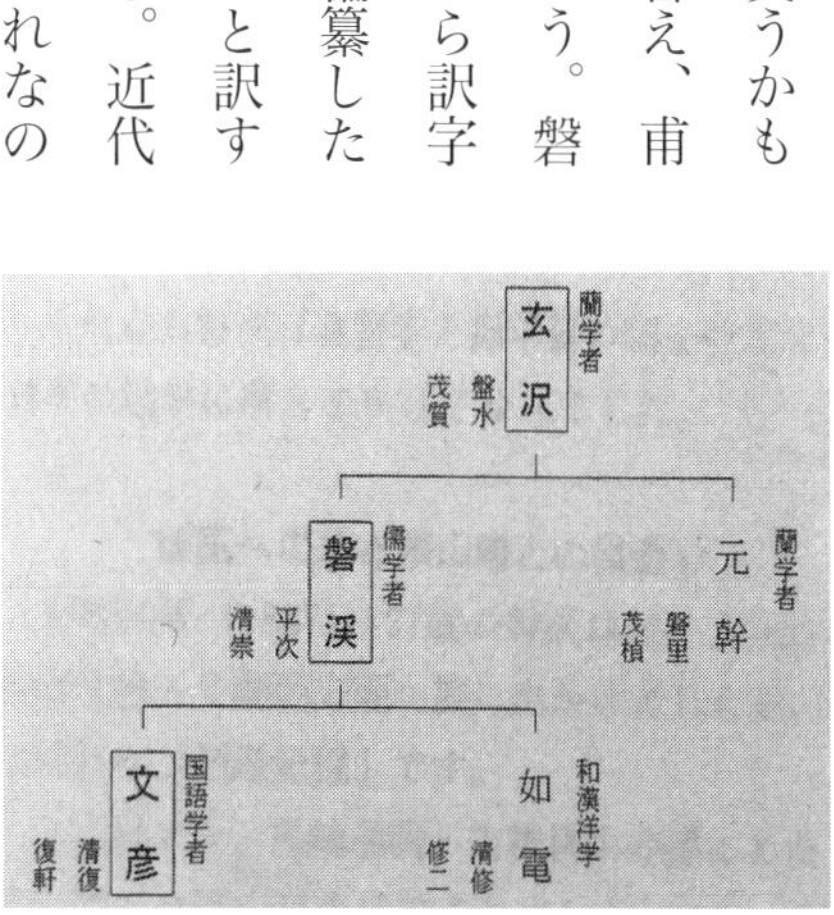

大槻家家系
（『大槻三賢人　大槻磐渓の巻』阿曽沼要著より）

大槻文彦が英文法に熟達した結果、日本語文法の探究に目覚め『広日本文典』に結実させたように、英語辞書研究の経験から、従来の「漢和辞典」や「和漢辞典」の類似品に終わらない、日本語を日本語で説明する辞書を誕生させたのだ。

藩ごとの領地支配から、一つの国家体制への大変革を目の当たりにした青年文彦は、近代国家を国土、国民、国語の三つの要素で捉えなおそうとした。「日本国とは何か」という問いのうち、最初に取り組んだのは国土の範囲である。幸い大槻家蔵書には大槻玄沢、磐渓、如電それぞれがこれまでに蓄積してきた地図、地理書、歴史書が十分に備えられていた。

『北海道風土記』全三〇巻は、大槻文彦の最初の著述であり、二三歳の時のものである。出版はされなかったが、明治七年（一八七四）樺太の建議とともに明治初期の立法府である左院に一部献上されている。明治二年（一八六九）政府は蝦夷地を北海道として国郡を区分し、北海道行政の主官庁として北海道開拓使を置いた。北方領土に対するロシア南下の懸念から、先住民の善導と殖民開拓によって、領土保全を期すためであった。『北海道風土記』はそれと期を同じくするように、翌年に書かれたものである。その著述の背景には、学問をもって国家の急務に役立たんとする使命感が窺われる。

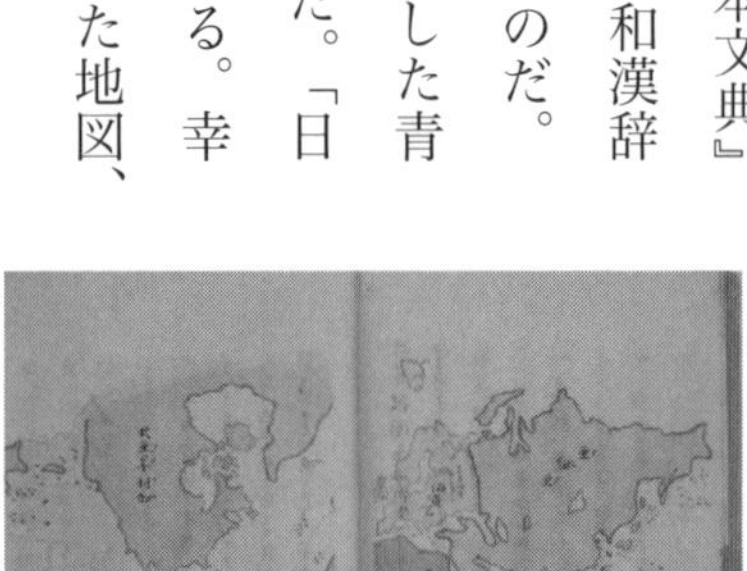

『環海異聞』大槻玄沢・志村弘強著
（宮城県図書館蔵・伊達文庫）

『環海異聞』

遡ること文化四年（一八〇七）文彦の伯父、大槻玄幹（磐渓の兄）は幕府若年寄堀田正敦に随行して松前領と蝦夷地へ赴いたことがある。ロシア船の暴行事件調査のため五〇〇名の仙台藩の藩兵と同行した。仙台藩はその後も度々北方警護を命じられ、安政二年（一八五五）蝦夷地警護兵のため、青柳文庫の書籍が相当数貸与されたほど、蝦夷地との関係が深い。『三国通覧図説』の林子平や『赤蝦夷風説考』の工藤平助など北方地理に関心を持つ人も多かった。大槻家には特に、大槻玄沢の『環海異聞』編集のため収集した地理書、蝦夷地に関する記録やロシア製地図の写本が多数存在した。それらを存分に使用して、文献による日本の国境探求の足跡『北海道風土記*』『琉球新誌*』『小笠原島新誌*』『竹島松島の記事*』が書かれたのである。

『北海道風土記』の構成をみると、次のようになっており、文彦の記した他の三つの著作『琉球新誌』、『小笠原島新誌』、「竹島松島の記事」（『洋々社談』収録）より詳細である。

巻一「例言・概説」　巻二〜一二「地理行程」　巻一三、一四「史記」　巻一五、一六「政治」　巻一七、一八「人種・風俗」　巻一九「記伝」　巻二〇「産物」　巻二一〜二五「樺太国の記事」　巻二六「北辺小図」　巻二七〜三〇「露西亜記事・

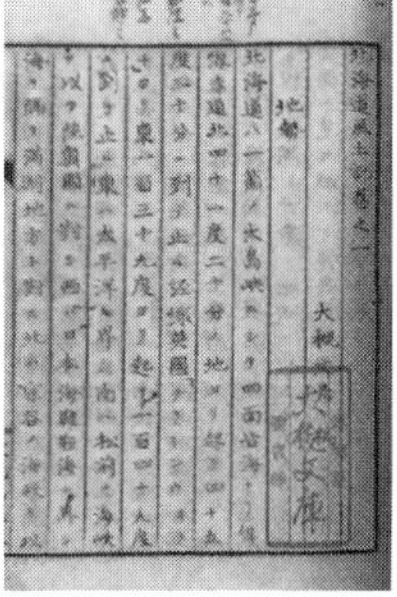

『北海道風土記』巻之一　大槻文彦自筆稿本

*『北海道風土記　三〇巻・附図』大槻文彦自筆稿本　1870（宮城県図書館大槻文庫蔵二七冊）

*『琉球新誌　二巻・附図』大槻文彦著　煙雨楼刊　1873（宮城県図書館大槻文庫蔵）

*『小笠原島新誌　一巻・附図』大槻文彦著　須原屋伊八刊　1876（宮城県図書館大槻文庫蔵）

*「竹島松島の記事」大槻文彦著（『洋々社談』四五号収録　1878）

地図」

この四つの地誌に記された島々を線で結ぶと文彦に意識されていた国境線が浮かび上がる。外国との緊張関係において国家意識が形成され、外国との関係を国境によって視覚化し、明確化しようとする文彦の決意がはっきりと読み取れる。

明治政府の積極的な蝦夷地政策に対し、ロシアがこれに対抗してくることを予見して、明治二年（一八六九）の冬から翌年の春にかけて一〇〇余日で一気呵成に書き上げられたものである。祖父大槻玄沢以来の洋学の家に生まれ、国際的な感覚と知識を併せもった大槻文彦によってはじめて書き得たといえる。大槻文彦は「我等が家は、西洋主義を遺伝して居る」と書いた（「仮名と羅馬字との優劣論」）。初めて世界一周をした日本人の記録『環海異聞』を編纂した蘭学者の大槻玄沢、西洋思想を新しい日本語で変換表現しようとした大槻磐渓、遺伝子に西洋主義を持って生まれた大槻文彦、洋学の家の書斎に蓄積された書籍とともに、辺境のその先、未知の世界に挑む果敢さが大槻家の遺産なのだろう。『北海道風土記』以外の三つの地誌も、それぞれ外国との緊張関係が生じたときに書かれたものであり、これらの島を地理や歴史等の観点から明確化しようとした。諸外国との国境をめぐる緊張関係は、海国日本が近代国家になっていく過程で必ず通過せねば

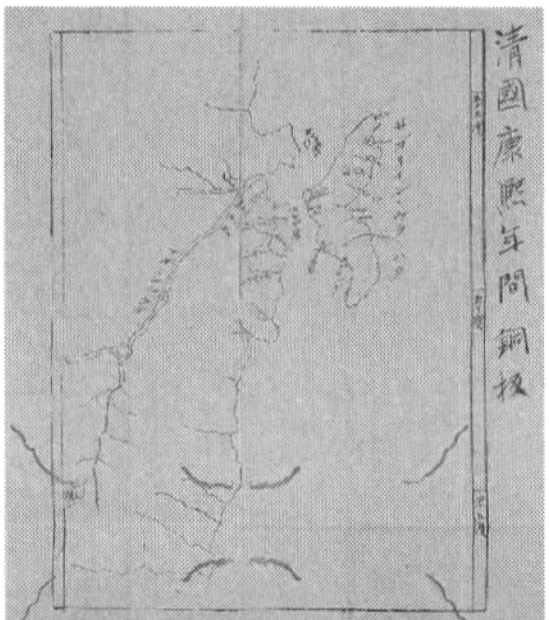

清国康熙年間銅板（『北海道風土記』）（内閣文庫蔵）

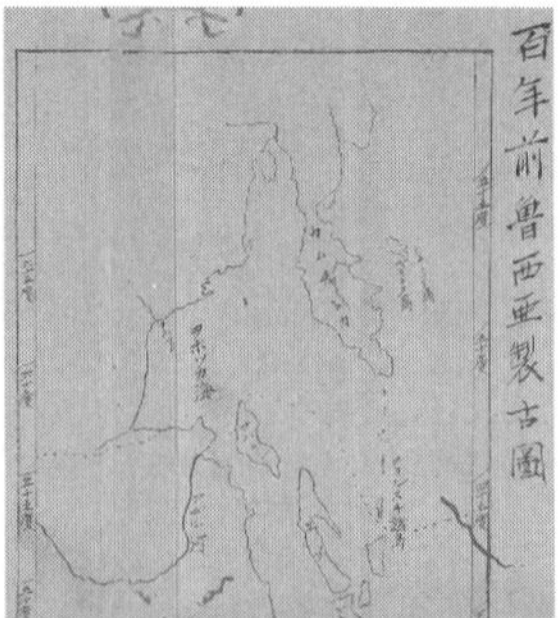

百年前露西亜製古図（『北海道風土記』）（内閣文庫蔵）

ならないものであった。

『北海道風土記』は第二〇巻のみが『江戸後期諸国産物集成　第二巻』科学書院発行に収録された。文彦の自筆稿本は、宮城県図書館と国立公文書館の内閣文庫に所蔵されている。完全な内閣文庫蔵書は大槻文彦自身の意思で献上され、第二五、二六、三〇巻が欠落した宮城県図書館蔵書は、子息大槻茂雄氏から寄贈された。大槻文彦の手書きによる附図一一八枚からは、若き文彦の学問への真摯な熱意と勢いが感じられる。

図書館に残る書籍は自ら飛んできたわけではない。一冊一冊に、今、ここに存在する確とした来歴と理由と事情があるのだ。その陰には必ずその時代を生き抜いた人間達の情熱や執念が込められている。そういう存在として、今一冊の書籍を手に取る時に、私達の心になだれ込んでくる強い感情に胸を打たれる。たとえ司書であっても、それに慣れることはないのである。

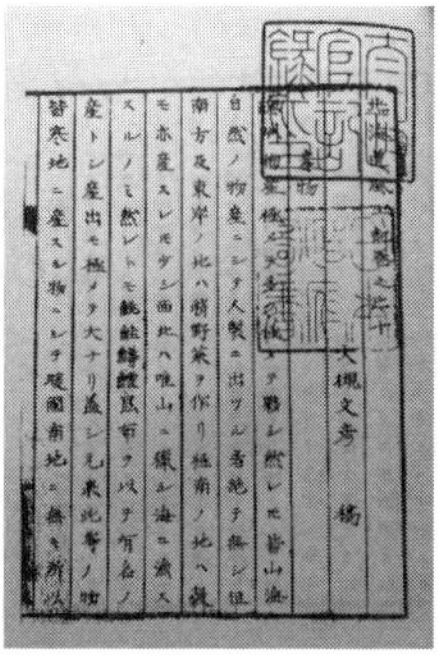
『北海道風土記』巻之二十　大槻文彦自筆稿本（内閣文庫蔵）（『江戸時代後期諸国産物集成』第二巻　科学書院より）

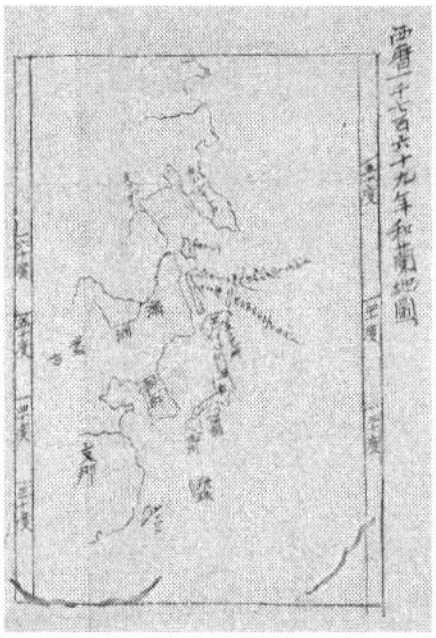
西暦一千七百六十九年和蘭地図（『北海道風土記』）（内閣文庫蔵）

コラム　レファレンスは毎日が謎解き〈三〉

〈レファレンスは奥深い〉

Q　宮城県図書館の地形広場にあるコスースの壁面アートの英文を読んだら、小文字の〝s〟となるべき文字が〝f〟となっている箇所がある。間違いではないか。

　例えば、〝say〟が〝fay〟に、〝speech〟が〝fpeech〟と書いてある。

＊　＊　＊

　この質問を初めて受けた時には信じられなかった。あの世界的に有名なコスースの芸術作品にミスがある？　さっそく自分の目で確かめるべく外壁に向かった。確かに、大文字と単語末尾以外のすべての「s」は「f」にしか見えない。

　「二重の定義」と題された四〇メートルのガラスの帯には、ウェブスターの英語辞典と大槻文彦の国語辞典『言海』の同じ意味を持つ八対の見出し語「文

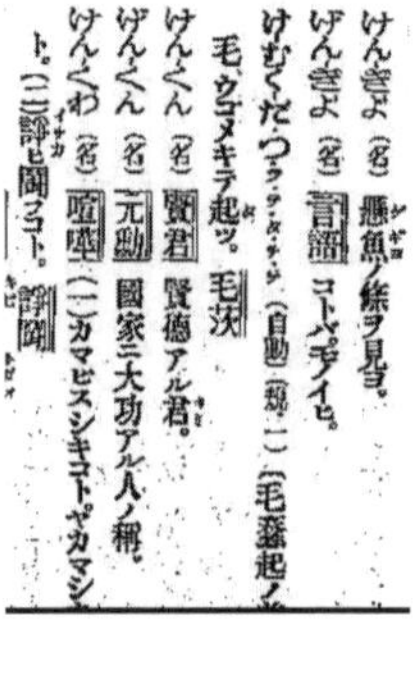
けんぎよ（名）懸魚ノ條ヲ見ヨ。
げんぎよ（名）言語　コトバ。イヒ。
けむくだ・つ（自動）（規・一）〔毛羅起ノ〕毛ウゴメキテ起ツ。毛決
けんくん（名）賢君　賢徳アル君。
げんくん（名）元勳　國家ニ大功アル人ノ稱。
けんくわ（名）喧嘩（一）カマビスシキコトヤカマシト。（二）諍ヒ鬩フコト。諍鬩

大槻文彦の『言海』の「言語」の部分。鼻濁音であることを示すため見出しが「げんぎょ」となっている

「ftyle」となっている

章、筆記、言語、思考、識量、記憶、比較、反復」とその語義が交互に刻まれている。図書館建築のアートディレクターを務めた北川フラムの記録によれば「藤村、真山青果、井上ひさし」の検討を経て「日本最初の国語辞典である大槻文彦の初版『言海』（一八九一年）と、それに対応してウェブスター大辞典第一版（一八二八年）を対比して使おうということになった」*とある。

まずこの記述が間違いであることは原典にあたってすぐ気付いた。コスースが選択したのは、同じウェブスターでも『大辞典』ではなく『簡明英語辞典』（一八〇六年）〝A Compendious Dictionry of the English Language〟のほうである。大槻文彦が『言海』の手本にしたものも、「米国の碩学エブスター氏の英語辞書中の『オクタボ』と称する簡略体のものに倣へり」と序文に記したように、後版ではあるが簡約版のほうなのである。

『簡明英語辞典』こそが日本の近代国語辞典の嚆矢に対応するにふさわしいアメリカ初の英語辞書である。宮城県図書館の第八代館長を務めた大槻文彦は、元々英学者で一八七二年、二五歳で文部省に出仕すると英和辞書編纂を命じられた。翌年『英和大辞典』の第二巻まで書き上げたところで中止し、宮城師範学校初代校長として仙台に赴任することになった。これが完成して

＊出典＝「アート計画」北川フラム著（『新建築』一九九八・五　新建築社）

「Language,.n. all human fpeech」と書かれている

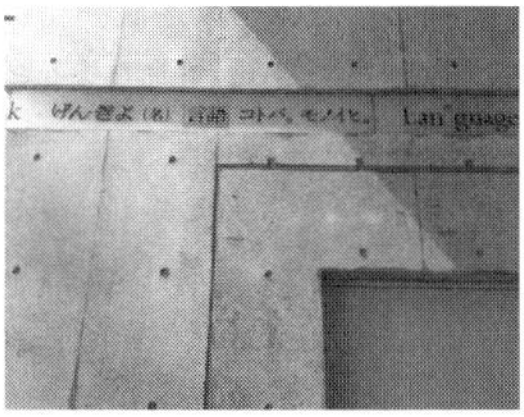

コスースの壁面アート。夜は光る

いたら「日本の英学史や英和辞典の歴史は大きく変わったはずである」*と言われるほど先進的なものだったらしい。この『英和大辞典』編纂の参考にしたのがウェブスターの『大辞典』で、これによって近代的辞書編纂の手法を身に着けたといわれる。

『大辞典』と『簡明辞典』の違いは数多いが、決定的なのは印刷活字の違いである。印刷術が普及し活字の鋳造技術が発達する中で、欧文書体史上画期的なものとされるボドニのモダン・ローマン体（一七八〇）が出現するまでは、イギリスのウィリアム・カスロン（William Caslon 一六九二―一七六六）の活字書体に人気があった。その特色の一つとしては、小文字の「s」を筆記体の慣習に習い、語頭や語中に使う時と、語末に用いる時とで区別したことが挙げられる。アルファベットが二六文字ではなくロングsと呼ばれた形を加えて二七文字あったのだ*。ロングsは小文字の「f」に似ているが横線が左側のみにとどまるか、もしくは横線が存在しない。短いsに統一されたのは、アメリカの場合一八〇〇年前後の頃である。『簡明辞典』が刊行された一八〇六年がその境目だったのだ。その二二年後に刊行された『大辞典』は当然、短い「s」に統一されている。ロングsは使用していない。

＊出典＝『ウェブスター辞書と明治の知識人』早川勇著　春風社　2007・11

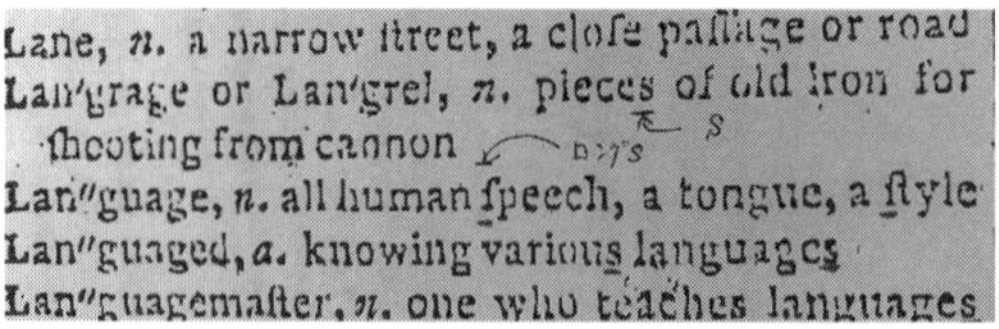
Lane, n. a narrow ftreet, a clofe paffage or road
Lan'grage or Lan'grel, n. pieces of old iron for
fhooting from cannon
Lan''guage, n. all human fpeech, a tongue, a ftyle
Lan''guaged, a. knowing various languages
Lan''guagemafter, n. one who teaches languages

Language,.n. all human fpeech

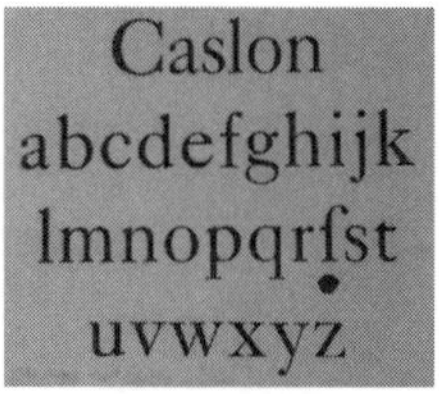

カスロンの活字書体
アルファベット

改めて仔細に『二重の定義』を観察するとロングsではなく、まぎれもなく「f」と彫刻されている。質問者にはご指摘を感謝する旨の回答を送った。すぐに建築施工会社に修正を依頼したところ、その回答は、北川フラムの誤りを踏襲したもので、「日本語は『言海』、英語は『ウェブスター大辞典』（ママ）であること、学術的なことは中世英語専門の言語学者のような方に伺わないと説明できない。say を fay、speech を fpeech など表記されるのはスペルミスではなく英語の古語の字体だから」という驚くべきものだった。

再度問い合わせても中間に多くの人が介在しているせいか二度と返事はなかった。世界的芸術家の作品を修正するなどもってのほかということらしい。コスースの芸術作品は、過去の文学や学術への尊敬の念から発した、「言葉」をそのまま「アート」へ昇華させる試みに根差したものとして知られる。詩の言葉をそのままネオンサインとして表現するなど、作品の素材は、その言語表現の創出者へのオマージュとして選ばれているのが特色である。

コスースはコンセプチュアル・アート（概念芸術＝考えを伝える芸術）の代表者として現代アートを牽引している存在で、作品を見るためだけに海外から図書館を訪れる人さえいる。図書館壁面アートの依頼を受けたコスースは、長く深く考え抜きテーマを決めただろう。ウェブスターと大槻文彦の二人の創始した辞書から、図書館にふさわしい八つの単語を選び出すコンセプトを見出した瞬間に彼のアートは完結したに違いない。「作品の具体化の否定」を含む概念芸術作家にとって制作過程の間違いは意味を持つのか持たないのか。

今でも図書館を訪れるとコスースの壁に向かって間違ったロングsを探してしまう。それは胸の奥に刺さったままの小さな棘のせいだ。しばらくしてまた、近代辞書創始者の二人の巨人大槻文彦とウェブスターに誇りと感謝を取り戻すのが常である。

第四章　蔵書を守る人

宮城県図書館貴重書庫内の古典籍
（『宮城県図書館施設・機能要覧』宮城県図書館より）

第一節　戦時中の疎開本の選ばれ方

常盤雄五郎《ときわゆうごろう》著『本食い蟲五拾年』は私のバイブルである。宮城県図書館に就職して、その蔵書の来歴を知りたいと思い手に取ったこの本に夢中になった。昭和三十一年（一九五六）十二月、勧進限定版として五〇〇部刊行されたこの本を古本屋で見つけ、当時の月給の約四分の一を支払って入手した。その初版本を貸してほしいと頼まれ、惜しみしながらも、出勤簿に使っていた三文判を標題紙に押して目印として貸したら、やっぱり返却されずに終わった。読了に時間がかかるだろうと返却催促を遠慮しすぎたせいである。今持っているのは平成三年（一八九一）発行の復刻版である。

常盤雄五郎は明治二十年（一八八七）仙台に生まれた。年少の頃から古銭・古書収集と郷土史に目覚め、仙台市立商業学校を中退するとひたすら趣味に没頭する生活を送り、歴史の教員である山中樵《やまなかきこり》、高野松次郎《たかのまつじろう》と三人で仙台考古会を設立する。明治四十年（一九〇七）宮城県知事亀井英三郎は、東京外国語学校教授伊東平蔵《いとうへいぞう》＊を顧問に委嘱して図書館事業改善、新館建設に関する調査に着手した。

常盤雄五郎氏　古希記念のために撮影されたが遺影となった（『本食い蟲五拾年』より）。

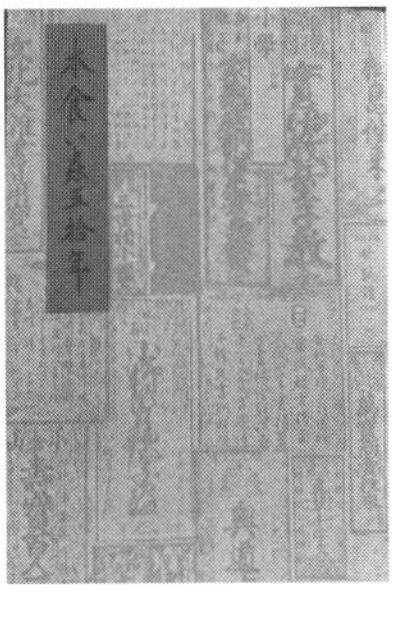

『本食い蟲五拾年』常盤雄五郎著　仙台昔話会　１９５６

＊伊東平蔵（１８５７-１９２９）＝旧徳島藩士、文部省に出仕し東京図書館等に勤務した後イタリアに留学し、東京外国語学校等でイタリア語を教えた。図書館専門家として私立大橋図書館、日比谷図書館、宮城県立図書館他多数の図書館建設に関わった。

伊東の門下生の中嶋胤男《なかじまたねお》は宮城県立図書館司書として推薦され、私立大橋図書館から仙台に赴任してきた。この中島司書と仙台考古会の山中樵と常盤雄五郎が企画実施したのが「地理書展覧会」（明治四十三年一月）であった。

しかし展覧会準備と新築準備の無理が重なり、中島は体調を崩し翌年五月に、新築図書館を見ることなく亡くなる。その後を継いで宮城県図書館司書になり建設準備に当たったのが山中樵であった。二五歳の常盤雄五郎はこれを機に図書館人になろうと志を立て、伊東平蔵の紹介を得て上京し、内閣法制局参事官兼内閣書記官記録課長を務めていた柳田国男をたよって内閣文庫の見習いとして図書館生活をスタートさせた。常盤が「哀惜に堪えない。真面目で温厚篤実一点張りの人であった」と書いた中嶋胤男という一人の優れた図書館人が「地理書展覧会」の犠牲となったのかもしれない。しかし二人の古書愛好家を図書館界に引き込んだ。山中樵は後に新潟県立図書館設立に関わって館長となり、また台湾総督府図書館長を勤めて「台湾関係コレクション」構築という遺産を遺した。常盤雄五郎は宮城県図書館と東北帝国大学附属図書館で古典籍目録の編纂にあたったのである。

『本食い蟲五拾年』はある意味で、全編が仙台空襲で焼失した書籍への哀惜の

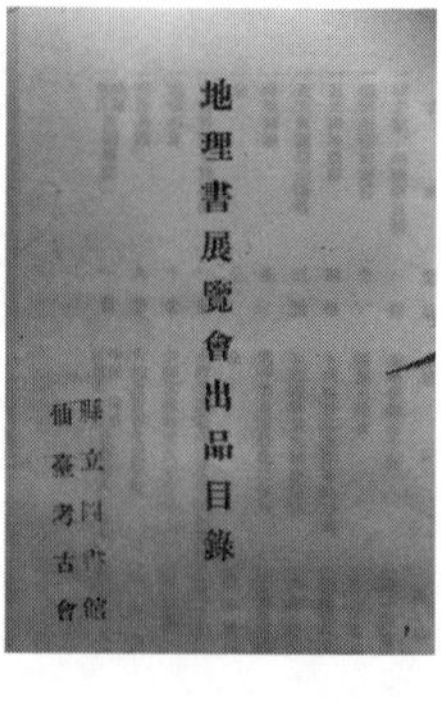

『地理書展覧会出品目録』

山中樵夫妻、伝記に『木山人山中樵の追想：図書館と共に三十六年』山中正編著　山中浩刊　１９７９がある

書である。より正確に言えば書籍に関わる建物や人物をも含む、かつて存在したものへの痛恨の喪失感を思わず吐露した遺書のようなものだ。常盤雄五郎は昭和三十一年十二月十五日朝出勤途上で倒れ急逝した。『本食い蟲』の再校を終え、「あとがき」の草稿案を入れた風呂敷包みを抱えて、発行予定日の一五日前に完成を見ることなく亡くなったのである。

『本食い蟲五拾年』の中から常盤雄五郎の思いの丈を書き抜いてみる。

「宮城県図書館は不幸戦災にかかり、全館レンガ造り三階建の書庫は、その蔵書と共に烏有に帰して、僅かに疎開により免れた五千冊（実際は九、五二三冊　筆写注）ばかりが残った。真に惜しいことをした。

私からいえば、古い本はまたと求め得られないものだから、面倒なら全部紙包に縄掛けでもよいから疎開して欲しかった。それをば、ズックで全部を包み、馬皮の丈夫な帯を十文字にして錠をかけた、もったいないほどのヤナギ行李を新調して本を入れ疎開した訳だから、容易なことではない。だから十四万余冊もあった本が、僅か二十分の一足らずしか運べなかった次第で、非常の場合だから、館長の責任を問う訳ではないが、これを思うと、私は情

けなくていつも涙がこぼれる。（中略）

実際問題として、活版物はいまでも金さえ出せば高いけれど買われるものの、古人が辛苦して遺した世の中に一部限りないようなものは、どうしてあと求められようか。同館の場合、私の知っている幾多の珍本希書が疎開本中に入らなかったのは、かえすがえすも残念でたまらない。時なるかな命なるかな、いまさらしかたがない」（「小西文庫と飯川氏二代」より）

「戦災前の宮城県図書館には、新古の図書が十数万冊も蔵せられていた。新典より古典が非常に多かった。三階建書庫の第一階は新典、第二、三階は皆古典であった。古典には、養賢堂旧蔵本・旧藩から県庁引継保管転換本を初め、大槻文彦先生館長当時令写本・諸名家からの寄贈本・購求本等夥しいものであった。

然るにこれら古典はわずかの疎開本を除き、大部分は戦災に罹り、書庫と共に焼失して了った。嘗て一見した書は、今や其の姿を見るべくもない。（中略）

甘柿舎蔵書は、多くの俳書を含み、珍本希書も数々あったが、中でも左の四種などは、他に類本の無いもので、なぜ疎開本中に選ばれなかったものかと、私は惜しくて堪らない。『書画談劄記』櫻田景行編写、『書画聞見雑記』庄司

惣七（甘柿舎學堂）著（中略）
さてこの〔佐沢〕広胖翁蔵書は貴重な文献であったが、図書館に於いて。疎開本を撰別する折に、貴重文献と知らずに大部分を選外にしたのは、返す返すも遺憾であった。それは前述の如く、目録の郷土関係の目印を省いた為であろう。しかし撰択の時間がなかったことも考えられ、そのためかこの書目所載のものに限り、疎開本となって現存するものは、僅僅数十点に過ぎない。戦前はこれ等の本に依り非常な恩恵を蒙って居たが、今は只一片の語り草に過ぎなくなった」（「宮城県図書館古典目録の回顧」より）

「疎開するに当たり、仙台医学館の旧蔵書などに注目した職員は、定めて無かったことであろう。凡そ地方図書館員たるものは、少なくも其の郷土に関する常識はあって欲しいものである。実に遺憾な措置であるまいか。せめて郷土関係文献ばかりも完全疎開したかったと、それが残念で堪らない。これはただ医学館本のみに限った訳ではない。幾多の無二の貴重な好文献が、続々この調子で亡失したではないか。しかし、或は戦争の齎した禍であると言い得るかも知れないが、それにしても、大事な文献を失った館員の責任は免れ得まいと思う」（「医学館蔵書目録」より）

「県図書館の郷土史料は、戦災前は頗る優秀なものであったが、疎開本の撰択をおろそかにした為、幾多唯一の好文献を失って、斯学者を失望させた。（「斉藤報恩会と常盤文庫」より）

常盤雄五郎は、昭和二十二年（一九四七）東北大学附属図書館を定年退職後、宮城県図書館長から委嘱を受けて、寄贈された「小西文庫」を整理する仕事にあたった。それだけに全焼した図書館の惨状を目の当たりにすることも多く、自身がかつて目録を編纂した古典籍のあれやこれやを思い出しては、「今日となっては、世諺にいう〔死んだ子の年を数える〕たぐいの愚かさせあろう」と呟くしかなかったのだ。

これを読んだ新任の私は、まず「青柳文庫」の研究を始めようと決意した。また、「大事な文献を失った館員の責任」という言葉は、大事な文献、つまり貴重書とは何かを考え続けるきっかけとなった。

宮城県図書館は今から一四〇年前の明治十四年（一八八一）七月に開館した。宮城師範学校から引き継いだ藩学養賢堂の旧蔵書七〇七部七、八八五冊と青柳文庫の四六三部三、二九〇冊を基礎として出発したのである。その後一

「小西文庫」＝昭和二十二年仙台市河原町の素封家小西利平衛より寄贈された。和古書三一四七冊、漢籍一二一三冊。藤塚知明の名山蔵文庫、大槻玄沢自筆の『育才呈案』他古医学書を多く含む。

宮城県図書館の疎開図書目録

度も閉鎖されることなく活動を続け、昭和十九（一九四四）年度の蔵書数は一三万八、八七四冊と記録されている。翌昭和二十年七月十日未明（〇〇：〇五）の仙台空襲で市内中央にあった宮城県図書館は全焼した。B29が一二三機来襲し九一一トン、一万二、九六一発の焼夷弾や焼夷集束弾（一発につき三八本の焼夷弾）が投下され、市民の五分の一が被災したのである。全焼した図書館は、現在国の重要文化財に指定されている旧登米高等尋常小学校と同じく、宮城県技師山添喜三郎*設計のドーム型屋根を持つ美しい木造洋風建築物であった。

　残されている手書きの疎開目録には二、九六六部、一五、〇三五冊の書名が記録され、そのうち実際に疎開地に運ばれ被災を免れた資料は、二、三七四部、九、五二三冊であった。つまりおよそ一四万冊の蔵書のうち、九、五〇〇冊が運ばれたところで被災し、約九三％の蔵書を失ったのである。

　昭和十八年（一九四三）六月十八日の労務調整令の改正（勅令五一三号）によって「男子従業員ノ雇入、使用、就職、従業ヲ禁止マタハ制限スルコト」が厚生大臣や地方長官の命令で可能になり、九月二十三日「国内必勝勤労対策」の一環として、図書館での整理作業や出納事務に一四歳以上四〇歳未満の男子が就業することは禁止された。戦況の悪化や長期化による補充兵士や勤労動員不足を見据え

＊山添喜三郎（1843-1923）＝ウィーン万国博覧会（1873年）への参加をきっかけに、ウィーンやロンドンで西欧建築にふれ、帰国すると、内務省の建築営繕を担当した。その後、宮城県技師に転身し和洋折衷の登米小学校や宮城県立図書館等の設計にあたった。

＊山添喜三郎の設計した大正元年新築ドーム型図書館（『杜』第3号　宮城県図書館杜の会より）

た措置だろう。

疎開の計画と実行は、男手もトラックもガソリンも無い中、菊地勝之助館長（当時五六歳）と女性たちの手に委ねられたのである。選定リスト作成は専門家の助言や大正六年発行の『宮城県立図書館和漢図書分類目録　古書之部』（以下『大正古書目録』と略称）をたよりに行われた。まず貴重書について郷土と一般とに分けて疎開候補目録が作成され、次に特殊コレクションのうち、「青柳文庫」は全資料、「養賢堂文庫」は和算書と中国算法書及び漢籍善本のみ、「今泉篁洲文庫《いまいずみこうしゅうぶんこ》」は郷土人の著作のみを疎開する方針が決められた。

疎開目録作成時に手掛かりとした、『大正古書目録』は、編纂者が途中で再三交代し、内閣文庫を辞めて仙台に戻った常盤雄五郎氏が加わってようやく発刊にたどり着いたものの、印刷を急ぐあまり間違いが少なくなかった。養賢堂本には書名の頭に「×」印を付けて区別することにしたのだが、間違ってこの印が付かなかったり、他部門にまぎれたり、目録から洩れたりした養賢堂本の「算書」は疎開目録に採録されず、従って疎開されることなく焼失してしまったのである。まさに一つの記録ミスや校正ミスが取り返しのつかない深刻な結果につながった例といえよう。

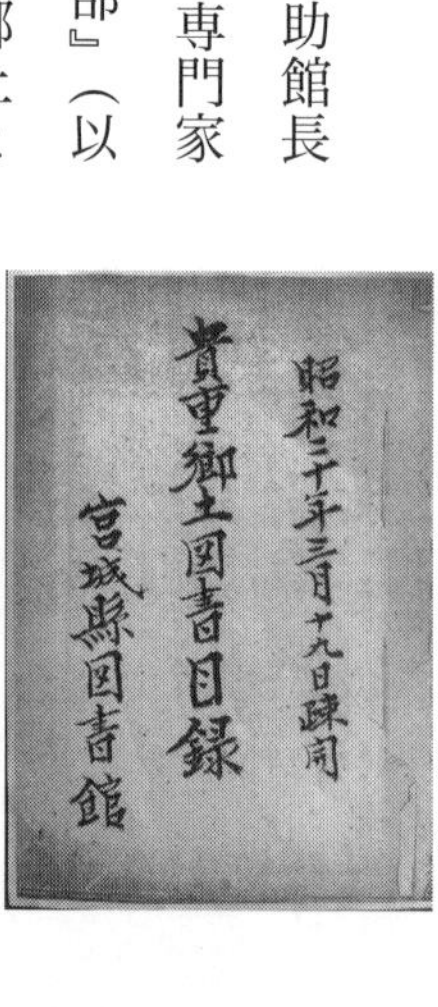

疎開図書目録のうちの一冊

一方、郷土人著作には「◎」印、郷土関係図書には「○」印を付けて識別するという工夫が施され、編纂者である常盤氏の郷土出版物に対する該博《がいはく》な知識が惜しみなく注ぎ込まれていて、『大正古書目録』の価値を高め、疎開目録作成に大きな力となったのも事実である。この常盤氏の工夫なくしては疎開のための選定はさぞ苦慮したに違いない。疎開目録を作成することは貴重書目録を編纂することに他ならないからである。しかし常盤雄五郎氏はこの後、大正十二年（一九二三）東北帝国大学に移り、その後編纂された宮城県図書館の古書目録からは、郷土関係の目印が略され目当てを失った。このため多くの貴重な郷土資料の焼失を招いたのである。

常盤雄五郎は、六〇歳で定年退職するまで足掛け二五年にわたり狩野文庫など大学附属図書館の古典籍整理にあたり、この間、村岡典嗣教授兼図書館長の指導のもと昭和十一年（一九二六）刊行『和漢書別置本目録　未定稿』の編纂に携わった。東北帝国大学の疎開図書選別について、大原理恵氏は「東北大学附属図書館では別置本が選定されていたから、方針は明確であった」と述べている。* さらに次のように書いているのが注目される。

「貴重図書を、万一の場合最優先で救出すべき典籍とするならば、その選定は

＊出典＝「東北大学附属図書館和漢書貴重図書目録の刊行について」大原理恵著（『東北大学史料館紀要』第８・９号）

極めて深刻なものになるはずである。そして、万一の事態が発生した場合は、不幸なしかし唯一の手掛かりとして目録が残されることもある」

疎開は第一回目が昭和二十年の三月十九日で、手書きの『風土記御用書出』、『宮城県国史稿本』など貴重な郷土関係稿本が宮城郡広瀬村上愛子石垣彦左衛門敷地内の土蔵に運ばれた。大槻玄沢校訂の『重訂解体新書』や桑原隆朝の源氏物語訳書『賤のをだまき』、蘆東山の『無刑録』など郷土人の代表著作や後に国の重要文化財に指定されたマテオ・リッチの『坤輿万国全図《こんよばんこくぜんず》』の版本及び写本なども同月疎開されている。第二回目として「青柳文庫」全書籍が四月三日に搬出された。第三回目が『伊達家蔵書目録』、『養賢堂蔵書目録』など貴重な蔵書目録や書籍目録の類、及び「養賢堂文庫」と「今泉篁洲文庫」の一部、以後五月頃まで順次疎開が進められた。避難先は先の石垣家のほか宮城郡大沢村佐藤兵之進の土蔵で、その借用料や運送料の一部は図書館のドーム型屋根下に積もった鳩の糞を肥料代わりに送って賄ったといわれる。

最終段階で九、五〇〇冊の疎開対象に残らなかった五、五〇〇冊を見ていくと、ある種のおおまかな判断基準があったことが見て取れる。一般図書よりは、郷土図書。貴重であっても稿本、手写本、刊本の順位で選ぶ。蔵書目録や古地図類、

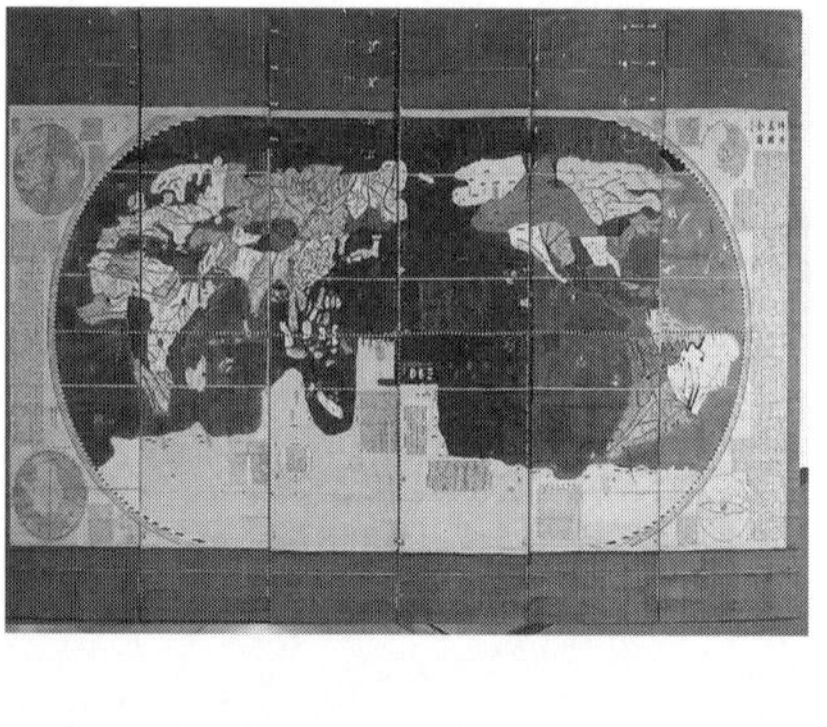

『坤輿万国全図』写本。1602年中国で刊行された刊本と共に国の重要文化財に指定されている。（宮城県図書館蔵）

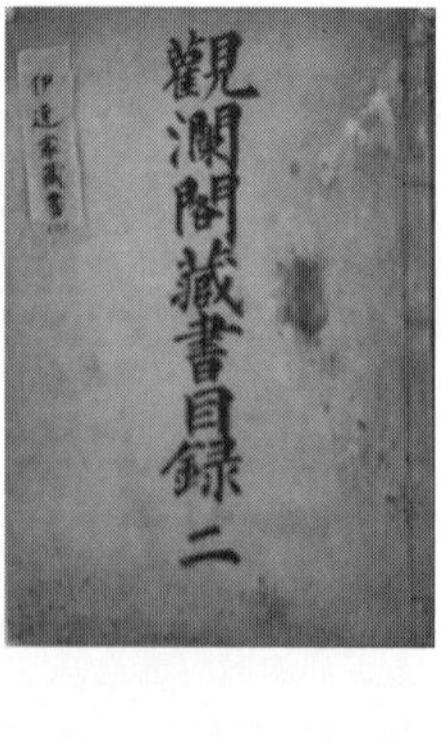

『観瀾閣蔵書目録』仙台文庫に伊達家から贈られた目録（宮城県図書館蔵）

地方新聞は年代を限らず選択する。明治以降の刊本は『古事類苑』や『群書類従』など基本図書であっても選ばない。要するに、たとえ高額であろうと後々買い直せる可能性のあるものはあきらめるといったものだ。このような判断がごく限られた範囲の図書館員によって切迫した状況下で行われるという過酷さは、戦後にいたっても担当者が引き受けざるを得ない重荷として残された。戦前の著作物の中に引用されたり、参考文献として注記されたりした古典籍は、焼失した資料であっても、戦後数十年経た後でさえも、度々利用者から閲覧を求められた。

さて伊達文庫についても触れておきたい。明治元（一八六八）年九月伊達慶邦は仙台城を退くと仙台市内一本杉の臨時の別邸に書籍や道具を急いで運び出す。それらは世情が落ち着くにつれ徐々に東京大井村二四八番地の伊達邸に送られ、はじめて目録類が整備されることになった。明治二十六年（一八九三）三月、旧伊達家中有志は仙台藩関係資料の収集と公開を目的として仙台文庫会を結成し七〇〇余部（四、五〇〇余冊）の和漢書を収集すると、明治二十九年（一八九六）九月仙台市東三番丁五五番地に書籍閲覧所（閲覧料一日一銭、後に無料）を開設した。これを聞いた伊達家は蔵書の中から冊子体の和漢書二七〇〇余部（二二、五〇〇余冊）を品川駅から四トン貨車で二回にわたり運んで仙台文庫に寄託するのである。

この時伊達家では寄託図書の内容を『伊達家蔵書目録』として印刷刊行した。仙台文庫は明治三十二年十二月清水小路一三の一四番地へ新築移転したが、会員たちの高齢化もあって明治三十七年（一九〇四）十一月に閉館、伊達家蔵書は仙台文庫蔵書と併せて殆どが伊達家一本杉邸に収められた。宮城県は、仙台空襲の戦禍を免れたこの蔵書を、空襲で全焼した宮城県図書館の復興のため昭和二十四年（一九四九）八〇万円で購入した。もし明治期に私立図書館「仙台文庫」が誕生せず、伊達家の蔵書があのまま東京の大井邸に置かれていたら、おそらく大正期の売り立てや東京空襲前後の戦乱期に散逸被災した可能性も大いにありえる。これもある種の東京から仙台への半世紀先駆けた疎開と見えないこともない。

東北帝国大学においても、「ケーベル文庫、第二次狩野文庫・漱石文庫・和田佐一郎文庫などが、昭和一七年から一九年にかけて、いずれも三月の年度末に購入された」が、これまた本土決戦も覚悟せざるを得ない東京から仙台への、疎開の意味をかねた移動であったといわれる。

昭和八年（一九三三）公布された改正図書館令により、九月宮城県図書館は中央図書館に指定された。その後は、政府の奨励や各県の例にならい、昭和十四年（一九三九）総動員文庫、昭和十五年（一九四〇）時局青年文庫、昭和十五年（一九四〇）宮城県人文庫、昭和十六年（一九四一）隣組文庫、中堅青年読書会、時局文庫という国威発揚、戦意高揚に役立つ読書振興に取組むことになる。図書館は戦中も戦後も、為政者によって思想教化の格好の道具として使われやすい社会教育施設である。独立した人格を持つ人々が自主的に行う自己学習を徹底的に支援する場であり続けることが、どれほど難しいことか、常に自覚する必要がある。

一旦戦争が始まれば戦時下でできることは限られている。貴重図書選定や、資料避難の優先順位、保存環境整備など、普段から日常の仕事の中で行ってきたことが、決定的に蔵書の運命を左右するのだろうと思う。疎開が正しかったかそうでなかったかは結果論でしか論評できない。戦場になってしまえば空爆がいつ、どの地点を目標に襲うのかわからず、疎開のタイミングや避難場所は、暗闇のなか手探りで判断せざるを得ない。資料が助かるのか、被災するのかは、極めて偶然性に支配される。それでも仙台に常盤雄五郎という古典籍整理に生涯をかけた図書館人がいて、宮城県図書館や東北帝国大学図書館の古典籍目録や、貴重書目録の編纂という仕事によって、守るべき書籍を特定していた。戦禍から守るという図書館の責務遂行のために、人知れず貢献していたのである。

仙台空襲から二三日後の昭和二十年八月二日未明の「富山大空襲」は、富山県立図書館*を全焼させた。当時の蔵書一〇万冊のうち約三五％にあたる三万五、〇〇〇冊が焼失した。同年二月、二代目の富山県立図書館長として招聘された大田栄太郎館長は、空襲の僅か二日前まで、疎開作業の陣頭指揮をとった。全体の約六五％に及ぶ六万五、〇〇〇冊を九次にわたって運び出したのである。大田館長は、前職の帝国図書館で貴重書・和書（貨車三両分）を長野県内へ疎開させた経験があった。辞令交付の翌日、大田館長は疎開先候補のお寺に頼みに行き承諾を得ると、運送会社と交渉して粘りに粘ってトラック一台を確保した。梱包用の莚《むしろ》や縄は払底していたため、図書館の保存用新聞二部のうち一部を梱包に使おうと決断するのである。この図書館資料を梱包材に使う決断は、もし「富山大空襲」がなかったならば暴挙といわれても仕方がない。切迫感がないまま驚いた職員を、説得し得たその覚悟の程に心から感服する。

常盤雄五郎も疎開図書の正しい選択など望まなかったはずだ。「面倒なら全部紙包みに縄掛けでもよいから疎開して欲しかった」と涙をこぼす姿は、図書館人の在り方を教えてくれる。

＊出典＝「富山県立図書館の戦時疎開」参納哲朗著（『みんなの図書館』四六一号二〇一五年九月号）

第二節　東洋文庫のモリソン・コレクション

常盤雄五郎氏が心底から願った「縄掛けのまま選別せずに全蔵書疎開」を実践した例が、「東洋文庫」の疎開である。この忘れ去られた疎開について歴史の扉を開けたのは平成二十五年八月三十日の地元紙『河北新報』に載った一投稿であった。小野寺吉行氏は「東洋文庫の歴史　宮城への疎開に焦点を」と題したこの記事で東洋文庫の疎開の史実を紹介し、企画展や関係資料出版を呼びかけた。

「東洋文庫」は三菱合資会社第三代社長の岩崎久彌（一八六五－一九五五）によって大正十三年（一九二四）年東京市本郷区駒込に設立された東洋学分野の研究図書館である。文庫は大正六年（一九一七）に購入したG・E・モリソン収集の欧文アジア資料約二万四、〇〇〇冊と、岩崎久彌の旧蔵書及びその後買い足した文献五万四、〇〇〇冊を元として蔵書を拡充し続けた。

ジョージ・アーネスト・モリソン（George Ernest Morrison、一八六二年二月四日－一九二〇年五月三十日）はオーストラリア出身の医者・旅行家・冒険家・ロンドン『タイムズ』紙の初代常駐北京特派員・図書収集家と多方面で活動を続

創立時の東洋文庫

岩崎久彌

ジョージ・アーネスト・モリソン

（3点とも（公財）東洋文庫蔵）

けたジャーナリストである。モリソンが収集した書籍や史料の目録は一、六〇〇ページに及んだという。彼が北京を離れようとして売却先を探した時に、最初に日本で関心を示したのは、東京帝国大学と南満州鉄道株式会社であった。結婚したモリソンがまとまった金を必要とし、話が具体化した時に取得を目指したのは、アメリカのハーバード大学、イェール大学、カリフォルニア大学と日本の岩崎久彌男爵である。モリソンは蔵書を極東アジアに置くことを望み、岩崎久彌に三五、〇〇〇ポンドで売却した。これが数年後のことだったら、中華民国側関係者の干渉もあったろうし、それがなくても潤沢な財源を持つ満鉄図書館が確実に入手したと思われる。

　モリソンが出した譲渡の条件は下記の三つであった。

一　文庫は分散せず保存し「モリソン・ライブラリー」と名を冠すること
二　引き続きアジア資料を購入してこの文庫を拡充すること
三　死蔵することなく、篤学者に閲覧の便を与えること

　昭和十三年（一九三八）十二月末日現在の東洋文庫の蔵書数は、和漢書一六万四、二二〇冊、洋書七万八、六八三冊、その他のアジア諸言語資料七、一二七冊、合計二五万三〇冊であるが、その後も蔵書を充実させ続ける。

モリソンと並ぶ石田幹之助（右）他（『石田幹之助著作集』四より）

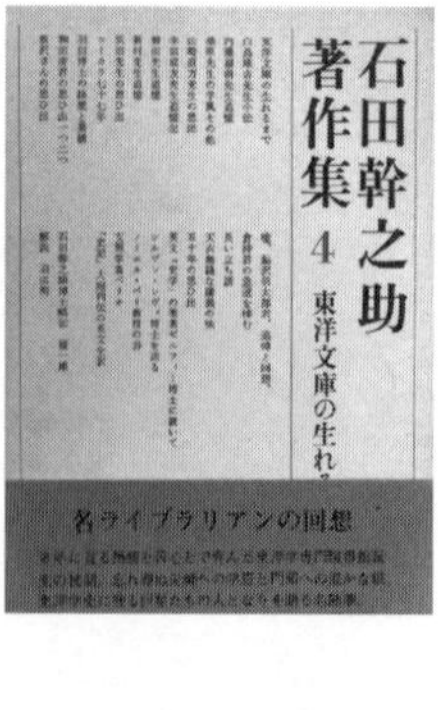

「東洋文庫の生れるまで」『石田幹之助著作集』4　六興出版　1986

第二次世界大戦末期の昭和二十年（一九四五）空襲が始まり焦土化しつつある中、三月十日の東京大空襲を経験し、蔵書を疎開する話が出た。東京帝国大学の東洋史学科を卒業し東洋文庫の研究員だった宮城県中新田（現加美町）出身の星斌夫《ほしあやお》の実家の本家にある米倉が疎開先に選ばれた。最適地と思われた長野県にはもはや受け入れる余地がなかったのである。敗色濃く切迫したなかで戦火から守ると同時に、戦後は隠匿する意図もあったようである。

第一回目の車両が到着した六月二十七日以降、星斌夫は、貨車一四両分約五、三〇〇梱包分の疎開図書の受け入れ側ただ一人の担当者となった。現地受け入れ作業の一切を引き受け、獅子奮迅の働きで戦争から図書を守り抜くため奔走するのである。送り出す東京側も、貨車の手配もままならぬ状況のなか、東洋文庫に関係する老学者たちが「時には焼け野原を大八車をひいて、入手も困難なコモや縄などをさがし歩」き、何としても疎開を実現しようと懸命の努力を続けた。多くは裸のまま荒縄で縛られて貨車に積み込まれた。疎開費用を東京から送金する方法に困り、使者が真冬に列車のデッキで立ち通し、真夏に機関車の炭庫の上に乗ったりしながら、東京と現地との間を何度も往復したという。

中新田でも農家にとってリヤカーや牛車は唯一の機動力でなかなか貸しても

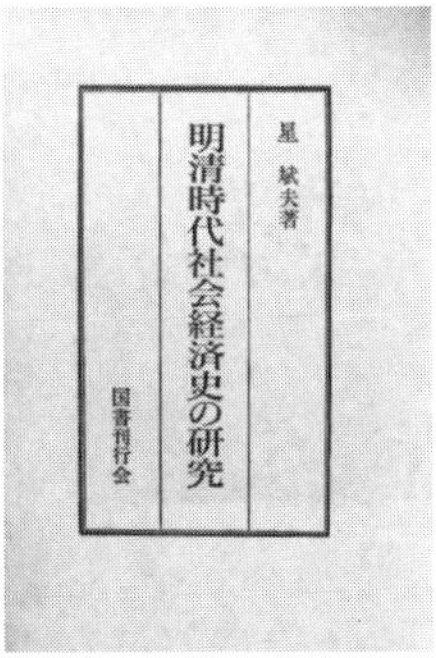

『明清時代社会経済史の研究』星斌夫著　国書刊行会　1989「あとがきに代えて東洋文庫蔵書疎開雑記」を収録

らえない。ある時は、西小野田国民学校の児童一五〇人が「国の宝を戦争からまもるんだという先生の話に目をかがやかし、一つ一つ先生が背負わす荷物を、めいめいがもって来た荒縄でおんぶして、青田にうねる村道を蟻の行列のように一列につづいて」運んだ。季節も梅雨の最中とあって毎日雨が降り続くのに、一時保管の場所もないまま、即刻貨車の明け渡しを迫られ万策つきた星氏を助けたのは、青木中新田駅長の職を賭した機転であった。たびたび間違ったふりをして貨車を遠い待避線に入れて時間を稼いでくれたのである。

　戦後の東京への返送はなお困難を極めた。第二次世界大戦後の財閥解体により経営が困難となった三菱による支援が得られず、蔵書は散逸の危機に瀕した。星斌夫は自身への非難を覚悟の上朝日新聞社の取材を受けて窮状を訴えたのである。『朝日新聞』昭和二十三年（一九四八）四月二十日朝刊*には「帰れぬモリソン文庫　山のモミ倉に寝て三年」の見出しと荒縄でくくられて積み上げられた図書の写真が、モリソンの顔写真とともに掲載されている。この窮地に国会が支援に乗り出し、同年、同じく三菱財閥の庇護下にあった静嘉堂文庫とともに、発足したばかりの国立国会図書館の支部として組織に組み入れ、ようやく返送に着手、完了したのは翌年の昭和二十四年五月二十六日であった。ここにいたるまでの四年

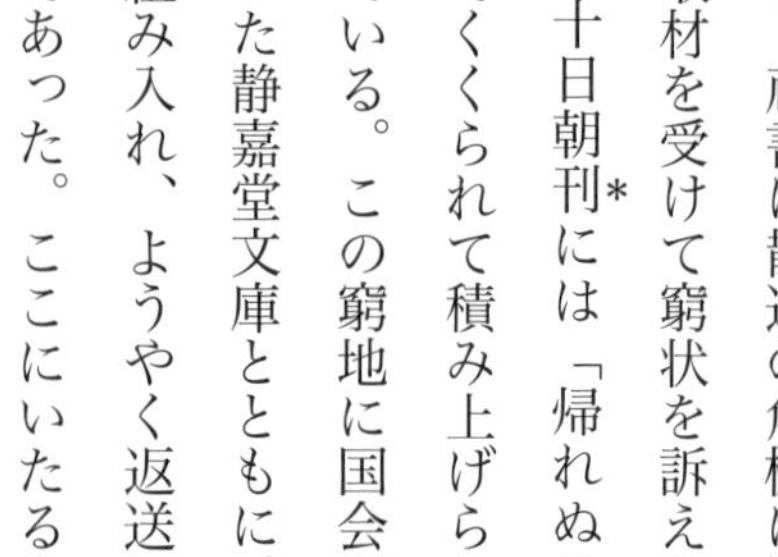
帰れぬモリソン文庫
山のモミ倉に寝て三年

＊モリソン文庫の窮状を伝える記事
（『朝日新聞』昭和 23 年 4 月 20 日）

二ヶ月、直接、間接に受けた宮城県農村の人々の助力ははかりしれない。この疎開事情について東洋文庫ミュージアムのブログには下記のような記述がみえ、疎開図書数、四三万五、〇〇〇冊というその規模の大きさに改めて深い感慨を覚える。

「東洋文庫の蔵書は一九四五年から、宮城県の旧中新田町と旧小野田町に疎開しておりました。戦争も終盤に差しかかった一九四五年、東京への空襲も増えてきたことを受け、五月に緊急理事会が開かれ、宮城県と新潟県に蔵書全体を疎開することが決定されました。宮城県には四三五、〇〇〇冊、一八トン貨車のべ一五両分（正しくは一四両分である）にも及ぶ蔵書が移送されたそうです。一方の新潟県分は、その準備中に終戦を迎えたことから疎開は中止されたとか……。幸い、この東洋文庫（東京・駒込）は空襲の被害を受けることなく無事であったということですが、きっと運が良かったのでしょう」

後に静嘉堂文庫は、経済的に自立して支部図書館を廃止したため、東洋文庫のみが施設内に国立国会図書館の支部を残した状態が長らく続いていたが、平成二十一年（二〇〇九）三月末日をもって支部契約は終了した。現在は特定公益増進法人に認定された財団として、その必要資金は自己資産や三菱グループからの寄付金及び国等の補助金でまかなっている。シリル・パールは一九六七年に著し

『北京のモリソン』シリル・パール著
白水社　2013

た著作『北京のモリソン』の中で

「モリソン文庫の創設者は文庫が存続し、その名前が永久に残ることを望んだが、それはもはや存在しない。モリソンの願いにもかかわらず、かれの蔵書は東洋文庫に分散収蔵され、蔵書票から悲しげな非難めいた表情をのぞかせているカンガルーによってしか識別されなくなった。」となげいた。

しかし、東洋文庫財団は、平成二十三年（二〇一一）十月、東洋文庫ミュージアムを併設した新本館を開館し、その中にモリソン書庫を驚くほど美しい姿で復元した。九四年ぶりにモリソンとの約束が果たされたことになる。東洋文庫は拡充されて、国宝五点、重要文化財七点を含み、現在約一〇〇万冊を所蔵する世界でも五指に入るアジア専門の研究図書館となっている。内訳は、漢文で記されたものが四割、ヨーロッパ語で記されたものが三割、日本の古典籍が二割、アジア諸言語（韓国語、ベトナム語、タイ語、サンスクリット語、アラビア語など）で記されたものが一割という。多分この言語別構成割合にも、アジアの歴史事情や著述文化史が反映されていると思うと、とても興味深い。併設ミュージアムは有料だが、文庫は無料で閲覧ができることも嬉しい。上京して余裕があると、この東洋文庫ミュージアムのモリソン書庫に逢いたくなる。その前に立ち、大戦末

モリソン蔵書票

モリソン書庫

現在の東洋文庫

（3点とも（公財）東洋文庫蔵）

期から戦後にかけて徹底して守り抜いた三三歳の若き研究者、星斌夫の名をけっして忘れまいと思う。

第三節　ジュゼッペ・ロスの古地図コレクション

私は昭和二十一年北京市で生まれた。生後五ヶ月の時、両親と姉の四人で無事仙台市に引き揚げてきたので、無論全く記憶はない。母の話では、誕生時のお産婆さんは中国人で、産着《うぶぎ》もお襁褓《おしめ》も近隣の中国人が持ち寄ってくれて、まるで生粋の中国の赤ちゃんの姿だったという。父は天津市にあった田原組で軍属として地質・水源の調査や井戸掘りの仕事をしていたらしい。北京市で迎えた終戦の日の後、上司からの最初の命令は、即時全文書類を焼却することだった。地質や地盤、水脈や水質調査、さく井《せい》や配管工事の大量の図面や調査報告書の山。これは必ずこれからこの地に生きる人たちに必要な資料となるはずだと思った父は、初めて上司の命令に背き、中国人の助手に引き渡して安全な場所に運ばせたという。これが戦時中について父が語ったことのすべてである。

岡村敬二著『遺された蔵書』によれば、「昭和一二年七月蘆溝橋事件の衝突で

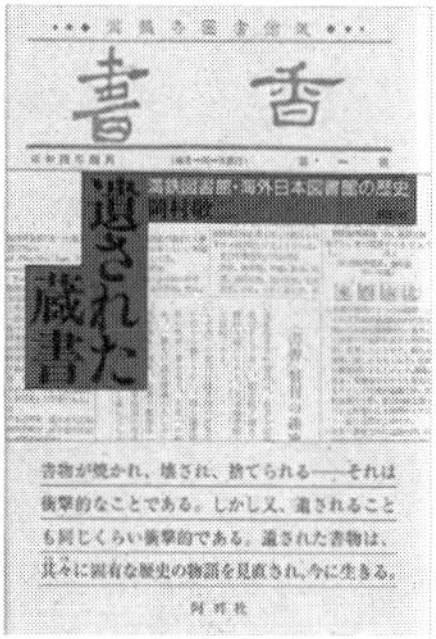

『遺された蔵書』岡村敬二著　阿吽社　1994

はじまった日中戦争は戦線を広げ、上海・蘇州・南京などの都市が次々に陥落していく。この江南の地の文化施設も戦闘の拠点となり標的となり破壊の憂き目にあった。建物や文物、標本のうち貴重なものはその直前に重慶などに遷されたがそれでもおびただしい資料がこの地に残され、その一部は焼かれ、土砂に埋まり、時には薪炭代わりに燃された」という。こうした中国侵略に伴う破壊や焼却が野火のように広がる一方で、同年末、占領地区図書文献接収委員会が組織され、昭和十三年七月、大連や奉天の満鉄図書館から集められた司書が、接収した資料を保全し整理する作業が開始された。

満鉄図書館は、日露戦争後の明治三十九年（一九〇六）に設立された国策会社南満州鉄道株式会社が、満州の地に作った図書館である。二〇館以上あった図書館のうち規模の大きい大連図書館（一九一八年成立）と奉天図書館（一九二〇年改称）は満鉄の調査、研究に寄与する社業参考図書館として、その他は鉄道沿線に住む社員や家族の利用する教養・娯楽用の図書館として機能した。

私が満鉄大連図書館に興味を持ったのは、宮城県図書館の書庫から見い出した不思議な地図のせいである。卒業証書を入れる紙筒より、やや大きめな細長い筒には『康熙《こうき》銅版《どうはん》皇輿《こうよ》全覧図《ぜんらんず》稿本《こうほん》』（以下『稿本』と略す）という書題箋が貼ってあっ

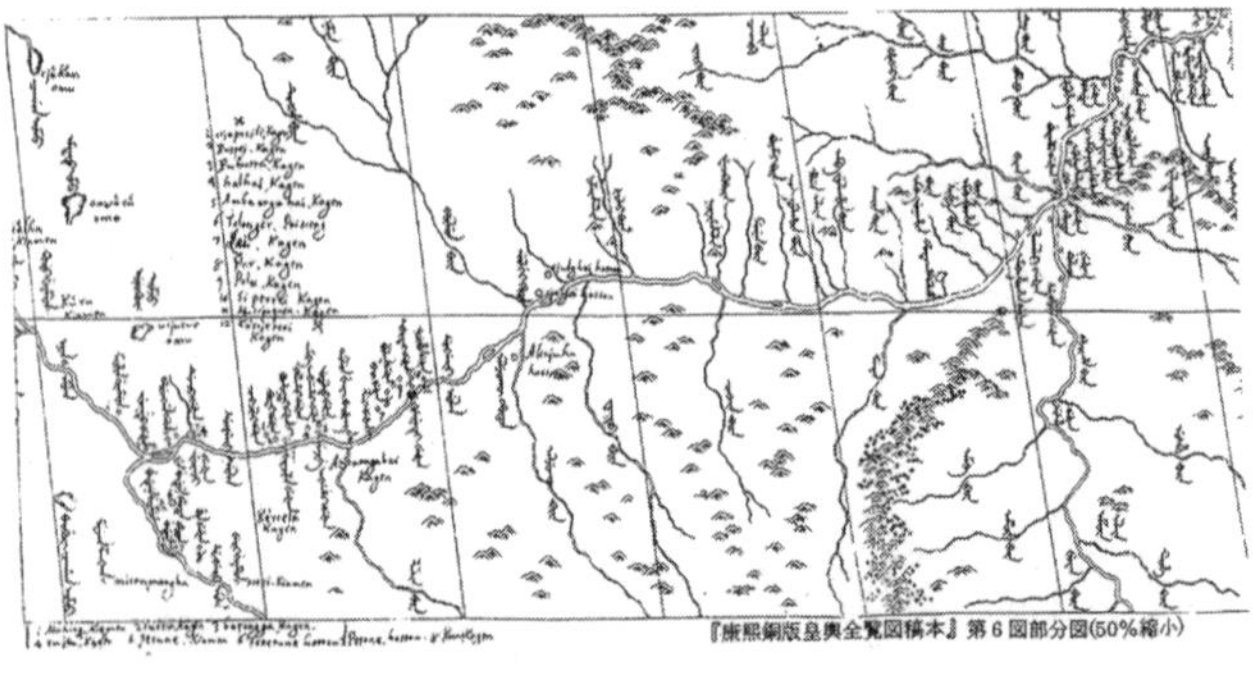

康輿全覧図＝『康熙銅版皇輿全覧図稿本』第六図部分図（宮城県図書館蔵）

た。筒の中には薄様紙が一〇枚あり、内九枚に地図が印刷されている。見たことのない縦書き文字とアルファベットとアラビア数字が印刷されているが、地図そのものにはタイトルも年代も見当たらない。

　印刷されたものであれば必ず同じ地図がどこかにあるはずと考え、主な図書館の地図目録を探したところ『明治大学人文科学研究所創設四〇周年記念蘆田文庫目録　古地図編』の中に発見した。*蘆田文庫は、歴史地理学者蘆田伊人《あしだこれと》（一八七七－一九六〇）旧蔵の絵図・地図二〇〇〇点余りを明治大学が購入したコレクションで、明治大学きっての貴重な文化財とされている。件の『稿本』は「外国で刊行・作成された世界図」として分類され、目録は下記のように記述されている。

〇二‐四〇　康熙銅版皇輿全覧図稿本（書題簽）
　石版九枚・白紙一枚　五二・〇×七七・〇cm
　注記・解題：複製図。全体は満文、一部ラテン文字表記あり。
　筒の題簽脇に「昭和十三年四月二十二日有馬成甫君所賜也」と蘆田氏のペン書きあり。

『明治大学人文科学研究所創設四〇周年記念蘆だ文庫目録　古地図編』

*明治大学のほかには、東京国立博物館にも所蔵されている。

なお明治大学の図書館員の書いたメモには「『満漢合璧清内府一統輿地秘図』に似ている」とだけあり、刊行年や製作地、製作者など、それ以上は突きとめられなかったとのことであった。

宮城県図書館貴重書専門調査事業のため来館する各専門の研究者にも地図を見ていただいた。朝鮮本の第一人者藤本幸夫教授からは縦書きの文字が満州語であること、地図の作成及び印刷には満州人が係わっているはずとのご教示を得た。また国宝を修理する紙の専門家からは、印刷用紙が百年ほど前の洋紙のようにみえるとの判断が示された。そのほか印刷が石印版と思われること、九枚中六枚の地図上に見られる横書きの文字はアクセント記号がついたアルファベットで満州文字の発音をローマ字化したものであることもわかった。

一方で『皇輿全覧図』研究書の決定版ともいうべき、船越昭生著『鎖国日本にきた「康熙図」の地理学史的研究』（以下『康熙図研究』と略称）を読まずには何も始まらないと考え、早速個人でも購入した。それには、

「皇輿全覧図」とは「一八世紀初頭、在華イエズス会士が康熙帝《こうきてい》（一六五四－一七二二）の命によって作成した地図である。清朝の版図、すなわち十六省にわたる本土と、東北・西域・西蔵など塞外並びに朝鮮にまで及ぶ広い範囲にわたり、

『鎖国日本にきた「康熙図」の地理学史的研究』船越昭生著　法政大学出版局　1986

六〇〇を超える天文観測地点を基礎として測絵された成果は、ただ中国最初の科学的地図と称せられるだけでなく、十八世紀前半、この部門において先進国と目されたフランス・ロシアの近代地図と比肩しうるすぐれた地図となった」とある。

康熙帝から手書き原図をもとに銅版図を製作するよう命じられたのは、イタリアのエーボリで生まれたイエズス会プロパガンダ派の宣教師マテオ・リパ(Matteo Ripa（一六八二－一七四六）である。彼は康熙帝のお抱え絵師として中国に初めて銅版印刷術を伝えた。

『康熙図研究』の「図版篇」には一〇〇枚を超す康熙図関連地図の写真が収載されていて、圧巻である。漢数字を使ったよく似た『満漢合璧清内府一統輿地秘図《まんかんごうへきしんないふいっとうよちひず》』は収録されているが、この『稿本』と同じものはない。満州文字とアルファベットとアラビア数字が同時に使われている地図がどこにも現れないのである。だとしてもおそらく石印版で復刻されたであろうこの地図の基になった原図はどこかにあったはずである。

『康熙図研究』に出ている先行研究者、黒田源次に注目したのは、明治大学の『蘆田文庫目録』の注記に「有馬成甫君所賜也」の一言があったからである。昭和十三年（一九三八）蘆田伊人にこの地図を贈った有馬成甫《ありませいほ》は黒田源次の実兄で

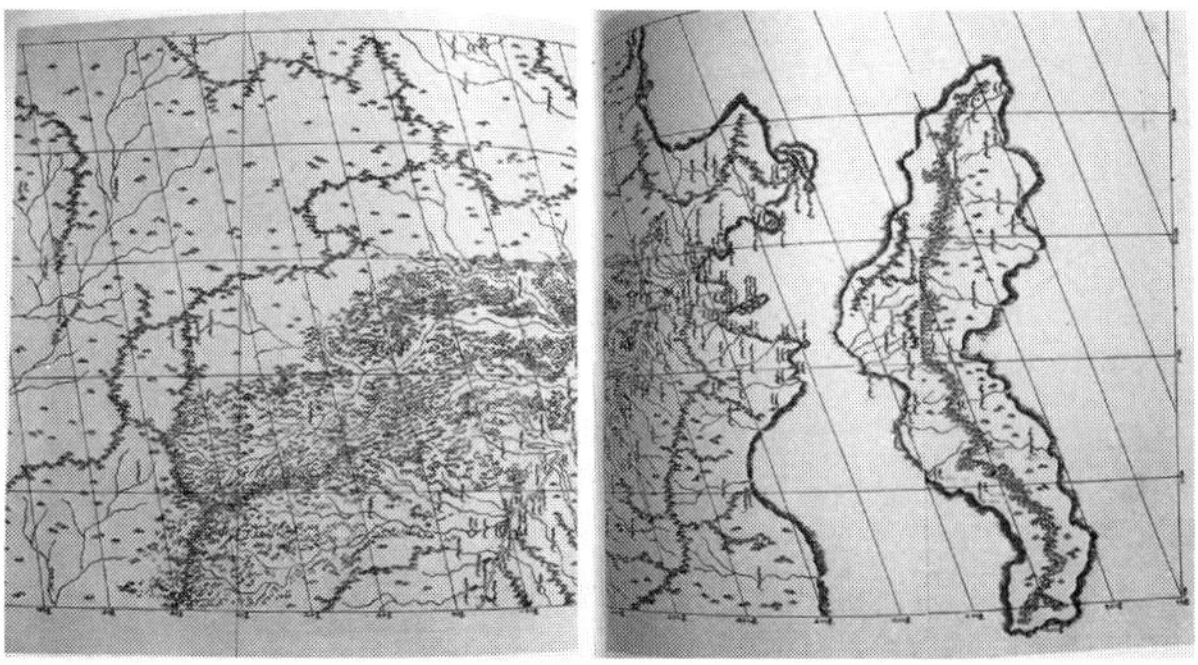

『満漢合璧清内府一統輿地秘図』部分（京都大学人文科学研究所蔵『康熙図研究』より）

ある。黒田は当時満州医科大学の教授として奉天市（現在の瀋陽）に住み、前年の昭和一二年（一九三七）には『満州史学』第一巻一・二号に「皇輿全覧図について」と題する論文を連載しているのだ。黒田源次は、その中で、大連図書館所蔵にもかかわらず『支那地図目録』には載っていないある重要な地図について次のように書いている。

『満漢合璧図』の「初刻本は民間に流伝するもの極めて稀で、今日予の知る限りに於ては不完全本が一軸だけ大連図書館に存するに過ぎない。」「此図は大連図書館『支那地図目録』には載せてない。然し此図についてはDr Fuchsの詳細なる調査がある。」と。

黒田が「不完全本」といっているのは、全体の数量が不明で、これで完結しているのかどうか分からない、という意味である。

満鉄大連図書館について調べ始めて、館長柿沼介《かきぬまかたし》が昭和十二年一月発行の満鉄各図書館報「書香」一〇一号に次のような「購書の思い出」を書いているのに気付いた。

「伊太利公使館内のロス氏の官舎を訪問、同氏の案内で書斎を見せて貰ったが成程立派な蒐書である。特に支那地図類は豊富に蒐集せられて居た、主に清朝初期の写図が多く今日容易に入手し難いものばかりで、約六百点位あったかと思う。（中略）支那地図類は大部分が薄い紙に描いた儘なので、之を裏打ちし、表装するために支那から職人を呼び一年以上もその仕事に当たらしめた。翌年の昭和五年の秋、地図類の整理が完成したので展覧会を開催し一般に公開した。これ等の地図のうちには、南懐仁の「坤輿全図」や康熙帝の勅命により西洋人宣教師等により作成せられた「皇輿全覧図」の銅版図と認めらるるもの、乾隆帝勅撰の「標柱戦蹟輿図」など貴重な古地図が少なくなく」とある。

満鉄大連図書館の中国古地図の殆どはロス・コレクションである。昭和四年（一九二九）一月、北京のイタリア公使館ロス一等書記官が三〇年間収集してきた六〇〇点あまりを三千余円で一括購入したもので、翌五年十月「支那地図展覧会」開催のため、『支那地図目録』が編纂された。主に中国で編纂された地図四五一点を収載している。これには『坤輿全図』と『標柱戦蹟輿図』は収録されているが、ロス氏から購入した「皇輿全覧図」の銅版図と認められるものは影も形もない。

しかしながら、昭和八年（一九三三）十二月三十一日現在の『南満州鉄道株式会社大連図書館和漢図書分類目録　第八編　満州蒙古』の中に一枚の気になる

『清聖祖康熙皇帝朝服像』（北京故宮博物院蔵）

銅版地図を見出した。その目録記述は下記のとおりである。

北満、蒙古、西伯利亜、樺太地図（満文）　〇七三・七一一
銅版　三五三×八三cm
〔康熙年間のものか〕

この地図に着目させたのはその領域と地図の料紙寸法である。中国ロシアにまたがり極端に横に長く、満州文字で書かれていて康熙年間に銅刻されたらしい地図というのである。地図名は対象地域を繋げただけのもので、よく図書館司書が表題のない資料に付ける仮称のようにも見え、正式な地図名かどうかはわからない。請求記号から判断すると満州地図の第一番目に整理されたようだ。更にこの珍しい地図名『北満、蒙古、西伯利亜、樺太地図（満文）』は。『支那地図目録』に載っていない。

ロス・コレクションの中国地図類は満鉄図書館と民国側（燕京大学）とで入手を競い合い僅かの時間差で獲得できたいきさつがあった。木箱一〇個に収め密かに船で大連埠頭に運ばれたといわれている。当時中華民国では古書の国外流出

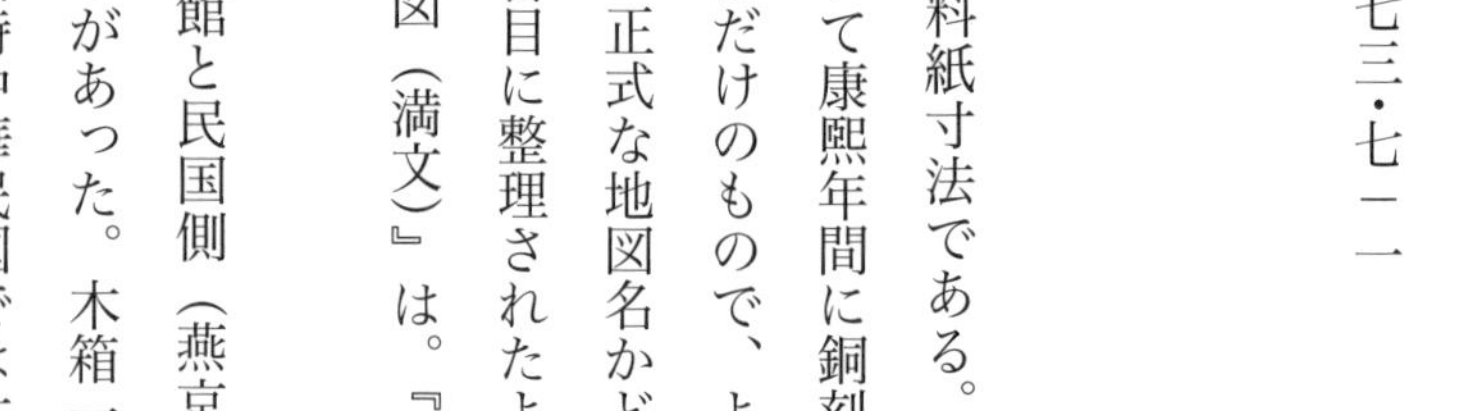

『康熙銅版皇輿全覧図稿本　接合想定図』（印刷枠内のみ314×80㎝、枠外を含む料紙横幅358.8㎝）（宮城県図書館蔵地図より想定）

を厳しく取り締まっており、宋版など日本で購入したことが知れると抗議が出てやむなく当局へ引き渡すこともあったといわれる。『支那地図目録』に載せなかったり、蔵書目録に載せる際にも、『皇輿全覧図』という書名を避けて、適当な書名をつけたりしたのもこれが理由ではなかっただろうか。

初刻本についての「Dr Fuchs の詳細なる調査」であるドイツ語論文*を、はやる気持ちをおさえて翻訳しつつ遂に目的の原図を発見したことを確信した。この地図名のない大連図書館所蔵の満文地図は、九枚半を一枚に接合したもので、横三一四cmあり、緯度は北緯四五度から五五度の範囲、経度は北京を〇度として東西に各々三一度ずつ横に広がっていて、まさしく当館の地図と完全に一致するものである。フックスは、この満文地図と『満漢合璧図』とを厳密に比較し、多くの差異と一致点を分析した結果として、満文地図は奉天銅板と同じものから印刷されたものでも、その後完成されたものでもなく、むしろそれらの基礎となった別種の銅板の組み版から印刷された地形図に、古い時期に手書きで地名が書き加えられたものであること、満州文字の地名には満州語に精通しない者の手になる故の誤りが散見されるほか、音読みを注記したアルファベットといくつかのイタリア語も加えられていてイタリア人神父の手書きのものと推測できること、以上

* Ueber einige Landkarten mit Mandjurisher Beschrifung' von Walter Fuchs（『満州学報』第2満州学会　1933）

から『満漢合璧図』の製作過程で作られたいわば試し刷りに加筆した地図で、銅版皇輿全覧図の原型と考えられると結論付けている。

手書きによる加筆銅版図であるからには黒田源次が「民間に流伝するもの極めて稀で、今日予の知る限りに於ては不完全本が一軸だけ」というのも当然であろう。イタリア人リパ神父が北京で製作した銅版印刷の試図は、二〇〇年後に同国人ジュゼッペ・ロスによって発見され、イタリア公使館内官舎に秘蔵された後、そこから「収集の鬼」とも呼ばれた満鉄大連図書館長柿沼介によって同図書館蔵書となり、ドイツ人フックスにより初めて調査がなされたのである。*

蘆田氏のペン書き、及び明治大学の図書館員による、目録の注記情報とメモ書きに導かれて、ここまで辿り着いた。心から感謝している。今の市販MARC（電子的な書誌情報）では必然的に捨象される、書誌レベルではなく、資料レベルの個別情報だからである。

終戦後、満鉄大連図書館はソ連軍に接収され、中ソ合弁の中春鉄道局の管理課に置かれたという。館長もめまぐるしく代わり、現場のソ連兵の軍規も乱れていた中、蔵書の保全がどこまで守られたかは不明である。ソ連に接収された善本も、その後中ソ交渉で北京図書館に返還されたとも言われている。十数万冊に昇

イタリア人宣教師マテオ・リパ。
国立ナポリ東洋大学の創立者

＊康熙銅版皇輿全覧図稿本』の再刻である石印版は、黒田源次とフックスが関わって製作されたと推定される。時期は、昭和十二年秋から十三年春にかけてか。

るというロス・コレクション全体の行方について一〇年以上もかけて追跡を試みている高田時雄氏（京都大学人文科学研究所名誉教授）ですら「満足の行く結果はなお得られていない」と書いた。目印となる蔵書印も蔵書票もない。『康熙銅版皇輿全覧図稿本』の原図そのものの行方は未だ不明である。*

終戦直後、日本軍の管理下に置かれていた大量の文書や図面類は、殆ど焼却処分され、残され放置されたものは略奪されることも多かったことは想像に難くない。かの有名な『永楽大典《えいらくたいてん》』*ですら、正本は明末の戦乱で完全に失われ、副本も清末のアロー戦争で、一八六〇年イギリス・フランス連合軍が北京を占領した時に、大砲や戦車の車輪が動かなくならないように、ぬかるんだ路上に敷き詰められたとの逸話が残されている。しかし国公立であれ、大学であれ、満鉄であれ、接収であれ、売買であれ、寄贈であれ、いったん図書館に収蔵されて目録に載り、遺された書籍は、かなりの割合で様々な図書館に継承され、または返還されたことは間違いない。直接戦火にさらされない限り、図書館は書籍にとって、最も安全な避難場所たり得たのではないだろうか。遺ってさえいれば、またどこかの図書館で利用することができるようになるはずである。

第二節、第三節で採り上げた北京の二つの個人文庫、オーストラリア人の集

*参考文献＝『康熙銅版皇輿全覧図考察』一・二　早坂信子著（『叡智の杜』第2・3号　宮城県図書館）

*『永楽大典』永楽帝の主導で編纂された中国史上最大の手書きの百科事典。一一九〇五冊から成るが散逸し現在残るのは四〇〇冊あまりという。

めたモリソン・コレクションと、イタリア人の集めたロス・コレクションの古地図資料、前者は岩崎久彌が、後者は満鉄大連図書館が購入した。モリソン書庫は東京の東洋文庫ミュージアムの中に美しく復元され、ロス・コレクション古地図資料の所在はいまだ明らかではない。

第四節　繰り返す自然災害

令和三年（二〇二一年）、宮城県図書館は創立一四〇周年を迎える。同館は明治十四年（一八八一）、宮城書籍館《しょじゃくかん》の名称で「青柳文庫」と「養賢堂文庫」を蔵書の母体として創設された。建物は宮城師範学校の書庫と講堂が充てられた。二年後に師範学校附属小学校の一隅に移転すると、明治二十六年には修繕を施して、明治四十四年まで使い続けた。現在まで新館建築が行われたのは四回、大正元年（一九一二）、昭和二十四年（一九四九）、昭和四十三年（一九六八）、平成十年（一九九八）である。そのうち県民の寄附で建築されたのが大正新館と、戦後の復興新館である。つまり県費のみで建設されるようになったのは、昭和四十三年以降なのだ。一四〇年の歴史のうちの五三年間ということになる。こんな例が他

宮城師範学校の右上隅の書庫と
講堂が宮城書籍館に充てられた。
（『ことばのうみ』No.10　宮城県図書館より）

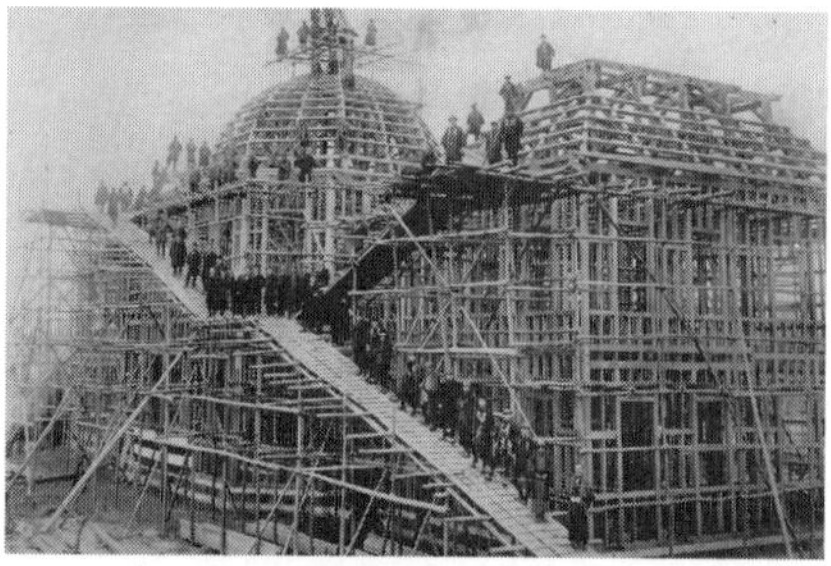

ドーム型図書館の上棟式
（『知の原点宮城県図書館史』宮城県公文書館より）

の県であるだろうか。

大正館舎の新築を含めた図書館運営の調査を委嘱された東京外国語大学教授伊東平蔵《いとうへいぞう》は、明治四十年十月四日付で、報告書を知事に提出した。報告書にあった建築費の上限は四万円であったが、その予算化は難しく全額を寄付で賄うことになる。建築工費総額は、五万九、一六四円九九銭九厘であり、寄附金総額は六万六、五〇四円で、そのうち桃生郡米谷地（現石巻市）の大地主、斎藤善右衛門の寄付は五万円というから、いうなれば斎藤善右衛門記念図書館と呼んでもおかしくない。

昭和24年復興新築図書館、旧養賢堂跡地に養賢堂を模して建てられた。

大正元年に県民の寄付によって新築されたドーム型図書館

（上2点とも『杜』3号　宮城県図書館杜の会より）

昭和43年榴ヶ岡移転図書館

平成10年紫山移転図書館

（『ことばのうみ』創刊号　宮城県図書館より）

美しい大正新館が昭和二十年七月十日未明の空襲で全焼した後、敗戦直後の県財政の窮乏ただならぬ中で、またしても県民からの寄付募集によって再建することになった。目標金額は二五〇万円、募集期間は昭和二十一年七月十五日から二十四年十二月三十一日まで。二十四年九月現在で二七六万五、三五一円も集まった。*当初の計画では初年度の館舎建築と内部設備だけで二六〇万円の予定だったがそれでは収まらない。最終的に昭和二十七年十月三十一日現在で、本館舎、書庫、倉庫の総工費が一二、八九九、一〇八円に及び、寄付金額総額は五、四四六、一五八円に達した。実に四二%を超える*。

図書館は昔から寄付文化とともに歩んできた珍しい施設ではないだろうか。実はお役所に寄付することはとても難しい。あらかじめ「寄付採納願」を書いて書類申請し、価額を評価したうえで許可を得ないと寄付はできない仕組みになっている。総務に転任してきた事務職員は必ずそれを指摘するが、毎日山のように郵便や宅配で、著者献本や雑誌、紀要、行政資料、パンフレットが届くのに驚き、例外扱いのまま今にいたる。

長い歴史の中で、蔵書も建物さえも、利用者が支えてきたといえる公共図書館が、公立であるべき究極の理由はなんだろう。青柳文蔵が、自己の蔵書「青柳

斎藤善右衛門氏（明治五年学制領布五十年　宮城県図書館創立四十年記念誌　宮城県図書館より）

＊出典＝『宮城県図書館復興期』宮城県図書館1949

＊出典＝『復興状況報告』宮城県図書館復興委員会1952

館文庫」の散逸を怖れ、永続的維持を望んで選んだ道は「公廉詳密（私欲なくけじめがあり行き届いてもれがない）」な大府仙台藩に託すことだった。藩主による安定した管理運営こそが「公廉詳密《こうれんしょうみつ》」を保証すると考えたのだろう。これが公立であることの意味ではないだろうか。

図書館の安定した管理運営を妨げるものの一つは、管理者人事の失敗といってよい。もう一つは、容赦なく繰り返し日本列島を遅う自然災害である。これまで臨時休館せざるを得なかった地震について振り返る。なお平成十五年（二〇〇三）七月二十六日（土）七時十三分に起きた「宮城県北部地震」は、最大震度六強の大きな地震だったが、宮城県図書館の被害はなかったので省いた。

①「宮城県沖地震」
昭和五十三年（一九七八）六月十二日（月）一七時一四分（一部開館）
震源地：宮城県金華山沖南部　震源の深さ：七二km
規模：マグニチュード七・四　最大震度五
津波：東北地方の太平洋沿岸で一四～二二cm
日曜日を除く臨時休館日数　六日間

宮城県図書館は仙台市宮城野区榴ヶ岡にあり休館日は日曜日で月曜日は開館していた。一七時を過ぎていたので夜勤以外の職員は帰宅途中であった。二階の閲覧室以外は全て閉室しており、ガラス窓が壊れた一階は無人だったこともあって人的被害はなかった。書庫は固定書架のボルトが壁から抜けて変形し落下した書籍が非常に多かった。

都市型の地震災害を強く意識させる契機となった。耐震基準が変更された一九八一年（昭和五六年）の建築基準法改正にもつながった。

② 「三陸南地震」

平成十五年（二〇〇三）五月二十六日（月）一八時二四分（休館日）

震源地　震源の深さ：七二km

規模：マグニチュード七・〇　最大震度六弱

月曜日を除く臨時休館日数　一七日間

宮城県図書館は仙台市泉区紫山に移転した。近くに住む私が、地震五分後に現場に到着した最初の職員となった。一階エントランスの巨大なガラス壁面を横軸で支えるガラス製の大きな梁が破損して落下し、落下しないものはひびが入っていた。全階のガラス製の防煙たれ壁が約九ｍの高さから破損落下して床や落下した書籍に突き刺さっていた。また一・五トンの重量鉄骨天窓枠がカウンター前に落下していた。その他アルミの排煙設備カバーも落下、図書の落下は開架の約六割、一八万冊を超えた。その他閉架書庫の落下図書多数。ただし貴重書庫は全く被害がなかった。事務室の電話、携帯電話も繋がらず、館内公衆電話が唯一使用できたので、主管課である生涯学習課及び館長ほか職員に連絡をし、人的被害がないこと、当分の間臨時休館が必要であることを報告した。休館日でなければ、死者を含む多数の負傷者が出たことは確実と思われる惨状を目にした。これ以後ガラス防煙たれ壁は金属製に取り替えられた。

③「東北地方太平洋沖地震」（災害名は「東日本大震災」）
平成二十三年（二〇一一）三月十一日（金）一四時四六分（開館中）
震源地：三陸沖（牡鹿半島東一三〇㎞）震源の深さ：二四㎞
規模：マグニチュード九・〇　最大震度七
月曜日を除く休館日数　五三日間

紫山に移転新築した現図書館

現図書館の一階部分

（２点とも『宮城県図書館施設・機能要覧』宮城県図書館より

三月十一日本震時の利用者は三五〇人で、職員や業務委託関係業者と合わせて四五〇人が在館しており、幸い一人の負傷者を出すことなく避難することができたという。しかし、施設設備の一部が損壊、壁面大型ガラス、石板の破損・落下、書架の転倒、図書資料（一〇五万冊）の九割が落下及び散乱し損傷も著しく、本震時翌日の三月十二日から休館を余儀なくされた。外構関係の一部破損（一部地盤沈下、崩落など）。さらに、四月七日の最大余震により、配架を終えていた約五割の図書資料が再度落下、復旧作業のやり直しが必要となり、閉館を五月十三日まで延期せざるをえなかった。建物の被害総額六、〇〇〇万円。

④「福島県沖地震」

令和三年（二〇二一）二月十三日（土）二三時七分（閉館中）

震源地：福島県沖　震源の深さ：五五㎞

規模：マグニチュード七・三　最大震度六強

月曜日を除く休館日数　一日間（二月一四）

この地震は、前項の三・一一地震の余震であると推定される。気象庁によると、東日本大震災が発生した二〇一一年から二〇二〇年までの一〇年間に、東北沖の巨大地震の余震域で観測された地震の回数は五七万二〇七回で、これは震災の前の二〇一〇年までの一〇年間に観測された地震の回数、一八万八七六六回と比較すると、およそ三倍に増えたという。

この四回の地震で全く人的被害が出ていないことは、奇跡的である。特に「三陸南地震」が起きた、二〇〇三年五月二十六日が、休館日の月曜日であったことに、畏怖の念すら覚えた。この地震の後に、ガラスの危険箇所を総点検し、金属に置き換えられる部分は置き換え補強した。地震以前から敷地内のガラス製の屋外アートや壁面ガラスが、未明に放射冷却のあった日、最初に朝日が差す時間帯、細かくひび割れ落下する事故が何度か起きていた。超近代的な宇宙船のような外観の図書館は、アルミニウムとガラスと大理石でできている。一・二階は巨大エントランスホールで占められ、三・四階に重い書架が集中している、全体が巨大なピロティ式建築物である。しかも敷地は、建築前の説明によると、二つの小高い山の頂上を削って、そこに橋を架けるように二〇〇mの長く細い建物を建てると聞いた。書架が南北を向いていようと、東西を向いていようと、その都度大量

東日本大震災で破損したガラス壁の奥の開架書庫（『ことばのうみ』三七号　2011）

東日本大震災直後の開架書架（同右）

に落下するのは当然だ。雪崩れて落下した本の山に突き刺さる、無数のガラスの剣先を視るがよい。公共建築物の設計者たちよ。

公共図書館の古典籍の多くはおそらく、明治以来、書物収集家の寄贈を受けて収蔵されたものであろう。先人の著作に学び、自身の思索や発見を加えて新たな著作を創り出し、家蔵書物と共に寄贈する、その連綿とした繋がりが現在まで蓄積されたものといえる。税金で購うもの、税金で建てるものが公共図書館の絶対的条件ではない。公共図書館の専門的職員である司書は、過去の著作者から受け取った思索や発見を、預かって組織化し、目録を公開してアクセスに応え、未来の読者に無事届くよう大切に守る。

文学者、丸谷才一は「本というのは、おのずから他の本を読ませる力がある」と書いた。私はこの後に、「本には次の本を生み出す力がある」と続けたい。図書館は古くから本を読む場所、借りる場所として信頼されてきたが、新たな出版文化の再生産の現場でもあることを忘れてはならない。その連綿としたつながりを守るのも司書の仕事である。

第五節　宮城県図書館所蔵古典籍の移管事件

平成二十三年（二〇一一）二月二十五日の地元新聞『河北新報』一面に第一報が載った。「宮城県図書館の〝魂〟移管」という見出し付きで、宮城県図書館所蔵の古典籍等一一万点全てが、多賀城市の東北歴史博物館へ移管されるという内容である。この事件が発覚したのは、宮城県図書館協議会のメンバーに新聞記者がいたからである。報道の一週間前の図書館協議会で館長から初めて古典籍の移管が報告された。移管事業の予算案が県議会で可決された翌日二月十八日のことである。図書館協議会での審議を求めたものの、決定事項として退けられた協議会の澤井清会長は、辞任を申し出ると途中退席した。その後に続き「図書館協議会委員である前に一人の新聞記者です。取材します」と席を立ったのが河北新報社の記者であったという。二月二十五日の新聞報道がなかったら、誰にも知られず密かに一一万点の古典籍の移管が実施されたのは間違いない。

東北歴史博物館*による第一回の資料搬出（二月二十八日）までを時系列で書

閉架書庫内の青柳文庫（『ことばのうみ』No.23　宮城県図書館より）

いてみるが、経過はこうである。

平成二十三年（二〇一一）

▼二月十四日（月）　宮城県議会　平成二十三年二月定例会

　村井嘉浩知事、平成二十三年度宮城県一般会計補正予算案を第一六号議案として提出、その審議が予算特別委員会に付託された。その中に「住民生活に光をそそぐ交付金」として、「東北歴史博物館資料活用推進費」七、四〇四、〇〇〇円が計上された。備考欄には「歴史的貴重資料を図書館から移転」の一行のみ。

▼二月十五日（火）　宮城県議会の予算特別委員会

　ある委員からその内容を問われた教育長は「文化財として貴重な価値が認められるもので、古文書、古絵図、絵画、工芸品など、総数一一万点*でありますす」と回答。それらが図書館にあった理由としては、「近年まで県立の博物館等が未設置でありましたことから、県図書館においてこうした文庫をはじめ絵画、古文書などの資料や絵画などの美術品等を積極的に収集し、保管してきたもの」と説明した。さらに「東北歴史博物館には専門の

＊昭和四十九年（１９７４）に開館した東北歴史資料館を継承し、この時点で三七年の歴史を持つ県立博物館である。

＊正確には11万1559点が移管対象で、中には、和書、漢籍の全書籍、5万7000枚を超える戦後の街頭紙芝居なども含まれていた。

学芸員がおるわけですが、その学芸員による整理・研究を進めまして、その成果に基づき特別展あるいは種類ごとのテーマ展示という形で積極的に公開し、貴重な資料を県民の皆様に広く紹介してまいりたいと考えております」と回答。

▼二月十六日（水）　予算特別委員会文教警察分科会

二月補正予算は原案通り可決すべきものと決する。

▼二月十七日（木）　予算特別委員会

分科会主査からの報告受け、主査報告のとおり決する。

▼二月十七日（木）　宮城県議会　定例会

　予算特別委員会委員長から審査の経過及び結果（原案可決）の報告を受け採決、原案可決となる。

▼二月十八日（金）　宮城県図書館協議会

図書館長より、図書館所蔵のすべての古典籍一一万一、五〇〇点が、東北歴史博物館に移管することが決定事項として報告された。その席上で協議会の澤井清会長（宮城学院女子大学名誉教授）は協議会に審議もさせず、県民の声を徴することなく、一方的に決定したことに抗議し辞任を表明し退

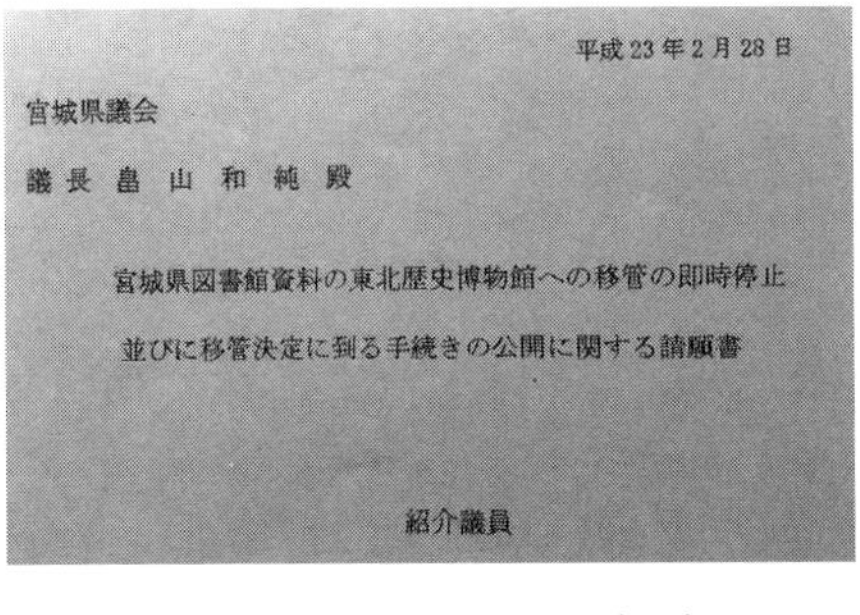

平成23年2月28日

宮城県議会

議長　畠　山　和　純　殿

宮城県図書館資料の東北歴史博物館への移管の即時停止

並びに移管決定に到る手続きの公開に関する請願書

紹介議員

宮城県議会議長に提出した請願書

席、続いて協議会委員一名（河北新報社）も退席した。

▼二月二十二日（火）　私（早坂）が河北新報社記者より取材を受ける。

▼二月二十五日（金）　河北新報に冒頭の一面記事のほか別面に、東北大学東北アジア研究センター教授平川新教授、出版文化研究家渡邊慎也氏、そして元宮城県図書館勤務の私のインタビュー記事掲載。

▼二月二十八日（月）　宮城県図書館から東北歴史博物館へ資料の運び出しが開始された。

この時ばかりは、歴代の図書館長、図書館協議会の歴代会長、元同僚、地元の大学図書館員や研究者、遠方の大学教員、中学校や高校の担任の先生にいたるまで、日頃ご無沙汰しすぎて合わせる顔のない方々まで、沢山の指導や助言や応援をお寄せ頂いた。自分が出来ることはなんでもやろうと覚悟していたので、助言のままに動き回った記憶がある。

請願書と陳情書を出すことを勧められ、宮城県議会のホームページに詳しい説明があったので、それを頼りに、初めて地方政治における行政と立法の仕組みを学んでいった。

ホームページによれば「請願とは、政治や行政に対して希望を述べることであり、憲法によって認められた権利です。公の機関に対し、どなたでも請願書を提出することができます」とあり、書式や記入例まで用意されていた。「一番近い定例県議会（通例二月・六月・九月・十一月）で審査されるためには、その定例県議会の一般質問最終日の前日の正午までに提出し、受理される必要が」あるとあって提出期限まで時間がない。また「請願書を提出する場合は、紹介議員の署名又は記名押印を得た上で、宮城県議会事務局議事課に一部提出」しなければならないらしい。趣旨を説明するためには、二月二十八日中に議会に行って紹介議員に面会を求め、翌日の三月一日の正午までに受理してもらわないと間に合わないのだ。

二月が短いのがうらめしい。出版文化研究家渡邊慎也氏、仙台郷土研究会会員三人、図書館ＯＢ二人に、請願文案をメールやＦＡＸで確認してもらった後、修正箇所を調整し、連名請願者の承諾をもらうと、二十八日県議会棟一階ロビーに集合した。その場で自筆署名や押印をもらい、幸運にも全党派五人の紹介議員の承諾も得られた。三月一日午前中に、「宮城県図書館資料の東北歴史博物館への移管の即時停止並びに移管決定に至る手続きの公開に関する請願書」は、無事議会事務局に受理してもらえた。まさに綱渡り、幸運の女神が次々現れ、手を引き誘導してくれて、無事向こう岸に渡してくれたのである。筆頭紹介議員の相沢光哉氏へは、私の宮城学院中学校高校の担任の先生が直接訪ねて道を開いてくれた。恩師である土生慶子先生は、歴史研究家で図書館のヘビーユーザーでもある。

このとき同時に、宮城県知事、宮城県教育委員会委員長に対し、同一趣旨の「陳情書」も提出した。

請願書提出以後の出来事を、再び時系列でまとめてみる。

平成二十三年（二〇一一）

▼二月二十八日（月）　請願書は宮城県議会議長畠山和純氏へ、陳情書は宮城県知事村井嘉浩氏及び宮城県教育委員会委員長大村虔一氏へそれぞれ提出。

▼三月一日（火）　宮城県議会が請願書を受理、知事と教育委員長が陳情書を受理。

▼三月二日（水）　宮城県議会　本会議

請願番号三三〇－三「宮城県図書館資料の東北歴史博物館への移管の即時停止並びに移管決定に至る手続きの公開に関する請願書」の審議は文教警

恩師土生慶子先生の著作
『伊達政宗娘いろは姫』

察委員会に付託された。

▼三月十一日（金）　宮城県議会の文教警察委員会（今期最終委員会）（一三時一三分閉会）

請願審査　請願番号三三〇－三（図書館資料移管）は継続審議と決する。

▼三月十一日（金）　東北地方太平洋沖地震（一四時四六分）

▼三月十一日（金）　宮城県議会　本会議（一五時七分から一五時八分）（議事堂玄関前）

議長が今期県議会の会期延長を提案し、決議して散会。

▼三月十五日（火）　宮城県議会　本会議

文教警察委員会委員長の報告により、請願番号三三〇－三（図書館資料移管）は継続審議と決する。

▼五月十七日（火）「移管に反対する緊急アピール」　県庁記者クラブ会見（宮城県図書館蔵書のあり方を考える会代表　電気通信大学准教授　佐藤賢一‥全国の大学研究者、作家、医師などから構成）

▼五月二十日（金）　宮城県議会の文教警察委員会

請願審査第二回目　請願番号三三〇－三（図書館資料移管）は継続審議と

決する。

▼六月十六日（木）　宮城県議会の文教警察委員会

請願審査第三回目　請願番号三三〇－三（図書館資料移管）は採択すべきものと決する。

▼六月二十日（月）　宮城県議会　本会議

文教警察委員会委員長の結果報告（採択）を受け、請願番号三三〇－三（図書館資料移管）は委員会報告のとおり採択を決定した。

▼七月二十一日（木）『河北新報』掲載記事

「図書館資料移管　白紙」の見出しの元、「県図書館の貴重な古書などの移管問題で。県教委は二十日、仙台市泉区の同館で開かれた図書館協議会で本年度中の移管を白紙に戻すと説明した」

▼七月三十一日（日）「宮城県図書館所蔵の意義を考える会」開催（仙台国際センター）

宮城県図書館一三〇周年を祝う実行委員会主催により、「宮城県図書館創設一三〇年記念・青柳文庫創設一八〇年記念」と冠したシンポジウム「所蔵の意義を考える会」が開かれた。前日本ペンクラブ会長阿刀田高氏の講演「いま一番大切なこと」ほか。元図書館協議会長斎藤雅英氏（元東北福祉大学教授）。宮城県図書館蔵書のあり方を考える会代表　電気通信大学准教授　佐藤賢一氏。ＮＰＯ二〇世紀アーカイブ仙台副理事長、風の時編集部代表佐藤正実氏。早坂信子を加えたシンポジウム「図書館の果たす役割を語ろう」が実施された。

宮城県議会平成二十三年二月定例会（第三三〇回）は、四月二十四日の統一地方選挙を目前にし、最後の本会議となるはずであった。各種委員会も三月十五日までには、現体制の全任務を終了する予定だった。請願書を提出しようと訪ねた議会では、会う人ごとに、採択は九九％以上無理だと言われ続けた。一つ目の理由は県議会が移管事業を認めて予算案を可決した後であること。二つ目は委員会での請願審査の機会が、三月十一日の一回きりで、県会議員選挙に突入するため、選挙後に改めて、新しく当選した県会議員に対して請願する必要がある。つまりタイミングが悪過ぎるというのだ。

その三月十一日、私は初めて文教警察委員会の傍聴を申し込み委員会室の傍聴席に詰めた。固唾をのんで審査の経過を見守る。請願採決の前に委員長から異例の一言があった。我々の委員会はこれで最後になる。次の文教委員会に課題として残さざるを得ない、課題として受けとめて、きちんと時間をかけて議論した上で結論を出して頂きたい。ここで、採択、不採択という結論は難しい。「継続審査すべきものと決する」この最後の言葉を聞いて感謝と喜びがこみ上げた。

急いで帰宅しほっとした午後二時四六分、あの「東北地方太平洋沖地震」が起きたのだ。宮城県議選挙は十一月十三日に延期され、県会議員も委員会構成もそのままとなった。委員会での五月二十日、六月十六日の請願審査は個別審査で行われ、委員と行政側による激しい応酬があった後、採決があり「採択」となった。信じられない思いで委員会室の傍聴席を後にした。

そして迎えた六月二十日の県議会の本会議、請願は全会一致で正式に採択された。翌日の新聞の見出しには「県図書館古書移管、反対請願採択、賛成討論で県側こき下ろす」とあった。記事によれば、請願賛成の立場で討論した相沢光哉議員は、文化財に対する県執行部の姿勢を約二〇分にわたり、痛烈に批判した。反対討論のない議案で賛成討論を展開するのは四五年ぶり。相沢議員は「県図書館の根幹に関わる貴重な図書の移管は、県の文化行政の一大汚点だ」と指弾した。移管費用を計上した予算案は震災前、県議会二月定例会議で可決されている。相沢議員は「年度末、しかも統一地方選直前で十分な吟味ができなかったことはうかつだった」と自省。その後は「うがった見方をすれば、議員心理を巧みに突いた（県）の高等戦術。恐るべし、官僚の策略」と口を極めてこき下ろしたという。

▼六月二十七日（月）　宮城県議会議長から各請願者に通知が届く。

「貴殿から提出されました下記の請願は、第三三一回宮城県議会（平成二三年五月定例会）において、採択と決定しましたので御承知願います。なお、この請願は、関係方面に送付したので申し添えます」

▼九月一日（木）　宮城県教育委員会教育長から各陳情者に通知が届く。

その内容は下記のようなものであった。

宮城県図書館所蔵資料の東北歴史博物館への移管の即時停止並びに移管決定に到る手続きの公開に関する陳情への県の対応方針について（通知）

（一）宮城県図書館の根幹に関わる図書館所蔵資料一一万点の東北歴史博物館への移管の即時停止を求めます。

〔回答〕移管作業は停止します。

（二）移管を決定するに至った手続きを公開するとともに、県民の意見を聞く機会を設けるよう再考を求めます。

〔回答〕決定に到るまでの経緯の概要としましては、平成二二年一月に図書館及び博物館の職員が図書館所蔵資料の実物調査を実施し、約一一万点を越える文化財資料等の存在が判明し、また、国及び県の指定文化財に値する資料も多数存在することが確認されたことを受け、県として、①県民の財産である文化財資料等を適切に評価・管理するためには、専門の学芸員による調査研究が必要②文化財資料の保管にあたっては、文化財保護に適した保管環境機能が必要③文化財資料を広く県民に公開するためには的確な展示企画機能、十分な展示スペースが必要との認識のもと、これらの機能を有する東北歴史博物館に移管し、宮城の歴史・文化をより広範にかつきめ細かに県民に情報提供し、次の世代に継承していくべきと判断したもの

全国屈指を誇る現宮城県図書館の展示室。305・74㎡の展示室（独立空調）とその両脇に準備室2室を備える。

であります。

なお今後は、様々な立場の方々から御意見をいただきながら、図書館所蔵資料に係る適切な評価・管理・利活用方策等について論点整理を行い、その後、専門家の知見も踏まえ、中長期的視点に立った図書館所蔵文化財資料等の取扱について幅広く検討してまいります。

▼九月三十日　宮城県議会　本会議

図書館資料移管決定が行政手続きとして適切であったかの議員の質問に対し、教育長は「教育財産の管理は教育長に委任されている」ので適切であったと主張。遊佐勘左衛門代表監査委員は、規則に反するものではないが「教育委員会で協議すべきかどうかについては、教育委員会で、規則の趣旨を踏まえて適切に解釈運用すべきもの」として丁寧な政策決定を求め、「教育長への委任事務」とした判断に否定的な見方を示した。

また、当時、教育長が、東北歴史博物館長を兼務していたことを糺した質問に、教育長は、博物館を優先するなどという考えは無かったと答弁した。

翌年、平成二四年六月一五日に組織された、第三一次宮城県図書館協議会の会長に、前年、県議会で文教警察委員長を勤めた寺島英毅氏が就任し、委員の一人に私が委嘱されたことには、心底驚いたが、前年の教育長回答の具体的な実行だろうと推察した。第一回会議で早速、教育委員会資料「宮城県図書館所蔵文化財資料の移管に係わる論点整理の結果について」が配布され審議が始まった。一年間に異例の五回の協議会が開かれ、毎回「古典籍の移管」を中心的議題として話し合った。

その席で確認できたのは図書館と博物館との研究主体の違いである。図書館での研究主体は一般公衆、博物館での研究主体はその博物館の学芸員である。またその事業活動の違いを、「図書館法」と「博物館法」の文言から引用すれば、図書館は資料を収集し「利用に供する」、博物館は博物館資料を収集し、「保管し、展示する」となる。生涯学習課が、この点を文部科学省社会教育課法規係に確認したところ、「展示は博物館の大きな特徴である」との話を受けたとの説明があった。また図書館は明治十四年（一八八一）以来、全資料の蔵書目録を冊子体、カード目録、データベースとして変化させながら常に公開してきた。一方博物館は、展示目録や、主題文献目録、研究紀要、年報は出しているが蔵書目録は作成していないとのことだった。五回の協議会を重ねた結果、「古文書、絵画、工芸品」*のみが移管対象となり、残りの全書籍と古絵図類は、今までどおり図書館で所蔵することで協議会の意見がまとまり決着を見た。

三月十一日の文教警察委員会で、教育長は「御承知のように図書館には司書はおりますが、文化財資料を調査・研究する学芸員はおりません。このため、これまでは外部に委託し、また、東北歴史博物館学芸員と協力しながら調査し、文化財指定に取り組んできております」という趣旨の発言を何度も繰り返した。この説明が誤りだったことは、教育委員会が作成した「論点整理の結果」によって明文化された。

「これまで図書館では司書が中心になって資料を整理し、専門家の意見を聞きながら三二件の資料を文化財指定に向けた実績を確認した」と、文教委員会での前言を撤回し、所蔵資料の適切な評価が司書にも可能であることを初めて認めたのである。文化財保護審議会に向けて必要な説明資料を作成し、毎回指定候補の資料説明を行ったのは、文化財保護課の事務局の補助として臨時的に加わっていた、私だったのだ。東北歴史博物館の学芸員が関与したことは一度もない。文化財保護審議会の議事録を読めば誰でも簡単に分かることである。

＊こけしや古銭、木地玩具、古記録、明治の錦絵など1151点、二八箱の1179件が移管対象となった。

今振り返れば、こうしたこと全ての出発点は、ある日、宮城県図書館の予算担当の総務職員が発した一言である。

廊下ですれ違いざま、「あの要求してた雇用創出予算だめでしたよ」と軽やかに告げられた。その頃古典籍の目録データをなんとかデータベースに載せ、その先にデジタル・アーカイブを実現させるべく予算要求の度に悪戦苦闘していた。古典籍や郷土記事索引の冊子目録は揃っていたので、それを元に目録データを作成したかったのだが、和古書と漢籍を合わせると六万冊近くて容易ではない。毎年工夫し要求しても無理だったので、古典籍の価値を客観的に認めさせる方策として、文化財指定を思いついた。調べてみると宮城県の「書跡・典籍」の指定が東北の他県に比べて極端に少ない。国宝や国の重要文化財指定を除くと、県指定有形文化財は「紺紙金泥大般若経巻二百九十七」(荒沢神社蔵)一点だけであった。他県の件数とは二桁違うのである。

幸い当時の伊達宗弘館長は、あの青柳文庫を設立した伊達斉邦の実家、登米伊達家の現当主である。ここからは怒濤の知略と戦力とで貴重書調査事業を先頭に立って指揮し、大事業に育て上げた。

「二一世紀を牽引する叡智の杜づくりプロジェクト」と名付けられ、文部省のモデル事業に認められると、全館員が総動員で取り組む壮大なスケールの事業となった。この過程で極端に注目を集めすぎたのではないかと思うのである。幸い目録のデータベース化も画像のデジタル・アーカイブ化も実現できたが、そのタイミングで、古典籍全部を、完成したデジタルデータごと東北歴史博物館へ移管するという話だったのである。第一回の移管が始まった頃が丁度、東北歴史博物館の情報システムの更新開発時期にあたっており、宮城県図書館が構築した「叡智の杜」デジタル・アーカイブ・システムデータの完全移行を前提にした提案書を各社に求めていたと聞いた。

私の生涯で請願書や陳情書を書くことがあるなど、遙か想像を超えていた。私の興味を惹く人間は、なぜか上書、上中書、願書、嘆願書、建白書を書く確率が高いような気がする。芦東山、芦東山の娘畑中娖《さく》、林子平、青柳文蔵、市川清流などである。只野真葛の『独考』もある意味、一種の個性的な建白書といえなくもない。宮城県議会のホームページには本当に助けられた。現代の建白書環境はインターネットの普及のおかげで、とても身近になり、その経過や結末も全て公開され保存されている。これが民主主義というものかと改めて感心した。

この移管事件では、私の知らないところで、大勢のかたによる御尽力や地道

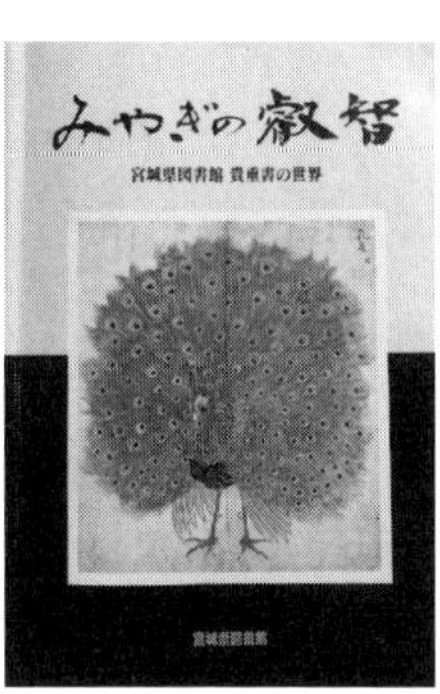

叡智の杜プロジェクトの成果の1つ『みやぎの叡智』宮城県図書館　2008

貴重図書デジタルアーカイブの公開

な活動があったと聞いた。多くは「本」を友として生き、日頃から図書館をよく利用する人々である。ツィッター上でハッシュタグを付けたキーワードを用意し、意見や助言の広場を作ってくれたかたもいて、書物保存の専門家や、宮城県図書館を利用したことのある、遠方の研究者からも大いに励まされた。ちなみに、最初に新聞報道があった二月二十五日、ツィッターでこの件を全国へ向けて最初に発信してくれたのは、国立国会図書館関西館図書館協力課であった。

この事件が落ち着いた頃、六月二十日の宮城県議会本会議で、二〇分間の賛成討論をした相沢光哉議員から、その時の演説原稿が届いた。四〇〇字詰め原稿用紙に鉛筆で手書きされた一二枚の「自筆稿本」である。これは永久保存だ。また、ジェラルディン・ブルックス著、森崎マリ訳の『古書の来歴』＊という二冊の文庫本も送られてきた。未知の著者であったが、実に面白かった。この本を読んで、「古典籍移管事件」が奇跡的な逆転劇を迎えられた理由の一つが分かった気がした。報道記者が報道の仕事を全うすることによって始まり、政治家が政治力を十全に発揮することで決着し、図書館の蔵書が守られた。その報道記者も政治家もおそらく「本」を友として生きる人だったからだ。

＊『古書の来歴』ジェラルディン・ブルックス著、森嶋マリ訳　武田ランダムハウスジャパン　2012
（内容）五百年の時を生き延びた「サラエボ・ハガダー」（中世ユダヤ教の装飾写本）。それはなぜ造られ、どんな人々の手で守られてきたのか、激動の歴史に耐えた美しい稀覯本の来歴の物語。

コラム　レファレンスは毎日が謎解き〈四〉

〈レファレンスは難しい〉

Q　ローリー・ギャレットの「しのびよる疫病」という図書を探してほしい。

＊　＊　＊

一九九八年の依頼である。蔵書検索端末で探すがローリー・ギャレットの著作としては『新脅威時代の「安全保障」』（中央公論社　一九九六）というアンソロジーに収録された「感染症という名の新たな脅威」という論文一つしか見つからない。

国立国会図書館「ゆにかねっと」でも、CiNiiBooksでもそれらしい図書は発見できない。この段階で、①書名の間違い、②最新刊、③未邦訳、④雑誌論文、のいずれかの可能性を前提にした調べ方に速やかに切り替えた。日頃の経験から少数部数の限定出版や私家版でない限り、この二つのデータベースを調べれば確実に所蔵館を確認できるので、見つからなければ作戦変更ということになる。それにしても著者名から検索して、図書が一冊もヒットしないのが不思議だ。

前述のアンソロジーを手がかりに、ローリー・ギャレットの原綴りと原書名を探すが、解説の中には何故か「ギャロット」とあり、裏表紙では「R・ギャレット」とあって、肝心の原綴りはない。その邦訳論文の初出誌として記述されていた『中央公論』一九九六年三月号を見ることにする。

『中央公論』にも原綴りは出てなかったが、著者紹介の欄に「ハーバード大学研究員として手がけた調査研究をもとに『The Coming Plague』を上梓」とあるではないか。これを直訳すると「しのびよる疫病」となる。

改めてCiNiiBooksを原書名で検索し、著者名が「Laurie Garrett」であることを知る。前述図書の解説中にあった「ギャロット」も「R・ギャレット」も間違いなのだ。原書名と著者名の綴りが出揃ったところで、その邦訳書を探すためインターネットを見ていて、国立予防衛生研究所ホームページに連載中の山内一也による「人獣共通感染症連続講座」でこの本が度々取り上げられているのに気づいた。

その中に「この和訳は来年春に新潮社から『第三のペスト』という題で

出版されるそうです」とある。その記事の「来年春」はとっくに過ぎている。にもかかわらず著者名で検索できないのは刊行が遅れているせいではあるまいか。

『第三のペスト』の書名で再探索するのをストップし、新潮社に電話すると、やはり翻訳が大幅に遅れていて刊行は早くても二〇〇〇年春頃になりそうとのこと。邦訳されたもの、ということだと来春までお待ち頂く必要があると回答した。冒頭③の未邦訳のケースだったのである。

その後、この図書は、出版社も書名も変更され、河出書房新社から『カミング・プレイグ』というタイトルで二〇〇〇年十一月に出版された＊。

市町村図書館から調査を依頼されるレファレンスのうち、このように未邦訳のためその図書館で調べかねたケースというのが意外に多い。それらには次のような共通点があるようだ。

①その本は「新聞」で取り上げられた。(今海外で話題の新刊なのかも)
②ジャーナリストあるいは知識人が読んで感銘を受けたらしい。(彼らは原書で読むんです)
③出版社名は不明である。(もしくは必ずカタカナ形)

＊『カミング・プレイグ：迫りくる病原体の恐怖 上・下』ローリー・ギャレット著 野中浩一、大西正夫訳 河出書房新社 2000・11

④書名がなんとなく直訳調である。（中にはそうでないのもありますが）

当時実際に貸出依頼を受けた未邦訳の例をあげると、アメリカで哲学や倫理学から戦争を考えるきっかけを作ったとされるマイケル・ウォルツァーの「正しい戦争、不正な戦争*」、新製品の失敗例を集め分析したロバート・マクマスの「彼らは一体何を考えていたのか*」、クリントン米大統領が愛読するフィッセル教授の「オランダの奇跡*」、など、新聞を見た利用者は書名をメモして早速図書館に駆けつけるのである。「そういう書名」の本はまだ存在せず、「原書名」を翻訳した「言葉」として存在しているだけなのに。勿論原書でもよければリクエストとして受付けるのだが邦訳版を所望される。インターネットの普及により出版情報がただちに世界中に広まるにつれ、ますますこうした事例は増えそうである。外国の新刊書を直訳して紹介する方々に是非お願いしたい。「未邦訳」この三文字を付け加えることを。

*『正しい戦争と不正な戦争』マイケル・ウォルツァー著 萩原能久訳 風行社 ２００８・10

* What were they thinking?:: Marketing Lessons You Can Learn from Products That Flopped by Robert McMath, Crown Business c 1998) (ISBN-10 :0812929500) 未邦訳

* A Dutch miracle : job growth, welfare reform and corporatism in the Netherlands by Jelle Visser & Anton Hemerijck, Amsterdam University Press c 1997 (ISBN-10 : 9053562710) 未邦訳

第五章

ブックレビュー「記憶と記録」

『3.11キヲクのキロク 市民が撮った 3.11大震災 記憶の記録』
NPO法人20世紀アーカイブ仙台（画像提供／3.11オモイデアーカイブ）

第一節　五・七・五は記録する

『仙臺郷土句帖』天江富彌編、渡邊愼也翻刻・略解
仙臺郷土句會　二〇一三年一一月　本体価格1800円

仙台の造り酒屋「天賞」の三男に生まれた天江《あまえ》富彌《とみや》が、宮城県出身の知名人に呼びかけ、仙台方言による川柳、俳句を集めて東京で郷土句誌を創刊したのは、昭和十六年十二月八日の「対米英宣戦布告」を契機としている。『郷土将兵に贈る仙臺郷土句帖』と名付けられた句誌は終戦までの一三輯が季刊で発行され、終戦翌年の第一四輯をもってその役目を終えた。

編者の天江富彌氏は、大正十年、詩人スズキヘキ氏とともに童謡専門誌『おてんとさん』を創刊した。こけしを研究し竹久夢二の愛好会「夢二会」を作るなど多彩な活動を続け、戦後も居酒屋「炉ばた」経営の傍ら、常に仙台の児童文化運動の中心に存在した人物である。戦時中発行された延べ五万三千部のほぼすべて

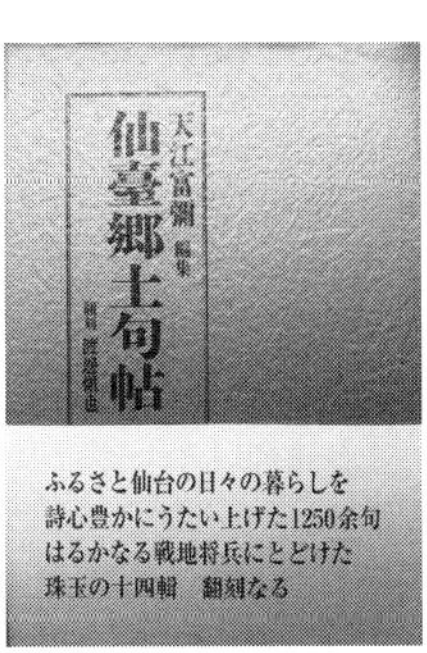

『仙臺郷土句帖』

が前線の郷土将兵、軍病院、満州開拓の県人会へ慰問のために送られたこともあって世に出ることがなかった。収められた総計一二五九句を数える郷土句は、渡邊慎也氏による朱色鮮やかな本書翻刻本をもって初めて私たちの前に姿を現したのである。

『句帖』といっても一枚の紙を折りたたんだだけのもので、年を追って紙不足を反映し、和紙から洋紙へ、A３サイズ片面印刷からB５サイズ両面印刷へと、より小さく質素に形を変えながら続刊された。渡邊氏は二〇年前に古書店で八輯と一四輯の二枚を発見したことをきっかけに、生涯を貫いたある「信条」をもって全資料の探索と翻刻を成し遂げた。その「信条」とは「価値のある希少な資料は、必要とする人たちに公平に行きわたるべき」というものだ。NTTを早期退職した渡邊氏は、希少資料収集、地域出版史研究と出版活動にその後半生を捧げ二〇一七年に亡くなられた。二〇〇〇冊に及ぶ渡邊慎也氏収集の雑誌創刊号コレクションは、「雑華文庫」と名付けられて東京都立多摩図書館に所蔵されている。

『句帖』を開いて驚いたのはその内容である。戦意昂揚や翼賛強制の意図などはまず見つけがたい。ひたすら日常の衣食住を仙台弁特有の言い回しで、詩心や童心あふれる郷土句に仕立てている句ばかりである。

天江富彌氏（『仙台文化』創刊号（仙台文化編集室２００５より））

昭和十七年

「釈迦堂の花よりもまづ胡麻の餅」　相馬黒光

（歩兵第四連隊の近くには桜の名所釈迦堂や胡麻餅屋があった）

「十粒ほどざらめかけたるテンヨ哉」　魚涙庵

（テンヨとはトコロテンの仙台方言、砂糖も貴重品になった）

昭和十八年

「たまげした久しぶりなるあづき餅」　内ヶ崎作三郎

（小豆餅もめったに食べられなくなった）

「わらし達に先にかせろやずんだ餅」　菅原誠

（枝豆で作る名物ずんだ餅、まず子ども達に食べさせたい）

昭和十九年

「決戦の春はあんこもしょっぱがす」　大坊きよ

（いよいよ砂糖は手に入らない）

「ごまもちも憶ひ出となり曼珠沙華」　大友文治

（胡麻餅など夢の夢）

昭和二十年

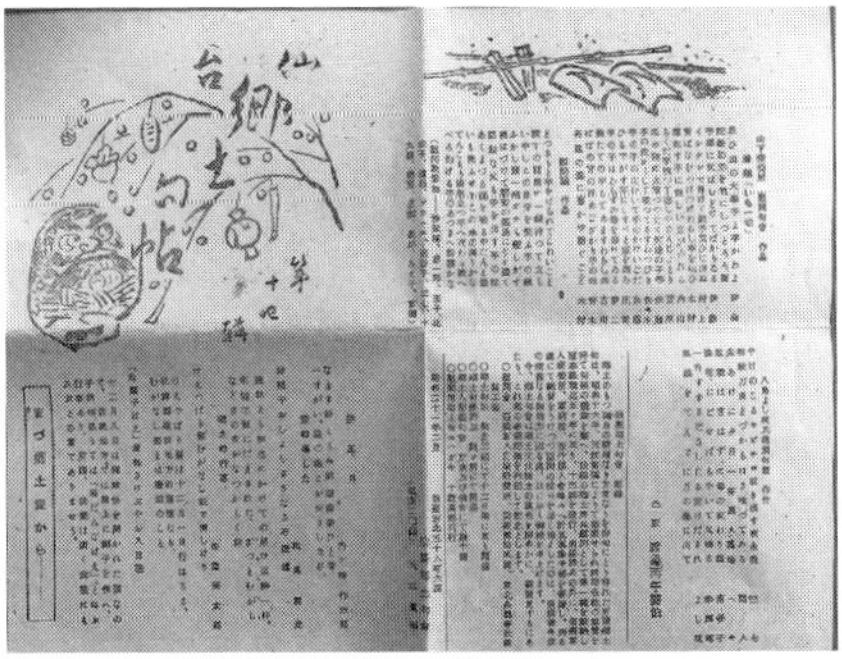

『仙臺郷土句帖』第一四輯　昭和21年2月、B5版大の和紙両面に印刷し四つ折にした（複写提供：渡邊愼也）

「ほし葉などもとは馬コにかせしたぞ」　菊地青衣子
（干した菜っ葉など以前は馬に食わせたものだ）
「火がゴッツオウでがすと水洟すすりあげ」　繰綿和夫
（もてなそうにも、炉端の火だけがご馳走）

と、句を年代順に並べてみれば戦時下の食生活の変化が手に取るようにわかる。とりわけ巻末に用意された懇切な標準語への「略解」が有難く、生粋の仙台弁を話した祖母と寝起きした筆者でも、渡邊夫妻の説明なしには味わい尽くせなかった。また巻末の「今次世界大戦」の略年表は氏の近代出版史研究家としての矜持を感じさせる。渡邊氏によれば、この『句帖』は内務省の検閲を通らず、軍隊の内閲だけで発刊されたという。

仙台出身の陸軍軍人多田駿《ただはやお》は昭和十六年七月に陸軍大将に任命されたが、日中戦争不拡大路線を唱えて、東条英機と激しく対立し左遷される。僅か二ヶ月で退役すると千葉県館山に隠棲した。憤慨と苦々しい思いを抱える中、全一二句をこの『句集』に投句している。昭和十八年一月の第五輯に寄せた最初の句は

「からころとクサレ下駄子の音がする」

そして二十年二月の第一三輯の最後の投句は、

「此頃はクサレ下駄コの音もなし」

である。そして、その傍らに「正月はクサレ下駄コデカッタカタカタカタノ手毬唄ヲ思ウ」という投句者自身の解説が付け加えられた。

「クサレ下駄コ」とは仙台の毬つき数え唄にある「九月は〜腐れ下駄コでカッタカタカタ」という歌詞に由来する。腐れ下駄は左右不揃いにすり減って履けなくなった下駄のこと。新聞でもラジオでも戦況報道は「勝った勝った」ばかりが聞こえる。それもこの頃は聞かなくなった、と読み解くのは深読みにすぎるだろうか。戦地の兵をしのぶ多田の他句からしても、敗戦間近の昭和二十年正月という作句時期からも、このような解釈に誘われる。

昭和二十一年二月の敗戦後の最終第一四輯『句集』から一句だけ紹介する。

「エイス、ノー、亜米利加兵は寒いどっしゃ」(仙台　浜真砂)

(YES、NOしか分からないけど、アメリカ兵も寒いんだって)

こんな占領下の日常を一瞬で切り取る句も、仙台弁で語られると、歩哨《ほしょう》に立つ米兵と同じ地平に立っている気にさせてくれる。

世界で最も短い五・七・五の詩型は、しっかり歴史を記録するのである。

第二節　三・一一を記憶する

『3・11キヲクのキロク』
市民が撮った3・11大震災　記憶の記録　佐藤正実編
20世紀アーカイブ仙台　二〇一二年三月　本体価格2000円

二〇一一年三月十一日午後二時四六分、その瞬間、自分がどこで何をしていたか、多くの日本人は覚えているのではないだろうか。その日、誰とどこにいたのか、何を食べたのか、夜はどう過ごしたのか、寒かったか、痛かったか、怖かったか、辛かったたか、など。

その運命の三月十一日の午前中、私は宮城県議会庁舎の文教警察委員会室の傍聴席に詰め、固唾をのんで自分が書いた請願書の審査経過を見守った。請願審査の機会は、この最終委員会の一回きりである。直後に県議会は解散し、県会議員選挙に突入する。

「請願番号三三〇 - 三（宮城県図書館資料の東北歴史博物館への移管の即時停止並びに移管決定に至る手続きの公開に関する請願書）は継続審議と決する」

委員長の力強い声を安堵と共に聞き、急いで自宅に戻った二時間後に大地震が起きた。それ以降電気が復旧するまでは、自分の周囲、目と耳の届く範囲のことしか記憶にない。

震災の一年後、仙台市のＮＰＯ法人20世紀アーカイブ仙台は、東日本大震災の記録写真集『３・11　キヲクのキロク』を出版した。写真集はＡ４判１９０ページで、市民から提供された震災時の写真約一万八〇〇〇枚の中から、震災の中の生活を映した約一五〇〇枚が収録してある。裏表紙には、

「『市民力』が結集した、この『３・11』震災記録集を全国の人々に届けたい。一〇〇年後でも忘れないために」

と書いてある。文字通り全国の人々に届けるために生まれたのが「全国47都道府県に市民が撮った３・11記録集を届けます」という名のプロジェクトである。より多くの人に震災の記録に接してもらおうと、20世紀アーカイブ仙台は、クラウドファンディングで発送費用を募った。一口三千円から五万円とし、金額に応じて「写真集」や絵はがきのプレゼントを用意、必要経費一三八万円に対し、二ヶ

『３・11キヲクのキロク』（画像提供／３・11オモイデアーカイブ）

月足らずで一四七万円が集まったそうだ。その結果、全国の都道府県立図書館と東京二三区立の図書館など一〇八ヶ所に二冊ずつ寄贈できたという。勿論クラウドファンディングにすぐ申し込んだ。二〇一三年十二月十一日「プロジェクトが成立したので決済を実行しました」という成立メールを受け取って初めて、プロジェクトの一員になれた気がした。元図書館員の身としては、「図書館こそがこのようなプロジェクトを実行すべきだった」との思いにも駆られてしまう。

この写真集には3・11を文字で残す体験記録も集められている。渡邊愼也氏が寄せた「歴史が語る宮城の地震・津波」の中に再録された新聞記事に驚嘆した。

「仙台東部に10メートル超す巨大津波　死者・行方不明者　数万人にも　逃げ切れず次々と波にのまれる」

というセンセーショナルな惹句から始まるこの記事、なんと二〇〇七年九月四日『河北新報』の「座標」欄に掲載された渡邊愼也氏のものだ。東日本大地震の三年半も前に、科学的根拠と学説を基に大津波の警告を渾身の力で発している。大震災直後の新聞報道といっても誰も疑わないだろう。氏の慧眼には感服するしかない。

発刊者が届けたいと願った全国の人々の中には当然被災地の我々も含まれる。

2011年3月21日　三浦隆一撮影(画像提供/3.11オモイデアーカイブ)

渦中にある人は意外に全体が見えていないものだ。地震直後の数日間は、ラジオで流れるニュースですら自分の聞き違いか報道の誤りにしか聞こえなかった。一年後に発刊されたこの写真集を見て、傷跡の大きさと、乗り越えようとする生活者の姿に、こんな世界の中で私たちは数ヶ月をやり過ごしていたのだと初めて気付かされた。三月十一日はこの写真集を手にする日と決めている。

キロクされたのは生き延びた人々のキヲクだけではない。記憶することも記録することも許されなかった人々が目にした数々のラストシーンも多分含まれるのだ。

第三節　東洋と西洋のはざまで

『記録された記憶　東洋文庫の書物からひもとく世界の歴史』東洋文庫編
山川出版社　二〇一五年二月　本体価格２０００円

東洋文庫のミュージアムショップで入手したこの書籍の帯に、推薦文を書い

たのはドナルド・キーンである。それには、

「昔の『東洋歴史辞典』には日本のことが全く書かれていなかった。日本は東洋であることを否定されていた。「東洋文庫」は正反対で数々の文献、絵画、地図などの極めて貴重な史資料で、東洋そして西洋と日本の密接な関係を見事に興味深く伝えている。」とある。

これを読んで、実際に図書館に出かけ、昔の東洋歴史辞典を数種類確認せずにはいられなかった。確かにキーンのいうとおりである。「西洋」「東洋」の区分が、純粋に客観的な地理的領域を指す言葉ではなく、文化的、歴史的背景によって基準点が揺れ動く区分であれば、日本を中心に据えて、地理的には逆になるが、日本から見て東に位置する文明国を「西洋」、西側に位置する国を「東洋」とみなすこともできよう。考えて見れば、大きな大学の史学部が、日本史、西洋史、東洋史の三学科に分かれていることも多い。しかし日本は極東、つまり東洋の東はじに位置する国として、本来「東洋史辞典」の中でもあたりまえに扱われるべき存在のはずだ。「東洋文庫は、日本が東洋であることを否定しない」と、特筆されて初めて「東洋文庫」の価値を教えられた気がした。

「有史以来」という言葉が好きだ。「有史以来」とは文字が成立し、文献資料

『記録された記憶』東洋文庫編
山川出版社、2015

によって歴史事象を検証することが可能になった時代以降という意味である。「有史」は「史《ふみ》」が有る時代だから、途方もなく永い地球の歴史の中では、ほんの束の間の「史書」が残っている短い期間を指す謙虚な言葉だ。歴史の殆どは、まだ誰も知らない。未知の空間、未知の時間の中にひっそりと横たわっている。だからこそ、残っている「記録された記憶」が貴重なのだと思う。

「東洋文庫の書物からひもとく世界の歴史」と副題がついた本書は、

第一章　文明・国家・宗教の成立　紀元前から七世紀
第二章　民族の移動と東西交流のあけぼの　八世紀後半から一四世紀半ば
第三章　広がりゆく世界　一四世紀後半から一七世紀初頭
第四章　専制国家の隆盛　一七世紀初頭から一八世紀末
第五章　激動の近代アジア　一九世紀

の時代順に配列され、見開き二ページに一、二点の資料が鮮明なカラー写真と詳細な解説付きで紹介されている。冒頭の「甲骨文字」から最後の「ニコライ2世の東方旅行記」まで九七点の著名な文献が選ばれた。その特色は東洋の基本史書および果敢な冒険者達の東西交流の記録といってよい。マルコ・ポーロ口述の『東方見聞録』、「フランシスコ・ザビエルとイエズス会士通信」、シピオーネ・アマチ著『支倉常長使節記』、エンゲルベルト・ケンペル著『日本誌』、大槻玄沢記『環海異聞』などなど、大海や大雪原が隔てようと砂漠や高山が阻もうと、勇気と体力に恵まれた人々は、南北に、東西に、実によく旅をした。自国辺境を越えて見知らぬ国に到達し、一部のツキに見放されなかった者達は、再び故郷に戻ってきて「記憶」を「記録」として残した。その「記録」の蓄積をとことん読み尽くした人間だけが歴史に新たな光を差し込んで「有史」を繋いでいくのだろう。

東洋文庫の逸品で学ぶ世界史の本書は、日本とは、日本人とは、という問いに答えてもくれるし、新たな問いを投げかけてもくれて、飽きることがない。

コラム　レファレンスは毎日が謎解き〈五〉

〈レファレンスは怖い〉

Q　原田宗典が書いた『お前と暮らせない』という小説を読みたい。すばる文学賞に入選したらしい。

＊　＊　＊

作家名、書名、受賞歴情報が揃っているので、これは楽勝と思ってスタートした。ところが、蔵書検索端末でも国立国会図書館「ゆにかねっと」でも見つからない。すばる文学賞受賞リストを見ると一九八四年第八回の佳作に入ったのは確認できたのに何故か探せない。この年、受賞作は出なかった。

『NOW and THEN原田宗典―原田宗典自身による全作品解説＋五六の質問』を所蔵していたので、これにあたってみることにする。それによると、なんとなくカラーが似ている四つの短編を集めて、『お前と暮らせない』という総合タイトルを付けて、すばる文学賞に応募したそうだ。つまり受賞作の『お前と暮らせない』というタイトルを持つ図書は発刊されなかったのだ。

その中の「海へ行こう、と男は」、「ポール・ニザンを残して」、「テーブルの上の過去」の三篇は、『優しくって少しばか』（原田宗典　集英社　一九八六）という単行本に収録したが、残り一篇は当時気に入らず、出版時にそこから外したという。幸い、この「ソレルスなんて知らない」という気の毒な短編は、前出の『NOW and THEN 原田宗典』に収録されていた。これで、質問者の要求にはなんとか応えることができた。それにつけても、原田宗典のタイトルの付け方は洒落ていると思う。

「在在しない書名」といえば「架空の図書」探しを依頼されることも稀にある。先年ある市立図書館からデレク・ハートフィールドの作品について協力貸出の依頼を受けた。このハートフィールド氏、実は知る人ぞ知る村上春樹の創出した魅力的な作家で、『風の歌を聴け』を読んだ人なら誰でもころりと騙され、その作品を猛烈に読みたくなるはずの架空の人物なのである。これは図書館界ではわりと知られた話なので、あわてることなく「ノンフィクションと華麗な虚偽」（久居つばき著　マガジンハウス　一九九八）を示して提供不可の説明を行った。

図書館員の陥る穴はこんなところにもある。

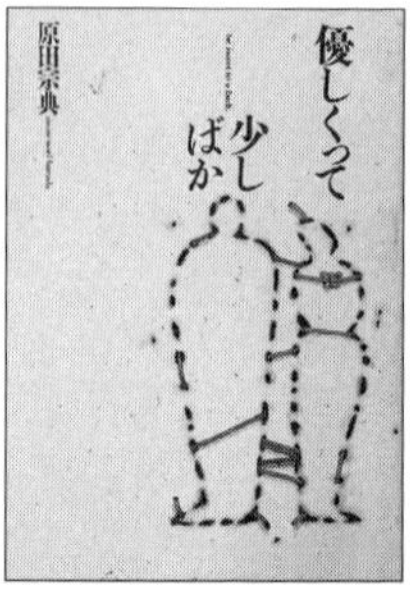

『優しくって少しばか』原田宗典著
集英社　1986

『風の歌を聴け』村上春樹著
講談社　1982

あとがき

令和二年七月、新型コロナウィルスの国内感染者数が、二万人に達するというニュースが流れた。かつて覚えたことのない恐怖が心を重くしていたある日、強く願っても決して訪れないような吉報に不意を打たれた。「図書館魔女」シリーズの作者であるエッセイスト、大島真理さんからの一通のメールである。この出版のお誘いのメールに応える力が自分にあるのかという懐疑と、出版の機会を得ることの難しさを知る故の嬉しさとの間で、しばし揺れ動いた。それでも、この苦しい時期を乗り越える支えになるはずとの思いが決め手になった。大島真理さんがいなければ何も始まらなかった。

このあとがきを記している時点で、国内感染者数は、五〇万人を超えた。* 宮城県も大阪府、兵庫県と並んで、新型コロナウィルスの「まん延防止等重点措置」の実施地域に指定され一日あたりの感染者数を更新している。今でも、書くこと

＊令和三年四月十日、全国の新型コロナ感染者が五〇万人を超え、九月二日には一五〇万人を超えた。

は心の支えであり続けている。すべての職を辞したこの時期に、五〇年以上にわたる図書館に関わる職業生活を振り返る、貴重な時間を頂いたことに対し「天恵」という言葉しか思いつかない。

自分のことや身辺雑記は書いたことがない。読書に夢中になり、調べごとに没頭するのは、子どもの頃からの「習い、性と成る」の類ではあるが、丁寧な暮らしかたや、美しい生活には全く興味がなく、こうした、日常生活を粗雑に扱う癖が続けば、いつか天罰が下るだろうと漠然と思っていた。今回も随筆は書けないとお断りしたものの、日頃関心のあるテーマをわかりやすく書いてみてはどうかとお勧め下さった、郵研社の登坂様には、心から御礼を申しあげたい。書きたいことは書いたつもりだが、人が読みたいものを、ましてわかりやすく書くのは本当に難しいと実感し反省した。この点は申し訳なく思っている。

読書は極めてヒューリスティック(自己発見的)な学習方法である。好きなテーマを好きな時に好きな場所で自分のペースで古今東西の著作者を師としながら学ぶことができる。図書館は、詩人平出隆氏の言葉を一部借用すれば「ありうべかりし」学び舎、つまりこうあるべきであった、あるいはあり得たかもしれない学び舎といえないだろうか。直接教えを頂く機会は得られなかったが、胸中に常置する方位磁針のN極として、その数々の御著作をとおして勝手に私淑した、竹内哲《さとる》先生、根本彰先生、岡村敬二先生に、深く感謝を申しあげたい。

また、宮城学院中学と高校の担任教師時代から、怠惰な私を見捨てず、叱咤激励し続けて下さった恩師、土生慶子先生、御多忙な中、私の古文書解読SOSを、いかなる時でも快く素早くFAXでご教示下さった図書館時代の上司、高倉淳氏、ことあるごとに私を対談相手や、講師代役に抜擢、御推薦下さった、出版史研究家の渡邊愼也氏、この三人の故人に対し、生前の御恩に報いるのが遅きに失したことを心から詫びたいと思う。

最後に、執筆の期間はいつも、図書館への送迎をはじめとする、全面的なサポートを買って出てくれた夫にお礼を言いたい。ありがとう、貴方がいなければ完走できなかった。また、質問に対し、面倒がらず適切なアドバイスをくれた次世代家族の三人にも、心からの感謝を伝えたい。

著者

〈著者プロフィール〉

早坂 信子（はやさか のぶこ）

1946年北京市に生まれ、生後5か月で家族とともに仙台へ。1964年宮城学院高等学校卒業。1968年早稲田大学第一文学部卒業。1969図書館短期大学特別養成課程（現筑波大学図書館情報学群）卒業。以後、宮城県図書館司書として37年間勤務。この間、『宮城県郷土資料総合目録』『宮城県内公共図書館逐次刊行物総合目録』等の編纂にあたる。また全国総合目録ネットワーク協力会議書誌データ整備分科会主査として公共図書館の全国総合目録データベースの形成準備に参加する。東北学院大学、聖和学園短期大学、宮城学院女子大学の非常勤講師を務めた。日本近世文化史、図書館史、特に「青柳文庫」「只野真葛」を研究テーマとする。

〈主な著書等〉『公共図書館の祖青柳文庫と青柳文蔵』大崎八幡宮 2013.8（仙台江戸学叢書 50）「江戸時代の仙台を生きた只野真葛という女（ひと）」2011.1 メディアデザイン『ブックカフェのある街』前野久美子編・著 p191-200 ほか論文等多数。

〈写真・図版提供・協力〉

宮城県図書館、国立公文書館、公益財団法人
東洋文庫、一関市立博物館、芦東山記念館、
(旧) 斎藤報恩会、3.11 オモイデアーカイブ、
山川出版社、故渡邊愼也氏

ブックデザイン：マユタケ　ヤスコ

司書《ししょ》になった本《ほん》の虫《むし》

2021年11月12日　初　版　発行

著者　早坂《はやさか》 信子《のぶこ》 ⓒ HAYASAKA Nobuko

発行者　登坂　和雄
発行所　株式会社　郵研社
〒106-0041　東京都港区麻布台 3-4-11
電話（03）3584-0878　FAX（03）3584-0797
http://www.yukensha.co.jp
印　刷　モリモト印刷株式会社

ISBN978-4-907126-46-9　C0095
2021 Printed in Japan
乱丁・落丁本はお取り替えいたします。